아마추어들의 게임 프로젝트 관리와 기획, 게임 디자인 이야기

0년차
게임 개발

Foreign Copyright:
Joonwon Lee   Mobile: 82-10-4624-6629
Address: 3F, 127, Yanghwa-ro, Mapo-gu, Seoul, Republic of Korea
          3rd Floor
Telephone: 82-2-3142-4151
E-mail: jwlee@cyber.co.kr

0년차 게임 개발

2021. 8. 30. 초 판 1쇄 발행
2023. 10.   4. 초 판 2쇄 발행

저자와의
협의하에
검인생략

지은이 | 김다훈, 박소현, 이재호, 주진영
펴낸이 | 이종춘
펴낸곳 | [BM] (주)도서출판 **성안당**
주소 | 04032 서울시 마포구 양화로 127 첨단빌딩 3층(출판기획 R&D 센터)
         10881 경기도 파주시 문발로 112 파주 출판 문화도시(제작 및 물류)
전화 | 02) 3142-0036
         031) 950-6300
팩스 | 031) 955-0510
등록 | 1973. 2. 1. 제406-2005-000046호
출판사 홈페이지 | **www.cyber.co.kr**
ISBN | 978-89-315-5241-6 (13000)
정가 | 20,000원

이 책을 만든 사람들
책임 | 최옥현
진행 | 최창동
교정 · 교열 | 상:想 company
표지 · 본문 디자인 | 상:想 company
홍보 | 김계향, 유미나, 정단비, 김주승
국제부 | 이선민, 조혜란
마케팅 | 구본철, 차정욱, 오영일, 나진호, 강호묵
마케팅 지원 | 장상범
제작 | 김유석

■ **도서 A/S 안내**

성안당에서 발행하는 모든 도서는 저자와 출판사, 그리고 독자가 함께 만들어 나갑니다.
좋은 책을 펴내기 위해 많은 노력을 기울이고 있습니다. 혹시라도 내용상의 오류나 오탈자 등이
발견되면 **"좋은 책은 나라의 보배"**로서 우리 모두가 함께 만들어 간다는 마음으로 연락주시기
바랍니다. 수정 보완하여 더 나은 책이 되도록 최선을 다하겠습니다.
성안당은 늘 독자 여러분들의 소중한 의견을 기다리고 있습니다. 좋은 의견을 보내주시는 분께는
성안당 쇼핑몰의 포인트(3,000포인트)를 적립해 드립니다.
잘못 만들어진 책이나 부록 등이 파손된 경우에는 교환해 드립니다.

아마추어들의 게임 프로젝트 관리와 기획, 게임 디자인 이야기

0년차
게임 개발

김다훈, 박소현, 이재호, 주진영 저

BM (주)도서출판 성안당

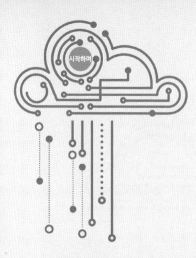

작가의 말 1.
김다훈(프로젝트 〈나이트베리〉)

게임 개발 과정에서 가장 힘든 것 중 하나는 팀원 간 커뮤니케이션이다. 특히 직급이 나뉘지 않고, 전문성이 불확실한 개발 지망생들끼리 프로젝트를 진행할 때 커뮤니케이션의 난이도는 더욱 올라간다. 게임 개발이라는 정답이 없는 분야에서 서로의 경험과 생각이 다름에도 불구하고 소통이 잘되지 않는다면 갈등이 고조되고 팀이 해체될 수 있는데, 이런 경우 대부분은 '운이 좋지 않아서'일 것이다. 이때의 경험이 최악일 때 게임 개발 자체를 포기하는 이들도 많이 보았다. 이런 과정들을 옆에서 지켜보면서 팀 개발이 매끄럽게 진행되기 위해서는 프로젝트 관리에 대한 공부가 필요하다는 것을 알게 되었다.

게임 개발에서 게임의 재미를 만들기 위한 노력은 매우 중요하다. 하지만 그 과정에서 팀 구성원과 원활하게 일하는 방법을 고민하는 것도 게임, 그 자체에 대한 고민만큼이나 중요하다. 게임을 개발하는 과정에서 팀 구성원들의 의사소통에 오해가 발생하지 않는 방법이나, 개발 과정 중 혼란을 겪지 않으면서 각자 자신이 해야 할 일에 집중할 수 있도록 함께 일하는 방법을 아는 것 역시 매우 중요하다. 프로젝트가 원활히 진행되도록 관리하는 방법을 익히는 일은 앞으로 개발자로서 인생을 살아가는 데 큰 도움이 될 것이다. 프로젝트를 이끄는 자리가 아니더라도 개발팀의 일원으로서 게임을 개발하는 과정과 방법을 알아야 한다고 생각한다.

이 책을 통해 하고 싶은 이야기는 '팀 개발에서 불화를 최소화하는 방법은 존재하며, 프로젝트 관리를 통해 팀이 해체되는 것을 막을 수 있다'는 것이다. 이 책을 읽는 이들에게 이런 내 생각이 전달되기를 희망하며 내가 직접 진행했던 프로젝트의 과정을 공유한다. 팀 빌딩 전략을 어떻게 세웠으며 어떤 목표를 갖고 프로젝트를 관리하고자 했는지, 일정 관리를 어떻게 하고 팀원들과의 소통을 위해 어떤 과정을 겪고 협업했는지 등의 사례가 많은 독자들에게 실질적인 도움이 되었으면 한다.

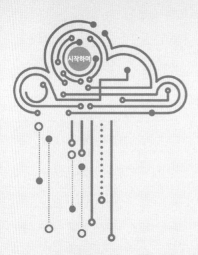

작가의 말 2.
박소현(프로젝트 〈괴도앙팡〉)

분야가 다르고 성향이 다른 사람들이 모여 하나의 결과물을 만든다는
것은 참으로 재미있고 멋진 일이다. 하지만 그만큼 힘들고 작업 과정도
복잡하다. 그래서 거의 처음 게임 개발을 하는 사람들끼리 모여 게임을
만드는 과정이 어렵게 느껴졌다. 특히 원하는 결과가 나오지 않을 때,
그 원인은 역할이 제대로 정의되지 않았거나 개발 과정에 대한 정확한
이해가 없어서 발생한 오해 때문이었는데도 불구하고 문제의 발생 원
인을 개인의 탓으로 돌리는 점이 가장 힘들었다.

 이는 대부분의 집단에서 빈번하게 일어나는 일이겠지만, 학생 프로
젝트에서도 팀원들이 팀장에게 책임을 묻는 경우가 상당히 많다. 팀을
이끄는 책임자가 팀장이라고 생각하기 때문에 프로젝트가 잘 진행되지
않을 때 책임을 물을 수는 있다. 하지만 학생 프로젝트 특성상 보수도

없고 비슷한 경험과 실력을 갖추고 있으며, 각자의 목표(포트폴리오를 작성하기 위해서나, 졸업 요건만 채우면 된다고 생각하는 등)가 있는 학생들끼리 서로 책임을 묻기에는 팀장이란 직책이 게임 방향의 결정 권한이나 책임자로서 존중받는 부분이 미흡하여 속으로 억울한 일도 많았다. 학교 수업은 대부분 파트별로 분리되어 있고 개발을 위한 기술을 중심으로 교육 과정이 편성되어 있다. 따라서 자신이 맡은 역할 외의 영역에 대해 알거나 경험하기 어려워, 어찌 보면 개인에게 책임을 묻는 것이 자연스러운 흐름이라고 이해할 수도 있다. 나도 프로젝트 관리 사례를 공부하고 직접 경험해본 뒤에야 정확히 알게 되었다.

팀이나 프로젝트와 관련해서 불화가 생기는 주된 요인 중 하나는 개발 경험과 참고 사례가 부족하다는 점에 있다. 팀 작업 중에는 모두 경험이 부족해 실수가 발생할 수 있고, 그것은 개인의 잘못이 아니다. 하지만 실제로 겪어보기 전까지는 공감하기 어려울 수 있다. 그래서 개발을 처음 해보거나 한 번도 경험해보지 못한 지망생들이라면, 게임 개발의 사례와 경험담을 되도록 많이 접하고 자신의 프로젝트를 진행했으면 좋겠다. 나의 서툰 경험과 생각들을 기록으로 남긴 이유도 앞으로 게임을 만들 개발자 지망생들에게 참고나 교훈이 될 수 있는 기회가 되었으면 하는 바람에서다. 결과물의 좋고 나쁨과 상관없이, 협업의 경험과 사례를 돌아보는 것이 앞으로의 발전에 양분이 될 수 있다는 점도 알았으면 좋겠다.

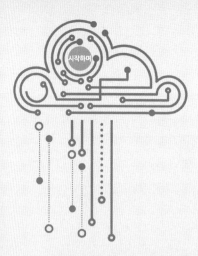

시작하며

작가의 말 3.
이재호(프로젝트 〈캣칭〉)

나는 책을 읽을 때 저자의 말을 하나하나 다 읽는 편이다. 커다란 이유가 있다기보다는 새로운 책을 펼쳤을 때, 저자의 말부터 천천히 읽기 시작해야 책을 온전히 읽는 느낌이 들었다. 꽤 많은 저자의 말을 읽었던 내가 저자의 말을 쓰는 입장이 되니 굉장히 신기하고 뿌듯한 기분이다. 항상 동경하던 일을 직접 해보는 기분이고, 앞으로 더 많은 일을 할 수 있을 것만 같은 생각도 든다. 예전부터 독서를 좋아했고 글을 쓰고 싶다고 생각해서 몇 번 시도도 했지만, 다른 사람들에게 차마 보여주지 못해 버리곤 했다. 물론 지금도 책으로 출판하기에는 부족한 점이 있다고 생각하지만, 한편으로는 이때가 아니면 남길 수 없는 것들이 있다는 생각에 공동 저자로서 함께 글을 쓰게 되었다. 아직 미숙할 때 더 잘 보이는 것들이, 그때에만 할 수 있는 생각들이 있다고 여겼기 때문이다. 눈높이가 맞아 더 이해하기 쉬운 친구의 설명처럼, 큰 도움은 아닐지라도 책을 읽은 누군가의 궁금증이 해소되거나 재미있는 책으로 기억에 남았으면 하는 것이 나의 바람이다.

재미있는 생각을 하는 것이 좋아서, 그 생각을 남들과 공유하는 것이 좋아서 시작한 게임 디자인. 그러나 학교에서 대략 네 번의 프로젝트를 진행하며 현실적인 부분들을 마주하게 되었다. 게임 개발 과정에서 가장 어려운 순간은 무엇을 해야 할지 감이 오지 않는 때였다. 컨셉 기획서를 쓴 다음에는 무엇을 하지? 문서는 이걸로 괜찮나? 이런 고민들에 정답을 줄 수는 없겠지만 내가 당시 어떤 고민을 했고 어떤 결과가 나왔는지를 담은 책이기에, 책을 읽고 각자가 자신만의 정답을 찾아가는 데 도움이 되었으면 좋겠다.

책을 쓴다는 것 자체가 너무 좋아서 이런 기회를 가질 수 있었음에 깊이 감사하다. 이런 경험을 할 수 있도록 책을 써서 남겨보자는 이야기로 시작해 구체적인 계획, 검열, 구성까지 하나하나 손보시느라 고생하신 주진영 교수님, 함께 책을 쓰자는 제의를 해준 다훈이, 챕터 작성 일정에 지각해서 마음의 안정을 준 소현이, 게임 디자이너의 꿈을 지지해주고 지원을 아끼지 않는 우리 가족, 함께 프로젝트 작업 내내 고생이 많았던 우리 잔다르칸팀, 쓴소리 좋은 소리 아끼지 않고 해주신 학교 교수님들이 계셔서 이 책을 쓸 수 있었다고 생각한다.

모두들 정말 감사합니다.

시작하며

작가의 말 4.
주진영

게임을 개발한다는 것은 멋지고 재미있는 일이다. 개발 과정의 긴장감 과 성취감은 게임을 플레이하는 것 못지않은 긴장과 즐거움을 준다. 다 수의 인원이 모여 서로 협업하며 하나의 게임을 만드는 일은 그 자체만 으로도 두근두근한 일일 것이다. 하지만 재미있는 게임을 만들기란 쉽 지 않다. 단순히 캐릭터가 이동하고, 점프하고, 아이템이 있다고 해서 재미있는 게임이 되는 것은 아니다. 처음에는 캐릭터가 움직이고 게임 의 오브젝트들이 반응하는 것만으로도 신기하고 재미있을 수 있다. 하 지만 게임 디자인 없이 기능하는 오브젝트들만의 나열로는 제대로 된 게임이라고 할 수 없고, 신기함이 장기간의 재미로 이어지지도 않는다. 재미있는 게임에는 좋은 레벨 디자인이 필요한 법이다.

　게임을 개발하는 것도 이와 비슷하다. 능력 있는 개인들이 모여 있어도 게임을 개발하는 과정에 대해서 고민하고 조율하는 이가 없으면, 결과물이 쌓인다고 게임이 만들어지는 것은 아니다. 프로젝트 관리라는 것은 가장 효율적으로 서로의 의사소통에서 누수를 줄이고, 만들고자 하는 게임 그 자체에 집중하도록 도와주는 중요한 역할이다. 그리고 개인의 결과물이 따로 눈에 보이지 않기 때문에 더욱더 팀 구성원들의 존중이 필요한 역할이라고 생각한다.

최근에는 많은 게임이 출시되고 있고, 우리는 다양한 규모와 다양한 컨셉의 게임들을 접할 기회가 많다. 하지만 게임의 결과물을 단순히 접하는 것 외에 게임의 개발 과정을 공유하는 것 역시 게임 개발의 발전에 큰 역할을 한다. 대부분 공개되는 개발 과정은 잘 짜인 조직체계에서 서로의 역할을 명확히 인지하고 권한이 주어진 팀의 경험들이다. 하지만 아마추어들의 개발 과정은 그렇지 않기에 더 많은 난관이 존재한다. 그래서 비록 미숙하지만 학생들의 개발 과정을 공유함으로써 현업 개발자들의 조언을 들을 수 있는 기회를 마련하고, 지망생들이 실수에 미리 대비할 수 있는 기회가 되기를 희망하며 이 책을 펴냈다.

contents

STEP 0

서론 아마추어를 위한 프로젝트 관리

평소 게임 개발자를 지망하는 사람들로부터 게임 회사에 들어가기 위해서 무엇을 준비해야 하는지에 관한 많은 질문을 받았다. 이 질문에 다른 관계자들은 어떻게 생각하는지 궁금하기도 하고, 입사를 위한 포트폴리오에서 무엇을 준비해오는 것을 선호하는지 등을 알기 위해 다른 동료 개발자들에게도 물어보았다. 그들 중 열의 아홉은 게임을 하나 만들어보고 오기를 추천했다. 물론 나의 의견도 이와 크게 다르지 않다. 게임을 만들어보고 오는 것이 가장 좋은 포트폴리오다. 하지만 이것이 전부는 아니기 때문에 100%라고 말하지는 않는다.

이 대답을 게임 개발자 지망생들에게 해주면 '게임을 만든다'라는 것에만 집중한다. 그리고 많은 지망생들이 이런 이유로 게임 프로젝트를 진행한다. 가장 큰 욕구는 게임을 만들어보고 싶다는 것이고, 다음은 좋은 팀에 들어갈 수 있는 경험을 갖고 싶다는 것이다. 혹은 내가 알고 있는 지식이나 나의 작업이 실제로 게임을 개발할 때 어떻게 적용될 수 있는지를 실행해보고 싶은 마음도 있을 것이다. 그렇게 개발자 지망생들이 모여서 게임 프로젝트를 진행해보는 모습을 여러 번 보아왔다. 물론 팀원 간 의견이 잘 맞고 무엇을 할 것인지가 명확해서 별다른 문제 없이 개발 과정이 잘 진행되는 팀들도 있다. 반면에 팀원 간 의견이 다르고 목적도 명확하지 않아서 서로에 대한 불신이 쌓이는 팀들도 많았다. 그게 바로 이 책을 써야겠다고 생각했던 이유다. 잘하는 팀들은 문제가 없다. 우연이건 필연이건 잘 진행되는 팀들은 자신들의 지향점이 무엇인지 알고, 서로에게 기대하는 것도 명확하다. 그런 부수적인 과정의 노력이 크지 않아도 매끄럽게 잘 진행되기 때문에 좀 더 게임 개발에 집중할 수 있고, 더 좋은 결과물을 얻을 수 있다. 하지만 좋은 결과를 보지 못했거나 안개 속을 더듬으면서 프로젝트를 진행한 경험이 있는 이들이라면 이 책이 조금은 도움이 될지도 모르겠다. 좋은 것은 따라 하기 어려워도 나쁜 것은 피해 갈 수 있는 법이다.

이 책에서 언급하는 프로젝트는 크게 세 개이며, 모두 성공한 프로젝트이다. 여기에서 말하는 성공이란 멋진 게임을 만들었다는 뜻이라기보다는 처음에 목표한 결과물이 나왔다는 의미다. (물론, 이 프로젝트의 게임들은 모두 멋진 게임들이다.) 결과물의 질quality과는 무관하게 목표한 분량이 나왔고, 팀이 해체되지 않았으며, 플레이가 가능한 게임의 형태로 결과물이 나왔다는 의미다. 학생들이 만든 프로젝트가 상업적으로도 훌륭한 평을 들을 수 있다면 좋았겠지만, 학생 프로젝트에 하나의 기준만 들이 댄다는 것은 너무 가혹하다고 생각한다. 특히 출시하기까지 현실적인 장애물이 많은 한국에서는 더욱더 그렇다.

게임이 완성되기 위해서 세부적으로 어떤 작업 과정이 필요한지 인식하고 과정을 경험해보는 것도 좋지만, 현실적인 일정을 인지하는 것도 중요한 경험이다. 경험이 없는 사람들 대부분은 자신들의 능력을 과신하고 환상적인 일정을 계획한다. 하지만 작업에는 생각보다 오랜 시간이 걸린다. 게다가 개발에 필요한 작업만 하면 될 것 같지만, 실무를 위해 준비하고 세부적인 사항에 대한 계획을 세우며 작업 순서를 조율하는 과정에도 꽤 많은 시간이 걸린다. 이를 위해서 프로젝트 관리자가 필요하다. 프로젝트 관리자가 있어서 상대적으로 다른 개발자들이 좀 더 자신의 개발 작업에 집중할 수 있는 것이다. 아마추어 개발팀에서는 프로젝트 관리만을 하는 팀원이 있는 경우는 거의 없다. 하지만 관리하는 일은 프로젝트의 원활한 진행을 위해 반드시 필요하며, 그래서 누군가가 자신의 작업과 함께 그 일을 맡거나 혹은 모두가 그 작업을 어느 정도 분담해야 한다. 프로젝트 관리라는 것은 관리 업무를 맡은 한 사람만 알아야 하는 것이 아니라, 모든 팀원들이 알아야 한다. 전체 프로젝트가 어떻게 진행되고 돌아가는지 이해하고 있어야 팀의 협업을 위해서 어떤 절차가 필요하고, 그걸 위해서 내가 무엇을 하거나 혹은 기다려야 하는지를 이해할 수 있으며, 서로의 의사소통에 오해가 쌓이지 않기 때문이다. 따라서 프로젝트 관리를 위해 어떤 과정들이 진행되는지는 모든 게임 개발자가 숙지해야 한다.

앞서 말했듯이 많은 게임 개발자 지망생들은 취업을 위해 직접 게임을 만들어보고 싶어 한다. 게임 개발 경험은 개발 과정 중에 실무자로서 무엇을 해야 하는지 업무 내용에 대한 이해를 할 수 있게 해주지만, 그에 못지않게 중요한 것은 협업의 경험이다. 팀으로서 게임을 개발하기 위해서는 팀의 목표를 이해하고 팀원을 배려하면서, 우리가 함께 게임을 개발하기 위해 개개인이 무엇을 노력해야 하고 고민해야 하는지 이해할 수 있어야 한다. 또한 게임의 형태로 결과물이 나왔다고 할지라도 게임 외에 자신이 게임 개발을 하면서 얻은 경험과 자신이 한 일에 대해 정리해보는 것도 중요하다.

▣ 일러두기

개발자

게임 개발에 참여하는 이들은 모두 개발자다. 게임 업계에서는 프로그래머들만 개발자라고 하지 않고 게임 디자이너, 아티스트, 프로그래머 등 게임 개발에 참여하는 이들을 모두 개발자라고 말한다. 이 책에서 말하는 개발자도 개발팀의 일원을 칭한다.

게임 디자이너

이 책에서 말하는 디자이너는 게임 디자이너를 말한다. 일반적으로 기획자라고도 부르지만, 이 책에서 말하는 디자이너는 게임 디자이너다. 그래픽 파트에서는 게임 디자이너를 아티스트라고도 칭한다.

컨셉(concept)

외래어 표기법에 의하면 '콘셉트' 표기가 옳지만 현실적으로 '컨셉'이 많이 사용되므로 이 책에서는 컨셉으로 표기한다.

컨텐츠(content)

외래어 표기법에 따르면 '콘텐츠'가 맞는 표기지만, 실생활에서는 '컨텐츠'라는 표현을 더 많이 사용하므로 이 책에서는 컨텐츠라고 표기한다. 물론, 게임에서 다루는 내용은 물리적 형태가 없는 디지털 정보이므로 컨텐츠contents라기 보다는 컨텐트content라고 표기하는 것이 더 정확하지만, 영어가 아닌 한국어로 이야기할 때는 구별하지 않는 경향이 있으므로 이 책에서도 구별하지 않고 컨텐츠라고만 표기한다.

프로젝트 관리자(Project Manager, PM)

아마추어팀을 포함한 소규모 팀에서는 팀장이 프로젝트 관리자 역할을 맡는다. 하지만 이 책에서는 팀장이라고 하지 않고 프로젝트 관리자라고 부를 것이다. 권한이 주어지지 않는 학생들의 팀에 대해 다루기도 하고, 권한이 아닌 프로젝트 관리자로서 해야 할 역할에 대해 이야기할 것이기 때문이다. 권한이 없기에 팀 구성원들이 프로젝트 관리자가 무엇을 하는지 이해하고 게임 개발 과정이 원활히 진행되기를 바라는 마음에서다.

STEP1

01 개발 사례: 프로젝트 〈괴도앙팡〉

◆ **프로젝트 개요** ◆

- **착시를 이용한 퍼즐 게임**
- **총 개발 기간:** 8개월
- **총 팀원:** 5명
- **팀장 및 프로젝트 관리자:** 박소현

프로젝트 〈괴도앙팡〉은 수업 과정의 일환으로 학생들이 모여 진행한 프로젝트로, 교내에서 좋은 평을 받았으며 수업 후에 게임을 더 다듬어서 안드로이드 마켓에 출시하였다. 프로젝트 시작 시에 게임의 컨셉이 명확했고 팀원 간의 협업이 잘 이루어져 좋은 결과물을 얻을 수 있었던 프로젝트였다.

☑ 게임 컨셉 구상과 팀원 모집

프로젝트를 본격적으로 시작하기 전에 게임의 컨셉을 정하고 시스템을 어떻게 설계해야 할지 정리해서 문서를 작성했다. 그리고 그 문서를 보여주며 팀원을 모았다. 팀원을 모은 다음에 어떤 게임을 만들지 상의하는 경우도 많지만, 프로젝트를 시작할 때부터 게임 내용이 구체적으로 준비되어 있으면 팀원들이 서로 같은 게임을 구체적으로 생각하게 되고, 게임 완성에 대한 확신을 가지고 팀원 간 협업이 원활하게 이어질 것으로 생각했기 때문이었다. 문서는 두 달에 걸쳐 작성되었는데, 게임에 대한 확신도 있었고 혼자서 상상하던 때라 편한 마음으로 게임 디자인을 구체화할 수 있었다.

 플머군 2017.02.10. 15:54 답글 신고 | 삭제 | 활동 정지
1. 이 사진과 같이 원래 이동 가능한 상황이였으나 천장이라는 특수한 경우가 발생해도 이동이 가능한지 궁금합니다.

 플머군 2017.02.10. 16:18 답글 신고 | 삭제 | 활동 정지
2.사진과 같은 이용을 허용한다면 블록을 이용하여 계단을 만들게 될 시 최소 2가지 이상의 경로가 생깁니다. 이와 같은 현상이 발생하면 게임 플레이 시 문제점이 생깁니다.

문제점: 플레이어는 이를 악용하여 레벨 디자이너가 의도한 어려운 단계의 스테이지를 다른 경로를 우회하는 방법으로 쉽게 깰 수 있는 일이 생길 수 있습니다.

해결 방안 제시: 개인적인 의견이므로 이보다 더 많은 해결 방안이 있을 것 입니다.

1.사진과 같은 이동을 금지합니다.
이 방안은 프로그래밍적 구현이 쉬워지고 연산이 약간 적어집니다.
첫번째 댓글에서 제시한 문제 점이 '이동이 불가능하다'라고 해결됩니다.

2.사진과 같은 이동을 하지 못하는 블록을 새로 디자인합니다.
이 방안은 프로그래밍적 구현이 1번 보다 어렵긴 하나, 난이도가 있는 맵을 제작할 때 유리하며, 첫번째 댓글에서 제시한 문제점이 '천장이 일반 블록인 것과 같은 특수한 상황에서만 가능하다' 또는 '어떤 블록이든 이동이 불가능하다'라고 해결 됩니다.

제가 제시한 해결방안은 이 사진의 시스템으로 다중경로를 방지할 확률을 높여주는 방안들이지 다중경로가 생기는 일을 막는 방안이 아니라는 것을 알아주셨으면 합니다.

정말.. 수고가 많으십니다.. ㅠㅠㅠㅠㅠㅠㅠㅠㅠㅠㅠㅠㅠㅠㅠ

└ **박소현** 작성자　2017.02.10. 18:55　답글　　　　　　　　　　　　　수정 | 삭제
　　플머님도 고생이 많네요ㅠㅠ..... 이 경우에는 이동 불가능합니다!
　　사진을 보니까 기획서에 세부사항을 추가해야겠네요 수정하고 다시 업로드할게요!

└ **박소현** 작성자　2017.02.10. 18:56　답글　　　　　　　　　　　　　수정 | 삭제
　　최소 2가지 이상의 경로가 생기는 것에 예시를 들어줄 수 있을까요..? 어떤 문제점이
　　생기는건지 확인하고 해결방안을 생각해봐야 할 것 같아요

● **플머군**　2017.02.10. 19:52　답글　　　　　　　　　　　신고 | 삭제 | 활동 정지
이러한 계단에서 90도로 돌리면 세로로 올라갈 수 있는 또다른 경로가 나타납니다. 구현을
위해 맵을 대충 만들어보면서 이 점이 맵을 제작할 때 좀 골치 아플 것 같아서 적었어요
ㅠㅠ

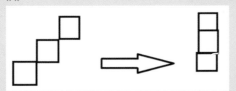

└ **박소현** 작성자　2017.02.10. 20:35　답글　　　　　　　　　　　　　수정 | 삭제
　　음.. 확실히 맵 디자인할 때 문제가 될 것 같네요.
　　그러면 해결방안 1,2번에 대해서 말인데

　　두 번째 방안에 대해서는 제가 이해한게 맞다면 NPC배치를 통해 악용될 경로를 차단해
　　버리면 되니 (PC는 한 칸씩만 이동할 수 있고, NPC가 올라있는 블록으로 이동하면
　　사망하니까) 굳이 새로운 블록을 구현하지 않아도 되지 않을까요?

　　음. 여튼.. 일단 난이도를 높이기 위해 요소를 추가하는 것은 나중에 해도 될 것 같으니 첫
　　번째 방안처럼 이동 불가로 간단하게 처리하는게 좋겠습니다.

● **플머군**　2017.02.10. 21:07　답글　　　　　　　　　　　신고 | 삭제 | 활동 정지
그럼 일단 구현은 해결방안 1번으로 진행할게요 ㅎㅎ

▲ 댓글을 통한 시스템 구현 논의

　　최대한 구체적인 그림을 그려놓고 프로젝트를 시작한 덕분에 팀이 결성

된 후 착실하게 작업이 진행되었다. 물론 초반부터 모든 개발이 원활하게

진행된 것은 아니었다. 팀원을 모두 모은 시점은 프로젝트 수업이 시작되는 학기가 되기 직전의 방학이었는데, 대학교 방학이 모두 그렇듯이 2~3달 정도의 시간이 있었다. 팀 빌딩에 약 한 달을 쓰고, 나머지 한 달 동안 개발을 진행했다. 방학 동안의 목표는 게임의 맵 지형과 플레이어 캐릭터Player Character, PC의 이동 규칙을 구현하고, 플레이어 캐릭터의 컨셉을 잡은 후 원화와 모델링까지 완성하는 것이었다. 어찌 생각하면 '2D의 단순한 조작을 가진 게임의 이런 작업에 한 달까지 걸릴 일인가?'라고 생각할 수도 있겠지만, 방학 기간에는 원격 개발을 해야 해서 비교적 소통이 느린 이유도 있었고, 본격적인 업무에 들어가기 전에 협업적으로 이것저것 고려해야 할 것이 많았기에 약 한 달이란 시간이 소요되었다.

예를 들어 방학 동안 프로그래머는 맵 지형 및 플레이어 캐릭터 이동 규칙을 구현하기로 하고, 작성한 시스템 문서를 참고하면서 진행했다. 하지만 디자이너가 문서 작성을 하는 단계에서 시스템을 완벽하게 설계하기는 어렵고, 언제든 예외 상황이 생기기 마련이라 구현하면서 모호한 부분들은 그때마다 논의했다. 다양한 상황을 고민하고 특수 상황을 고려하면서 문서를 작성했지만 놓친 것들이 있었기에 어떻게 해결할지 프로그래머와 게시판을 통해 상의하면서 정리해나갔다.

☑ 아트 컨셉

아트 작업에는 예상보다 많은 시간이 걸린다. 전환 착시 게임에 어울리는 명확하고 단순하며 깔끔한 그래픽 컨셉을 고려하고 있다고 이야기하면서 찾아놓은 참고 이미지들을 팀원들에게 보여주었다. 2D와 3D의 시점을 바꾸면서 플레이하는 게임이므로 시점을 전환할 때 그래픽도 어색하지 않아야 하고, 단순하면서도 귀여운 느낌이 나는 이미지였으면 좋겠다고 생각했다. 물론 캐릭터도 같은 분위기를 희망했다.

단순한 2등신 캐릭터를 만드는 데 한 달이나 걸렸다고 생각할 수도 있지만, 캐릭터 컨셉이 결정된 것은 프로젝트가 시작되고 2개월이 지난 후였다. 컨셉 문서에서 '괴도' 컨셉으로 게임을 만들 것이라고 명시했지만, 아트 작업의 결과물에 따라 더 좋은 것이 있다면 바꿀 수 있다고도 생각하고 있었다. 따라서 변경 가능성을 미리 염두에 두고 아티스트들과 아트 컨셉을 상의했다. 회의 중 '과자 나라' 분위기로 변경하는 것에 관한 의견도 나온 적이 있었지만, 문서에 '괴도'라고 적혀 있어서인지 팀원 대부분이 괴도라는 컨셉에 더 익숙해져 있었다. 그래서 괴도 컨셉을 유지하면서 아트디렉터Art

인게임(약 250폴리곤 예상)

▲ 초기의 캐릭터 컨셉 원화(2D 아티스트: 강하경)

Director, AD가 가져온 원화와 여러 가지 참고자료를 통해 아트의 방향성을 잡을 수 있었다.

캐릭터 컨셉은 처음에는 2D 아트 담당자가 작업하다가 아트디렉터로 담당이 변경되었고, 여러 디자인 과정을 거쳐 최종적으로 결정되었다. 플레이어 캐릭터의 디자인은 여러 번 변경되었는데, 게임에 리소스를 적용한 결과가 만족스럽지 않아서 계속 바뀌었다. 예를 들어 더미dummy 리소스로 만든 맵에 캐릭터를 적용했을 때 처음에는 배경과 캐릭터의 조화가 맞지 않았다. 캐릭터를 단순하게 만든다고 만들었음에도 육면체 블록 모양인 배경보다 세밀한 요소가 많아서 더 단순화될 필요가 있었고—이 과정이 두세 번 반복되었다—캐릭터가 너무 작아서 중요한 요소임에도 불구하고 화면에서 잘 보이지 않아 배경과 캐릭터의 비율도 여러 번 반복하고 조율했다. 이런 지난한 과정을 통해 최종적으로 캐릭터의 형태가 결정되었다. 물론 그 과정에서 배경

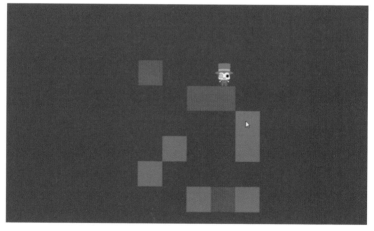

▲ 게임 내에 처음 적용했을 때 캐릭터가 제대로 보이지 않았다.

이미지도 게임 내에 적용된 캐릭터의 색감과 전체적인 분위기 등을 고려하면서 여러 번의 수정을 거쳐 결정되었다.

☑ 프로토타입 제작

게임 플레이와 전체적인 모습을 대략적으로 구현해서 적용하니 여러 가지 개선할 점들이 보였다. 대표적인 사례들을 이야기하자면, 맵 지형은 '(x) × (y) × (z)' 형식으로 크기에 제한을 두지 않았으나 화면 비율과 모바일 화면 크기의 특성상 일정한 크기를 벗어나면 일부 퍼즐이 화면에서 벗어나거나, 잘 보이지 않는 경우가 발생했다. 그래서 화면에서 최적으로 보이는 비율을 고려하여 맵 크기의 최대치를 정했더니 맵 구성의 범위가 좁아지면서 퍼즐이 매우 한정적으로 되었다. 이 문제를 해결하기 위한 방안으로 맵을 쪼개서 쓸 수 있는 포털portal 등을 도입했다.

또한 팀원이 아닌 다른 사람에게 게임 플레이를 시켜보았을 때, 기본 조작과 퍼즐에 대한 규칙은 간단해서 플레이에 금세 익숙해지긴 했다. 반면 경찰에 닿으면 게임이 종료되거나 특정 블록에서는 플레이어 캐릭터가 이동할 수 없는 등의 직관적으로 알 수 없는 요소들에 대해서는 쉽게 인지하지 못했다. 당시에는 그래픽 리소스가 적용되기 이전이어서 쉽게 구할 수 있는 이미지로 더미 리소스를 적용해놓은 상태였는데, 포털에 모닥불 이미지가 적용되어 있는 등 시각적으로도 직관적이지 않아서 설명을 보기 이전에는 알기 어려웠을 것이다. 이것이 시각적으로 직관적이지 않아서인지, 아니면 규칙을 쉽게 이해하지 못해서인지 확신할 수 없었다.

▲ 캐릭터 디자인의 변경 과정(2D 아티스트: 박지영·강하경, 3D 아티스트: 김예슬)

▲ 최종 게임 화면

☑ 간단한 도움말 시스템 추가

게임 규칙을 모르는 플레이어들을 위해서 튜토리얼tutorial을 제작하는 것이
일반적인 해결 방안이지만, 3개월 남짓의 한정된 시간 안에 튜토리얼을 완
성하기란 어려워 보였다. 게다가 게임이 완성된 것도 아니어서 정해진 시간
동안 게임을 만드는 데 힘을 쏟아야 했다. 그래서 적은 구현 비용으로 이런
약점을 보완할 수 있도록 '말풍선 시스템'을 만들었다. 캐릭터가 플레이어
에게 말하는 것처럼 캐릭터 위에 말풍선을 띄우는 방식이었다. 플레이어 캐
릭터가 블록 지형에서 한 칸씩 이동하기 때문에 특정 위치에서 필요한 정보
를 알려줄 수 있었다. 즉, 플레이어 캐릭터가 특정 블록에 서게 되면 그 블록
이 담고 있는 대사의 정보를 말풍선 인터페이스로 보여주도록 했다. 초반부
터 게임 플레이가 가능하도록 구현을 해놓았기 때문에 내외적으로 여러 테
스트를 거치면서 게임의 약점들을 돌아볼 수 있었고, 아쉬운 부분들을 개선

분류	이름	파일 이름	속성	상태
PC	앙팡	Player_상태	3D + 애니메이션	idle
				yawn
				run
				jump
				land
				unable
				arrest
				fail
				pass
NPC	경찰견	Dog_상태	3D + 애니메이션	idle
				chase
				arrest
	경찰	Police_상태		idle
				arrest
				chase
Goal	저택 건물 입구	Door_상태	3D + 애니메이션	idle
				pass
	지하 계단	Stairs_상태		idle
				pass
	에메랄드 반지	Ring_상태		idle
				pass
Block	1스테이지 블록	Stage1_Block	3D	
	2스테이지 블록	Stage2_Block		
	3스테이지 블록	Stage3_Block		
Back Ground	1스테이지 블록	Stage1_Bg	2D + 애니메이션	
	2스테이지 블록	Stage2_Bg		
	3스테이지 블록	Stage3_Bg		
Illust	메인	Main	2D	
	Illust 작업 리스트			

▲ 개발 초기 예상 작업 목록

액션	용도
가만히 서 있는다.	대기 상태
하품한다.	대기 상태가 길어질 때
달린다. 이동한다.	PC가 이동할 때
점프한다.	아래 블록에서 한 칸 위 블록으로 이동을 입력했을 때
착지한다.	점프 후 착지 또는 아래 블록으로 떨어질 때
고개를 젓는다.	플레이어가 PC를 이동 불가한 블록으로 이동시키려 했을 때
NPC에게 체포당한다.	PC가 NPC에게 잡혔을 때(스테이지 클리어 실패)
주저앉는다.	이동 횟수를 모두 소진했을 때 (스테이지 클리어 실패)
기뻐한다.	스테이지의 목표물에 도달했을 때 (스테이지 클리어)
가만히 있는다.	대기 상태
달려가며 앙팡을 쫓는다.	시점 이동을 하고 있는 상태 (앙팡이 마술을 부리고 있음, 이를 쫓아감)
앙팡의 응디를 문다.	앙팡이 경찰견에게 잡혔을 때(스테이지 클리어 실패)
가만히 있는다.	대기 상태
달려가며 앙팡을 쫓는다.	시점 이동을 하고 있는 상태 (앙팡이 마술을 부리고 있음, 이를 쫓아감)
앙팡에게 수갑을 채운다.	앙팡이 경찰에게 잡혔을 때(스테이지 클리어 실패)
없음.	대기 상태
문이 열린다.	앙팡이 Goal에 도착(스테이지 클리어)
없음.	대기 상태
음산한 분위기를 풍긴다.	앙팡이 Goal에 도착(스테이지 클리어)
없음.	대기 상태
반짝인다.	앙팡이 Goal에 도착(스테이지 클리어)
	1스테이지의 블록
	2스테이지의 블록
	3스테이지의 블록
	1스테이지의 배경
	2스테이지의 배경
	3스테이지의 배경

할 수 있었다. 이렇게 3개월의 과정 동안 게임 플레이는 처음에 내가 상상한 모습보다 완성도 있는 모습을 갖추게 되었다.

게임 플레이를 다듬으면서 동시에 아트 리소스도 제작했다. 물론, 본격적인 아트 리소스가 나오기 전에는 더미 리소스를 사용하여 게임 구현엔 지장이 없었다. 더미 리소스는 아트 리소스가 나오면 곧바로 적용할 수 있게 규격을 맞춰서 제작했다. 모든 게임 구성 요소가 블록 단위였고, 이를 기준으로 모두의 생각이 맞춰져 있었으므로 복잡한 3D 게임처럼 크기에 대한 기준들을 맞추는 게 어렵지 않았다. 게임 플레이에 필수적인 아트 리소스는 게임을 구상한 게임 디자이너가 목록을 작성해야 한다고 생각했으므로 초반에 목록을 만들었다.

초반에 목록이 있었기 때문에 아트 컨셉이 잡힌 후에 무엇을 먼저 작업해야 할지가 쉽게 정리되었다. 먼저 플레이에 필수적으로 들어가는 지형

scene_ID	target	state	file_name	explain
in_game	PC	walk	EF_walk	걷고 있을 때
		land	EF_land	착지할 때
		in_portal	EF_in_portal	포털에 들어갈 때(사용할 때)
		out_portal	EF_out_portal	포털에서 나왔을 때
		arrest	EF_arrest	체포당했을 때 맞는 이펙트
pop_result	clear_grade	win	EF_win	클리어 등급이 나올 때 이펙트
		lose	EF_lose	게임 오버 되었을 때 이펙트

▲ 연출 효과 제작 목록

타입	이름	상태	동작	파일명	설명	비고
PC	앙팡	대기 (idle)	서 있기	PC_idle	기본 상태	NPC에 잡혔을 때 앙팡의 모션은 단일이고 NPC만 잡는 모션을 다르게 함.
			몸 흔들기	PC_shake	조작이 n초 이상 없을 때	
			장미꽃	PC_rose	조작이 n초 이상 없을 때	
		달리기 (run)	달리기	PC_run	이동할 때	
		점프 (jump)	점프	PC_jump	한 칸 위 블록으로 올라갈 때	
		착지 (land)	착지	PC_land	한 칸 아래 블록 으로 내려갈 때	
		체포 (arrest)	체포	PC_arrest	NPC에게 잡혔을 때 (체포당함)	
		성공 (win)	성공	PC_win	스테이지를 클리어했을 때	
		포털 들어감 (in_portal)	빨려 들어감	PC_in_portal	포털에 들어갔을 때	
		포털 나옴 (out_portal)	나타남	PC_out_ portal	포털에서 나왔을 때	
UI		로딩 (loading)		loading	로딩 화면에서 나오는 애니메이션	
NPC	경찰	대기 (idle)	서 있기	police_idle	기본 상태	
		달리기 (run)	달리기	police_run	앙팡을 쫓음. 드래그 상태	
		체포 (arrest)	체포	police_arrest	앙팡을 잡았을 때	
	경찰견	대기 (idle)	서 있기	dog_idle	기본 상태	
		달리기 (run)	달리기	dog_run	앙팡을 쫓음. 드래그 상태	
		체포 (arrest)	체포	dog_arrest	앙팡을 잡았을 때	

▲ 애니메이션 제작 목록

과 모델링(정육면체) 그리고 걷기·점프 애니메이션 등을 작업하고 우선순위에 따라 리소스를 순차적으로 진행했다. 목록에 없는 부가적인 리소스를 만들기도 했다. 대기 중인 캐릭터(양팡)가 엉덩이를 씰룩거리는 애니메이션은 그렇게 만들어졌다. 대기 중 엉덩이를 씰룩거리거나, 말풍선의 텍스트가 순차적으로 나오게 하는 등의 작업은 플레이에 지장이 없는 것들이지만, 이런 자잘한 센스가 모여서 게임의 완성도가 높아 보이게 만들었다. 만드는 사람 입장에서도 대단한 쓸모가 있진 않지만, 이런 잔재미를 주는 기능이나 리소스를 만드는 과정은 무척 즐겁다. 이처럼 작은 아이디어를 게임에 추가하면서 프로젝트에 긍정적인 영향을 끼칠 수 있다.

☑ 도구의 유용성

방학 동안 게임의 핵심적인 부분을 구현해서 플레이할 수 있는 상태로 만들고 나서, 프로그래머와 맵툴MapTool에 대한 이야기를 나눴다. 나는 맵툴이 있으면 장점도 많지만 제작하는 구현 비용과 시간이 크고, 당시 목표는 스테이지를 3개만 만드는 것이었기에 제작 대비 결과물이 적게 나올 것이라 비효율적이라고 생각했다. 그래서 내가 직접 3D MAX나 엔진에서 배치할 생각이었다. 하지만 프로그래머의 생각은 달랐다. 디자인에 주력하고 나중에 맵을 많이 만들 경우를 고려해서 맵을 편리하게 만들 수 있는 툴이 꼭 필요하다고 주장했다. 다른 사람도 아니고 프로그래머가 이렇게 말했기 때문에 감사한 마음으로 의견에 수긍했고, 방학이 끝난 학기 초반에는 맵툴을 제작했다. 맵툴을 구현하는 데는 제법 시간이 걸렸다. 아마도 학기 중 전체 일정의 1/4 정도가 소요되었을 것이다. 하지만 이때 구현해놓

scene_ID	name_eng	name_kor	txt_change	chain_image	function	link
main	episode_title	에피소드 제목	O	X	X	-
	game_info	게임 정보	X	X	O	pop_game_info
	sound_setting	설정: 사운드	X	O	O	-
	stage_num	스테이지 번호	O	X	O	in_game
	clear_grade	클리어 등급	X	O	O	-
	lobby_field	로비 필드(3D)	X	X	X	-
	stage_lock	자물쇠	X	X	X	-
pop_info	pop_info_body	정보 팝업창	X	X	X	-
	cancel_button	닫기 버튼	X	X	O	in_game
cut_scene	skip_button	스킵 버튼	X	X	O	-
in_game	in_stage_info	스테이지 정보	O	X	X	-
	in_stage_grade	인게임 등급	O	O	O	pop_pause
	pause_button	일시정지	X	X	O	-
	sound_setting	설정: 사운드	X	O	O	-
pop_pause	pop_ingame_body	인게임 팝업창	X	X	X	-
	re_stage_button	스테이지 다시 하기	X	X	O	in_game_stage_start
	go_main_button	메인으로	X	X	O	main
	return_game_button	돌아가기	X	X	O	in_game

scene_ID	name_eng	name_kor	txt_change	chain_image	function	link
pop_result	pop_ingame_body	인게임 팝업창	X	X	X	-
	result_txt	결과 텍스트	O	X	X	-
	clear_grade	클리어 등급	X	O	O	-
	re_stage_button	스테이지 다시 하기	X	X	O	in_game_stage_start
	go_main_button	메인으로	X	X	O	main
	next_stage_button	다음 스테이지로	X	X	O	in_game_next_stage

▲ UI(User Interface) 작업 목록

은 맵툴은 이후에 출시 준비를 할 때 맵 디자인 및 맵을 프로젝트에 적용하는 시간과 비용을 현저하게 줄여주었으므로 결과적으로 아주 좋은 판단이었다. 본격적으로 프로젝트를 시작하기 전에 시스템 문서를 작성하면서 3D MAX에서 큐브cube를 만들어 복사해가며 게임의 지형을 만들었는데, 맵툴이 완성되고 나서는 규격대로 맵 크기를 설정하거나 블록을 배치할 수 있고, 원하는 기능을 단축키로 연결해 키보드 조작으로 훨씬 빠르게 맵 디자인을 하는 것이 가능해졌다.

간단해 보이는 게임이라고는 하나, 플레이 구현과 맵툴 구현, 추가적인 시스템 제작, 아트 리소스 적용, 정기적인 빌드, 수정될 수도 있는 맵 파일 적용하기 등, 대부분 그렇듯이 프로그래머가 할 일은 매우 많았다. 게다가 프로그래머가 한 명뿐이라 분업할 사람도 없었다. 디자이너와 아티스트의 작업물을 자주 적용해보는 게 좋지만(방향성 유지와 실패 후 다시 만드는 비용, 개선점 찾기 등의 장점) 그럴수록 작업 기간이 늘어난다. 맵 디자인의 경우 맵 툴이 있어도 지형과 캐릭터들을 배치하고 규칙에 맞게 맵을 돌려볼 수 있을 뿐, 플레이는 머릿속으로 상상하며 만들 수밖에 없어서 적용하고 보면 아쉽거나 고칠 부분이 눈에 띄어서 다시 맵을 만들고 적용하는 과정을 거쳐야 했다.

파일 하나만 바꿔서 게임을 실행하면 되는데 이는 프로그래머에게 귀찮은 과정일 것이고, 가능하면 구현에 집중할 수 있는 환경을 만들어주고 싶었다. 그래서 내가 할 수 있는 일이 있는지 프로그래머와 상의했다. 프로그래머가 혼자이니 로컬에서만 작업할 법도 한데, 프로그래머는 깃허브 GitHub라는 소스 관리 툴을 사용하고 있었다. 깃허브는 분산 버전 관리 툴로 프로젝트의 소스를 저장할 수 있다. 여기에 프로젝트 소스를 올려놓으면 어디서든 작업한 내용을 추가할 수 있고, 수정한 작업만 서버에 올릴 수 있어서 특정 컴퓨터에 구애받지 않고 작업할 수 있었다. 학교 실습실은 자리가 정해져 있지 않았고 신청하는 대로 자리를 배정받는 환경이라 매번 다른 컴퓨터를 써야 했다. 프로그래머가 깃허브를 사용하는 법을 가르쳐준 덕분에 나는 프로젝트 상황을 자주 파악하고 일부 리소스를 추가할 수도 있었다. 여러 명이 작업하기에 편한 환경이었지만, 내가 리소스를 추가하고 작업하는 과정에서 자칫 프로그래머가 진행 중인 작업과 충돌하면 오히려 작업 시간이 늘어날 수도 있었다. 다행히 내가 작업한 부분은 매우 간단해서 큰 충돌은 없었지만, 어쩌면 프로그래머가 충돌이 났어도 나에게 이야기하지 않고 감내했을지도 모르겠다.

깃허브를 사용해서 버그를 관리하기도 했다. 프로그램 코드가 완벽하게 작동하면 의심해야 한다는 말이 있듯이, 프로젝트에서는 당연히 버그가 발견되었다. 구현 일정에 맞추는 동시에 버그까지 수정하려면 누구라도 정신없을 것이므로 정리하는 과정이 필요한데, 프로그래머가 깃허브를 다루는 데 능숙한 덕분에 그 기능을 사용했다.

☑ 팀원과 상충된 의견

마냥 순탄하게 개발이 진행된 것은 아니다. 상충하는 의견 때문에 리소스를 어떤 식으로 제작할지 UI User Interface 아티스트와 충돌한 적도 있었다. 이동 횟수를 표시하는 UI에서 이동 횟수가 늘어날수록 어떻게 표시할 것인지가 문제였는데, 나는 이동 횟수가 많아지면서 등급이 줄어드는 것을 보다 직관적으로 보여주기 위해서 게이지바gauge-bar를 이용하길 원했다. 반면 UI 아티스트는 게이지바를 사용하지 않고 등급 표시만 하면 사용공간을 줄이고 심미적으로 더 예쁘게 만들 수 있으며, 등급이 줄어드는 것은 숫자를 통해 충분히 인지시킬 수 있다고 생각했다. 이 논쟁은 UI 아티스트의 양보로 몇 시간 만에 마무리되었다. 자신의 의견이 더 좋지만 나의 의견도 맞는 말이고, 논쟁이 길어지면 작업이 진전되지 않을 것을 알기에 먼저 양보를 해준 것이다. 나의 주장이 완고했던 이유도 있는데, 이처럼 강하게 내 의견을 표현할 수 있었던 것은 UI 아티스트가 공적인 일과 사적인 일을 구분할 수 있으리라는 신뢰가 있었기 때문이었던 듯하다.

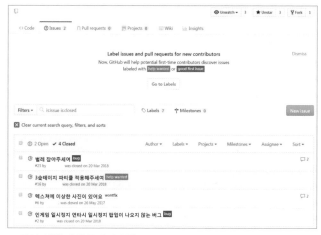

▲ 깃허브(웹)에 등록된 이슈들

▲ 버그 제보 내용 정리(프로그래머 코멘트)

☑ 출시 준비

〈괴도앙팡〉 프로젝트는 처음에 목표했던 바를 이루고 기대한 것보다 훨씬 멋진 게임을 완성했다. 나는 학기가 끝나기 전에 게임을 출시하기로 마음 먹고 있었다. 하지만 수업 기간에는 만들 수 있는 가장 어려운 난이도의 스테이지 3개만 완성할 수 있었기에 출시를 위한 추가적인 작업이 필요했다. 수익모델BM을 설계하고, 스테이지가 늘어나면서 추가해야 할 시스템, 그리고 이를 위한 게임의 일부 레이아웃도 바꿔야 했으며, 아트 리소스도 추가되어야 했다. 당시에 우리는 〈괴도앙팡〉에서 파생한 게임을 공모전에 제출하는 등의 활동도 병행하는 등 해야 할 일이 제법 많았다. 그래서 스테이지별로 배경을 다르게 만들고 싶었지만, 결국 제작된 리소스를 최대한 활용하면서 에피소드별로 다른 테마의 아트를 입히기로 했다.

게임의 장르와 플레이 특성을 고려한 여러 가지 수익 모델도 고민했다.

▲ 스킨 뽑기 게임 화면

팀 내에서 〈애니팡〉[1]이나 〈캔디크러쉬소다〉[2] 등의 게임처럼 플레이 횟수를 제한하는 '생명 점수'를 도입하자는 의견이 나왔다. 하지만 나는 학생 프로젝트인 만큼 돈을 벌기보다 사람들이 우리 게임을 많이 플레이하길 원했기 때문에, 플레이하다가 시간과 돈 때문에 플레이의 흐름이 끊기는 방향은 지양하고 싶었다. 양팡 캐릭터의 스킨에 능력치를 붙여 판매하자는 의견도 있었지만, 이것 또한 내가 원하는 방향성과 맞지 않았고, 추가적인 구현이 필요해서 남은 기간 동안 개발하기에 적합하지 않았다. 결국 개발자에게는 이득이 남고 플레이어에게는 금전적인 부담이 들지 않으면서 박탈감을 느끼지 않고 플레이할 수 있도록 광고를 보여주는 방식으로 결정했다.

처음에는 스테이지를 15개까지만 해금하고 영상 광고를 30초 이상 시청하면 다음 스테이지를 플레이할 수 있게 하며, 광고를 원하지 않는 유저에게는 15개의 스테이지를 한꺼번에 묶어서 현금으로 결제하게 하려고 했다. 하지만 이 방법은 추가 구현이 필요했는데 남은 일정을 고려하면 도저히 작업할 수 없었다. 결국 캐릭터가 스테이지에 실패했을 때 확률적으로 영상 광고가 나오게 하고, 광고를 없애려면 천 원의 금액을 결제하도록 유도했다. 구현 비용과 일정 등을 고려한 선택이었지만 그것을 제외하면 좋은 방안은 아니었던 것 같다.

---

1 _ 〈애니팡〉: 2012년 선데이토즈에서 모바일용으로 출시한 3매치 퍼즐 게임이다.
2 _ 〈캔디크러쉬소다〉: 2014년 킹닷컴에서 출시한 3매치 퍼즐 게임으로 〈캔디크러쉬 사가〉의 후속작이다.

이와 별개로 기능은 없지만 주인공 캐릭터의 옷을 뽑을 수 있는 이용권을 판매했다. 플레이에는 지장이 가지 않지만 캐릭터의 옷을 수집하고 꾸미고 싶은 욕구를 자극하여 결제를 유도하는 방법이었다. 하지만 이는 출시 직후에는 일정이 부족하여 추가하지 못하고, 출시하고 한 달이 지난 후 추가할 수 있었다. 유저 수가 급증하다가 줄어들기 시작한 시점에 추가하여 아쉬운 감이 있었지만, 얼마 되지 않는 게임 수익의 대부분이 바로 이 이용권에서 나왔다. 가격도 저렴하고 등장하는 보상이 하나하나 정성스러워서인지 반응이 좋았다. 물론, 반응과 별개로 제작 비용 대비 수익은 크지 않았지만 말이다.

출시 준비를 하며 스테이지를 50개 정도 제작해야겠다고 생각했는데, 현재의 시스템만으로는 게임 내의 경험에 한계가 있었다. 그래서 특수한 블록을 추가하고 새로운 규칙을 가진 NPC를 넣어서 더 변칙적인 상황을 만들 수 있게 디자인했다. 추가 시스템이 들어가자 맵툴에도 추가 구현이 필요했다. 내가 추가 요소를 디자인한 뒤, 프로그래머가 이를 구현할 동안 앞서 말한 BM 설계를 했다. 시스템과 맵툴이 구현된 후에는 레벨 디자인에 착수했다. 새로운 시스템이 들어가니 고려해야 할 것이 많고 시도해볼 것도 많아서 가장 어려운 난이도를 만드는 데 학기 중보다 오래 걸렸다. 최종적으로는 3개의 에피소드에서 각 15개 스테이지를 뽑아 총 45개의 스테이지를 제작했다.

☑ 출시 후 작업과 사건들

공모전 준비, BM 구현과 아트 리소스 제작, 방학이라 팀원 간 소통이 잘
되지 않는 등의 이유로 일정이 늘어져 다음 학기까지 출시가 늦어졌다. 문
제는 다음 학기에는 새로운 프로젝트가 시작되기 때문에 이전 학기처럼
〈괴도앙팡〉 프로젝트를 수업 시간에 진행할 수 없다는 점이었다. 그래서
원하는 기능을 모두 넣지 못했음에도 불구하고 9월 말에 출시하게 되었
다. 원래는 10월부터 12월까지 시즈널 이벤트Seasonal Event를 진행하려
고 했지만, 다른 프로젝트를 진행하면서 세 달 동안 이벤트를 하나씩 진행
하기는 힘들었다. 그 와중에 일부 팀원이 수업의 프로젝트에 집중하기 위
해서 〈괴도앙팡〉 프로젝트를 그만두고 싶다는 이야기도 했다. 수업 프로
젝트가 포트폴리오나 개인 실력 증진에 도움이 되기에 이해할 수 있었다.
결국 10월에 핼러윈 이벤트 하나만 하자고 제안했고, 동의를 얻었다. 다행
히도 팀원들이 이전부터 시즈널 이벤트에 대한 욕심이 있어서 제작할 아
트 리소스의 아이디어는 금방 나왔다.

▲ 핼러윈 이벤트를 알리는 게임 화면

나는 최대한 구현 비용이 적게 들면서 유저에게 새로운 경험을 줄 수 있는 이벤트를 원했다. 그래서 플레이와 결제를 통해 얻을 수 있는 '스킨 뽑기권'을 보상으로 유도하면서, 원래 한 스테이지당 1~3개였던 포털 구역을 20개까지 늘려 기존과 조금 다른 경험을 줄 수 있도록 만들었다. 새로운 기능이 추가된 것이 아니므로 이 정도는 맵툴로도 충분히 제작할 수 있었다.

시즈널 이벤트 외에도 출시 이후 발생한 여러 문제로 추가적인 작업이 필요했다. 못 찾았던 버그가 발생해서 플레이어들이 메일로 버그를 제보하기도 했고, 결제 쪽에서 버그가 생기기도 했다. 급하게 넣은 게임 오버 시 확률적으로 광고가 나오는 BM은 항의가 너무 많아서 확률을 50%에서 25%로 낮추기도 했다. 돈을 버는 것이 최대의 목적이 아니었고 더 많은 사람이 우리 게임을 플레이했으면 해서 내린 결정이었다.

또 다른 이벤트도 진행하고 싶었으나 많은 문제가 발생했고, 수업에서 진행하는 다른 프로젝트도 개발해야 했기에 더 이상 업데이트를 진행할 수 없었다. 대신 군대에 가기 위해 휴학을 해서 시간적으로 여유 있는 프로그래머가 출시용 영상을 제작하고, 버그 수정과 플레이어들에게서 나온 불만 개선 및 해외 서비스를 위한 언어 적용과 같은 로컬라이징에 관한 부분을 나와 함께 조금씩 진행했다. 로컬라이징을 하려면 언어가 다국어로 번역되어 게임 내에서 보여야 하므로, 맵 파일의 말풍선 대사를 데이터화하여 지역별로 다른 언어가 뜨도록 구현해야 했다. 우리는 대사를 모두 엑셀로 옮겨 적고 영어와 일어 번역을 넣을 수 있게 만들었다.

영어는 구글과 파파고 번역기의 힘을 빌려 번역했고, 검수는 영어 교사이신 외숙모께 받았다. 일어는 일본어 공부를 하는 동생에게 부탁했다. 정당한 보수를 지불하고 번역을 부탁해야 하지만, 게임의 벌이가 시원찮았기 때문에 의도치 않게 가족을 희생했다. 처음 개발부터 로컬라이징을 고려한 것은 아니었기 때문에, UI 리소스 자체에 언어가 적혀 있는 경우가 꽤 있어서 이 부분은 담당 작업자에게 추가 작업을 부탁했다. UI 작업자는 졸업 프로젝트를 준비하고 있었는데도 기꺼이 모든 작업을 끝내주었다. 프로그래머는 플레이어의 접속 지역에 따라 언어가 바뀌는 것을 구현했으나, 마무리하지 못하고 군대에 갔다.

▲ 로컬라이징이 완료된 모습

출시 후에 통계를 보는 일은 재미있었다. 출시 전에 프로그래머에게 부탁해서 플레이 통계를 볼 수 있는 게임 분석 도구인 유니티 애널리틱스 Unity Analytics를 연동했다. 플레이어가 어느 스테이지에서 가장 많이 죽었는지, 어느 스테이지를 가장 많이 플레이했는지 등을 확인할 수 있었다. 내

▲ 스테이지 클리어 시간에 관한 통계

가 레벨 디자인을 할 때 의도적으로 어렵게 만든 23번 스테이지에서 가장 많은 플레이어들이 실패를 겪은 것을 통계로 봤을 때는 큰 즐거움을 느꼈다.

〈괴도앙팡〉은 출시하고 두 달 후에 1만 다운로드를 기록했다. 상용화 게임에선 작은 숫자일 수 있겠지만, 홍보에 투자할 수 없는 학생 입장에서 1만 다운로드는 의미 있는 기록이었다. 이만큼 사람을 모은 것엔 SNS 덕도 있었다. 트위터에 게임 홍보글을 올리자 계정이 유명하지 않았는데도 영상에 주목해 많은 사람들이 반응했고 입소문을 탔다. 게임전시회인 지스타G-STAR의 학교 부스에서 쿠폰과 스티커를 주면서 홍보하기도 했다. 그 밖에 개인 방송을 하는 플레이어가 〈괴도앙팡〉을 플레이하고 추천하는 영상을 올려주기도 했다.

1만 다운로드 후에는 퍼블리싱 계약 요청도 몇 번 들어왔다. 문의가 들어온 경로는 다양했는데 홍보글이 올라간 SNS 계정의 개인 메시지로 오기도 했고, 학교를 통해서 오거나, 아는 사람을 건너서 요청받기도 했지만 모두 거절했다. 어떤 식으로 홍보할 것인지 구체적인 내용이 없는 경우가 많았고, 수익의 n%가 아니라 기약 없이 포괄적으로 적은 금액을 제시하고 광고를 끼워 넣으려던 경우도 있었다. 학생이라서 그런지 오프라인 미팅에서도 프로그래머 외에는 개발자로 취급하지 않거나 복잡한 행사장에 사람을 세워놓고 얘기하는 등, 예우를 지키지 않는 이들도 있었다. 또 한 가지 이유는 일부 퍼블리셔는 추가적인 개발 요구 등을 해왔는데, 우리 팀은 한시적 팀이었고 현재의 문제점들을 업데이트하는 것만으로도 지쳐 있던 상황이었다.

☑ 포트폴리오로서의 〈괴도앙팡〉

우여곡절이 많았던 〈괴도앙팡〉 프로젝트. 학생 프로젝트라 그런지 타당하지 못한 질타를 쉽게 하는 이들도 있었지만, 전체적으로는 보람찬 프로젝트였고 개발하는 과정도 즐거웠다. 머릿속으로 생각하던 것들이 구현되고 돌아가는 것을 볼 땐 뿌듯했고, 게임의 전체적인 모습을 개발해서 마켓에 올린 뒤 플레이어들의 반응도 봤기 때문에 나름대로 라이브의 즐거움도 느낄 수 있었다. 취업 준비를 하면서 〈괴도앙팡〉을 당연히 포트폴리오로 넣었는데, 면접 자리에서 이에 관한 질문을 많이 받았다. 게임 디자인이

▶ Google play 에서
'괴도 앙팡'을 검색해보세요!
Coupon: gstar2017angpang

▲ 지스타에서 배포한 쿠폰이 있는 스티커(아티스트: 김예슬)

두드러지게 담긴 게임이기도 했고, 플레이어의 피드백을 받으면서 이벤트를 업데이트하고 통계를 냈던 것에서 높은 점수를 받지 않았나 하는 생각도 든다. 구현으로만 끝난 게 아니라 라이브 서비스를 진행했던 것도 소중한 경험이었다. 상상한 것을 현실로 만들어내고, 출시한 게임을 플레이하는 이들의 반응들을 보면서 그들이 좋아할 만한 내용을 또 고민하면서 게임을 완성해가는 것. 그것이 게임을 개발하는 즐거움이 아닐까 한다.

〈나이트베리〉의 플레이 영상을 볼 수 있습니다.

02 개발 사례: 프로젝트 〈나이트베리〉

◆ **프로젝트 개요** ◆

- **캐릭터의 전투 모드를 스왑하는 액션 전투 게임**
- **총 개발 기간:** 8개월
- **총 팀원:** 12명
- **팀장 및 프로젝트 관리자:** 김다훈

프로젝트 〈나이트베리〉는 다른 학생 프로젝트에 비해 팀이나 게임의 규모가 큰 프로젝트로 팀원의 이탈이 거의 없었으며 팀원들의 실력이 좋아 초반부터 많은 기대를 받았다. 액션 전투를 볼 수 있는 RPG 게임을 만들어보고자 했으며 목표로 생각한 규모를 거의 개발했다.

☑ 프로젝트 관리의 목표

학교에 입학하면 학생들이나 교수님들이 팀 프로젝트 개발에 굉장한 자부심을 갖고 있다는 것을 피부로 느낄 수 있다. 입학 후 첫 공식행사인 오리엔테이션에서 선배들이 졸업 프로젝트로 진행한 멋진 게임 영상들을 보여주면서 게임 개발을 강조하기 시작한다. 실제로 선배들의 졸업 프로젝트 결과물들은 화려하고 멋져 보이고, 현업의 개발자들도 그 결과물에 대해 높이 평가하면서 학과 수업의 일환으로 게임을 만들 수 있는 것에 부러워하기도 한다. 하지만 선배들의 이야기를 들어보면 멋지기만 한 일은 아니라는 것도 알 수 있다. 팀원을 구하지 못해서 외부에 보여주기 어려운 수준의 게임이 되거나, 개인의 작업이 진행되지 않아 의도한 플레이가 게임에 구현되지 않거나, 혹은 사람들 간의 의견 다툼으로 누적된 신체적·정신적 피로로 인해 학교를 휴학하는 사례도 심심찮게 들을 수 있다.

학교에서는 수업 과정으로 두 번의 프로젝트를 진행하게 되는데, 첫 번째는 수업 시간에 진행하므로 다른 수업과 병행하면서 프로젝트를 진행하게 되고, 두 번째는 본격적으로 한 학기의 시간을 거의 다 투자해서 진행하는데 이것이 바로 졸업 프로젝트이다. 나의 경우 처음 프로젝트에선 개발 과정에 대해 잘 모르는 상태로 참고한 게임을 약간 응용해서 프로젝트를 완성했고, 생각보다 괜찮은 결과를 얻었다. 하지만 모든 팀이 좋은 결과를 얻은 것은 아니었으며, 팀원 간의 의견 다툼이 커지면서 팀이 해체되는 일도 있었다. 만약 프로젝트 관리가 안정적이었다면 그런 극단적인 결과는 막을 수 있었을지도 모른다.

프로젝트를 시작하기 전, 나는 앞선 프로젝트들의 여러 사례를 듣고서 많은 고민을 했다. 동기 중 많은 이들은 참신한 아이디어에 집중하는 모습을 보였지만, 나는 참신함보다 더 중요한 것은 게임을 '완성'하는 것이라고 생각했다. 학교 프로젝트는 상업적인 목적보다 경험이 더 중요하며, 게임 개발자 지망생으로서 어느 정도 게임의 구조를 만들어보는 경험은 역량을 키우기 위해 필요하다고 생각했다. 현실적으로 학교에서 개발하는 게임은 취업의 관문이 되기 마련이고, 완성도가 너무 부족한 게임은 좋은 포트폴리오가 되기 어렵기 때문이다. 이런 생각을 바탕으로 프로젝트 관리의 목표를 다음으로 잡았다.

- **팀이 해체되지 않고 유지될 수 있도록 할 것.**
- **목표한 분량까지 완성할 것.**

다시 말해서 '안정적으로 완성할 수 있는 게임 개발'을 추구하는 것이 프로젝트 관리의 목표였다. 초기에 모인 팀원들이 특별한 개인 사정은 제외하더라도 가급적 끝까지 유지될 수 있게 하고, 목표 분량까지 게임을 개발할 수 있도록 하자는 것이었다. 하나의 프로젝트를 서로 협력하며 협업의 경험을 하는 것도 팀 작업의 중요한 가치일 터이다. 협업이 잘되고 필요한 부분에서 각자 작업할 수 있도록 프로젝트를 이끌어가는 것이 프로젝트 관리자의 역할이라고 보았다. 팀은 모두의 협력으로 진행되는 것이다. 잘하는 사람하고만 함께한다거나 마음이 맞는 사람하고만 진행하는 것이 아니라, 팀인 이상 팀원이 모두 게임 개발에 재미를 느끼면서 작건 크건 중요한 부분이건 그렇지 않은 부분이건 같이 협력해서 하나의 결과물을 내는 것이 팀 작업의 의미다. 그래서 처음에 모였던 구성원들이 끝까지 함께 가는 것이 중요하다고 생각했다. 게임은 하나의 장면으로 완성되지 않는다. 장면 하나가 아무리 멋져도 플레이의 흐름이라는 것이 존재한다. 하나의 전투 외에도 플레이의 흐름이나 구성 규모에 대해 신경을 써야 할 필요가 있는 것처럼, 팀 작업에선 뛰어난 몇 명이 게임을 만드는 것이 아니라 모두가 함께 게임을 만들어야 한다.

게임의 분량은 〈마비노기 영웅전〉[1]과 비슷하게 던전의 입장부터 종료까지 필요한 구성을 흉내라도 내보는 것을 목표로 볼륨을 잡았다. 원하는 분량만큼 개발할 수 있을지 확신할 순 없었지만 플레이의 한 사이클, 즉 플레이의 시작과 끝을 구성해서 하나의 흐름을 느낄 수 있을 정도의 규모는 만들어야겠다고 다짐했다. 이것이 개발자 지망생에게 필요한 개발 경험을 하기 위한 최소 분량이며 그럴듯한 목표라고 생각했다.

좋은 게임은 멋진 컨셉과 완성도가 결정한다고 생각했다. 컨셉이 정말 뛰어나서 그 컨셉에 맞는 게임이 구현되는 것이 가장 바람직하겠지만, 기존의 게임들과 컨셉이 비슷하더라도 게임의 완성도가 좋다면 그 역시 좋은 게임이라고 생각했다. 물론 컨셉은 중요하다. 좋은 컨셉은 개발자의 영감을 불러일으켜 게임 개발 자체를 즐겁게 만들어줄 수 있을 테니까. 하지

---

1 _ 〈마비노기 영웅전〉: 데브캣 스튜디오가 개발하고 넥슨이 서비스하는 액션 MORPG 게임으로 던전 단위로 플레이가 진행된다.

만 좋은 컨셉을 구상하기 위해 시간을 계속 쓰기란 현실적으로 어렵고, 특이하지 않은 컨셉이라고 할지라도 게임을 완성해보는 게 중요하다. 현재 서비스되고 있는 게임들도 컨셉이 눈에 띄게 차별화되진 않지만 성공한 사례가 꽤 많은데, 게임 완성도가 높고 매끄러운 플레이 경험을 할 수 있기 때문이라고 생각한다.

그래서 이번 프로젝트 관리 목표를 '팀이 터지지 않는 것'과 '예상한 분량을 개발하는 것'으로 잡았다. 이것만 잘할 수 있다면 우리 팀은 나름 만족스러운 결과를 얻을 수 있을 것이다. 이를 위해 효율적으로 프로젝트를 관리할 수 있는 방법을 찾았다.

☑ 프로젝트 관리에 대한 고민

졸업을 위한 프로젝트를 진행하기 이전에, 수업과 병행한 프로젝트에서도 프로젝트 관리에 대해 어느 정도 고민했지만 정확히 뭘 해야 할지는 잘 몰랐다. 일정을 어떻게 짜야 할지 구체적으로 아는 게 없었고, 개발 프로세스에 대한 이해도 거의 없었다. 프로젝트란 그저 모두가 열심히 하기만 하면 잘되리라 생각했다. 물론 이것은 큰 오판이었다. 대부분 게임 디자이너들이 팀을 이끌어나가고 게임의 내용에 대해서 구체적으로 아는 만큼 개발 프로세스를 잘 안다고 생각한다. 하지만 게임의 내용을 고민하는 것과 게임 개발 과정에서 진행되어야 하는 일을 잘 아는 것은 전혀 달랐다. 이전의 프로젝트는 다행히 모든 팀원이 잘해준 덕분에 무사히 끝날 수 있었다. 인원이 적었고, 게임의 볼륨도 작았으며, 내가 게임 내용을 자세히 설명하면 다음에 해야 할 일들을 모두가 열심히 해준 덕분이었다.

하지만 이번 프로젝트는 인원이 더 많고 게임의 규모도 더 커서 중간중간 구현 결과를 보면서 다음에 할 일을 계획하며 진행할 수는 없었다. 초반에 게임 내용을 모두 정리할 수도 없었다. 큰 그림을 갖고 시작하지만 중간 결과에 따라 유연하게 게임 내용을 조금 수정하거나 작업 내용을 바꿔야 할 수도 있다. 그런 만큼 팀원 모두가 게임에 대해 전부 이해하고 작업하기 어려울 것이다. 각자의 작업이 끊기지 않고 효율적으로 일을 진행할 수 있게 내용을 정리해서 개인 업무에 집중할 수 있도록 하고, 단순히 게임 개발을 이끌어가는 것뿐만 아니라 개개인이 성장할 수 있도록 피드백을 해주는 것이 좋은 프로젝트 관리자라고 생각했다.

프로젝트 관리를 위해 가장 먼저 고려한 방법은 개발 주기를 만드는 것이었다. 규칙적인 주기가 있어서 주기가 끝날 때마다 게임 내용을 공유한다면, 팀원 모두 만드는 게임의 내용을 이해하고 자신이 해야 하는 일을 세부적으로 고민할 수 있을 것이다. 또 규칙적인 주기가 있으므로 기간 내에 자신이 해야 할 일과 할 수 있는 일에 대한 계획을 세울 수도 있을 것이다. 하나의 개발 주기가 끝날 때마다 구현된 결과를 빌드해서 테스트하고, 변경 사항은 그다음 주기에 적용한다. 이렇게 짧게 끊어서 중간 점검을 하면 단기간의 목표를 구체화하여 쉽게 현재 상황을 이해할 수 있고, 개인 작업 중에서 세부적으로 더 신경 쓰고 싶은 부분은 추가 작업을 할 수도 있다. 작업한 결과물이 어떻게 적용되는지를 확인하면 보람도 있고 게임의 전체 내용을 이해하기에도 좋으니 팀원 간의 협력도 원활해질 것이다.

효과적이면서 명확하게 서로의 작업에 대해 인지할 방법도 필요했다. 그래서 소프트웨어 개발 방법인 '폭포수 방법'과 '애자일' 등에 대해서 알아보았다. 폭포수 방법은 큰 틀을 짜고 체계적인 문서화를 통해 프로젝트를 움직이는 방식이고, 애자일은 정형화된 틀이나 문서는 없지만 개발 주기를 짧게 끊어서 내용을 자주 확인하고 수정하면서 진행하기를 반복하는 과정이다. 이를 바탕으로 프로젝트 관리를 위한 나만의 관리 방법을 만들기로 결심했다. 팀원 누구나 쉽게 볼 수 있는 일정표와 마일스톤 진행 상황을 정리했다. 보기에는 좋았지만 작업 내용이 변경될 때마다 그것을 수정하고 다른 팀원들에게 알리는 과정은 시간도 많이 필요하고 꽤 번거로운 작업이었다.

팀원에게 작업 내용을 전달할 때는 메신저를 주로 이용했다. 메일보다 확인이 쉽고 대화 내용이 저장되어서 좋다. 팀 전체에 알림을 하기에도 좋고 개별적으로 대화하기도 쉽다. 큰 계획만 있는 단순한 일정표를 먼저 만들어서 그걸 바탕으로 모든 팀원에게 공유하고, 일대일로 내용을 전달해서 세부 내용을 조율한 다음 결정된 내용을 정리했다. 초반에는 아주 순조롭게 진행되어 각자가 진행 상황을 조절할 수 있었다. 하지만 좀 더 자세한 내용을 확인해야 하는데, 내가 모든 걸 다 관리하기는 어려워서 후반에는 모두가 내용을 수정할 수 있는 형식을 만들었다. 내가 마일스톤에 대한 목표와 대략적인 내용을 입력해놓으면 개개인이 해당 사항을 보고 자신들의 세부 작업 내용을 작성했고, 서로 연관되는 일을 확인한 다음에 작업 순서를 정리해서 최종 일정표를 만들었다. 물론, 작업 순서를 정리할 때도 각자와 이야기하고 조율하는 과정을 거쳤다. 이런 과정들을 통해 중간에 비는 시간을 최소화하고 계획한 게임 분량을 완수할 수 있겠다고 자신했다.

게임 개발 과정에서 일정이 밀리는 일은 흔하다. 우리 팀 또한 그것을 피해가진 못했다. 그때마다 팀원과 함께 발생한 문제와 개발 진행 상황을 확인하는 데에 또 시간이 걸렸다. 변경 사항을 게시물로 올려놓았지만 각자 정확히 이해했는지 알 수 없으니 팀원을 모아서 설명해야 했고, 이 과정은 많은 시간을 필요로 했다. 연계된 작업에서 선행 작업이 밀렸을 때 후반 작업을 할 사람에게 작업 내용을 전달하는 데에도 시간이 필요했다. 이처럼 작업 내용을 챙기고 계획을 세우는 데에 생각보다 많은 시간이 걸리면서 점점 게임에 대해 고민할 시간이 줄었다. 독자적인 결과물이 없다 보니 프로젝트 관리자의 역할이 간과되기 쉽지만, 전체 진행 상황을 확인하고 정리한다는 건 꽤 많은 시간이 필요한 일이다.

☑ 게임 컨셉 변경

게임의 컨셉은 크게 세 번 변경되었다. 핵심 플레이 요소가 바뀌긴 했지만 완전히 다른 게임으로 바뀌었다기보다는 더 괜찮은 선택을 하면서 구체적으로 정리되었다고 하는 편이 맞을 것이다. 프로젝트를 처음 시작할 때부터 게임 디자이너는 둘이었고, 함께 컨셉에 대해 이야기하고 팀원을 모으기 시작했다.

팀원을 모을 때 가장 중요한 조건은 '실력'이었다. 기본적으로 개인의 작업 실력이 좋아야 결과물이 좋게 나오고, 게임의 품질도 높아지기 때문이다. 이전의 졸업 프로젝트를 지켜보면서 나는 3D 신scene을 만들 수 있는 아티스트가 있는 팀과 없는 팀은 주목받는 정도가 매우 다르다는 것을 1학년 때부터 보고 느꼈다. 이전 프로젝트를 경험하면서 여러 피드백을 들었는데, 대부분 아티스트가 하고 싶은 것을 할 수 있어야 작업에 대한 동기 부여가 쉽게 되었고 그런 팀에 들어가고 싶어 했다. 그래서 실력이 좋은 아티스트를 팀원으로 모으기 위해서 대부분의 아티스트들이 선호하는 판타지풍의 캐주얼을 아트 컨셉으로 잡기로 했다. '판타지풍', '캐주얼', '스토리'가 있는 게임을 만들 것이라고 약간의 과장이 섞인 제안서를 작성하고, 게임 디자이너가 특정 아트 작업artwork을 강요하지 않고 아티스트가 원하는 방향으로 작업할 수 있다는 점도 강조했다. 더불어 평소 학교생활을 열심히 해서 알게 된 인맥이 좋은 자원이 되어주었다.

팀원을 모을 당시 대략적인 게임 컨셉은 '빼앗긴 색을 되찾기 위해 모험을 떠나는 판타지풍의 캐주얼 RPG 게임'으로 정해져 있었다. 플레이 컨셉은 〈탱고파이브〉2) 같은 실시간 턴제 방식을 바탕으로 탱커, 딜러 등의 서로 다른 전투 특성을 갖는 캐릭터들을 선택적으로 조작하며 쿼터뷰3) 시점으로 전투를 진행하는 것이었다.

---

2 _ 〈탱고파이브〉: 2017년 띵소프트에서 개발하고 넥슨에서 유통한 실시간 턴제 슈팅 게임. PC와 iOS, Android로 출시되었다.

3 _ 쿼터뷰(quarter view): 물체의 세 면이 다 보이도록 하는 시점으로, 물체가 입체적으로 보이는 카메라 위치를 뜻한다. (참고: isometric view, perspective view)

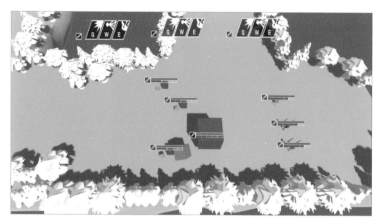
▲ 초기 프로토타입의 게임 화면

1차 프로토타입prototype은 실시간 턴제 게임이었다. 세 가지 클래스의 특성을 강하게 보여주는 전략적인 게임을 만들고 싶었기에 턴 방식으로 진행되면 좋겠다고 생각했다. 하지만 정직하게 턴으로 진행되는 방식은 요즘의 감각으로 지루할 수 있으니, 약간의 보완책으로 실시간으로 턴이 진행되는 방식을 떠올렸다. 이를 바탕으로 프로토타입을 만들었다. 그러나 결과가 나왔을 때 팀원들의 반응은 '재미없다'는 것이었다.

게임 디자이너의 시각으로는 나쁘지 않았다. 프로토타입에서는 완성된 게임과 같은 재미를 낼 수 없으며, 기본적인 조작에 대한 감각과 다듬을 수 있는지 그 가능성을 보는 것이 목적이다. 플레이를 하면서 3개의 캐릭터를 모두 조작해야 했기 때문에 하나를 선택했을 때 다른 두 캐릭터가 가만히 서 있는 것이 좀 이상해 보이기는 했지만, 충분히 다듬을 수 있을 것 같았다. 턴제 게임에 관심을 갖고 팀으로 들어온 팀원 중 한 명은 턴제 방식에 대해 충분히 알고 있었기에 디자인 의도대로 플레이하면서 재미있다고 말해주었지만 다른 팀원들의 생각은 달랐고, 큰 흥미를 느끼지 못했다. 대부분이 실시간 턴제에 대한 이해도가 낮았고, 턴의 순서대로 진행되기 때문에 자신이 원할 때 할 수 있는 조작이 없는 것을 지루해했으며, 기대만큼 화려한 액션을 보여줄 수 없다는 것에 실망했다.

팀원 대다수가 프로토타입에 실망하자 팀장으로서 고민이 많을 수밖에 없었다. 교수님들도 게임에 대해 좋은 이야기를 해주지 않았고, 팀원들은 이 게임으로 좋은 결과물을 만들 수 있을지 의심하고 있었다. 결국 회의를 통해 턴제 방식을 버리기로 했다. 물론 지금도 그 프로토타입은 나쁘지 않았다고 생각하지만 많은 팀원들이 플레이 방법에 대해 공감하지 못했고, 계속 고집을 피우다가 팀원을 잃으면 아무리 좋은 게임이라도 소용없었다. 팀원을 잃는다는 것은 충분히 두려운 상황이었다. 그렇게 1차 컨셉이 변경되었다.

2차 컨셉은 턴으로 진행하는 방법을 변경해서 실시간으로 게임을 진행하는 방식이었다. 이때 참고한 게임은 〈드래곤 에이지 인퀴지션〉[4]이었다. 처음 프로젝트를 진행할 때 팀원들과 약속한 몇 가지 규칙이 있었는데, 그 중 하나가 게임의 큰 틀은 바꾸지 않고 플레이 컨셉만 변경하면서 개발을 계속 진행하겠다는 것이었다. 여기에서 큰 틀이란 3개의 캐릭터(혹은 3개의

---

4 _ 〈드래곤 에이지 인퀴지션〉: 〈드래곤 에이지〉의 두 번째 시리즈로 바이오웨어에서 개발하고 일렉트로닉 아츠에서 유통한 콘솔 게임이며 PC용 버전도 출시되었다.

전투 패턴)를 활용한 전투 중심의 게임이라는 것이었고, 플레이 컨셉을 턴제에서 실시간으로 변경한 것이다. 그렇게 2차 프로토타이핑을 했고 게임 플레이를 본 많은 팀원들이 만족감을 보였다.

하지만 2차 컨셉은 지속할 수 없고 3차로 변경되었다. 턴제와 실시간 게임은 단순히 진행 방식만 변경된 게 아니어서 게임의 개발량에서 엄청난 차이가 났기 때문이다. 프로젝트를 완료하기로 한 날까지 7개월 정도 남았는데 추가된 작업량을 모두 수행하려면 족히 10개월의 시간은 필요해 보였다. 게다가 당시 막 겨울방학이 시작된 시점이었다. 처음에는 시간이 풍족한 방학에 그간 부족했던 개발량을 충족할 수 있으리라 기대했지만 현실과 상상은 달랐다. 방학 동안 모두가 학교에 남는 것은 아니어서 한자리에 모이기 어려웠고, 직접 만나지 않고 진행하는 팀 개발은 효율이 높지 않았다. 책임감을 갖기도 어려웠고, 각자의 개인적인 사정들도 있었다. 결국 현실적으로 게임의 규모를 재조절할 필요가 있었다.

그렇게 세 번째로 컨셉이 변경되었다. 엄밀히 말하면 컨셉이 변경되었다기보다는 2차에 비해서 게임의 규모를 줄였다. 3개의 클래스로 플레이어 캐릭터를 만들기로 했던 것을 2개로 변경했고, 어느 정도 흐름이 있는 게임 플레이로 구성하면서 훨씬 단순하게 줄였다. 플레이의 진행을 느낄 수 있도록 레벨 디자인을 구상했지만, 현실적으로는 3개의 전투, 3개의 스테이지만 만들 수 있을 것이라 예상했다. 이 역시 아트 리소스 제작 시간이 생각보다 길어지면서 하나의 스테이지로 줄게 되었다. 3차는 엄밀히 말해서 프로토타입을 만들지 않았다. 1차와 2차 때는 플레이의 느낌을 확인하는 일종의 검증 과정에서 필요했지만, 3차에서 더 검증할 것은 없었기 때문이었다. 그동안 개발한 것들과 테스트한 플레이의 느낌을 바탕으로 본격적인 개발에 들어갔다.

☑ 레벨 디자인의 컨셉

캐릭터와 전투 못지않게 중요한 것이 배경이다. 배경이 심심하면 게임 완성도가 부족해 보일 것이고, 초반의 방향성이었던 '탐험'의 느낌을 주기 위해서는 배경이 중요한 역할을 해주어야만 했다. 스테이지에서 다음 스테이지로 넘어갈 때마다 맵의 구조가 바뀌었으면 했고, 몬스터 소환 간격이나 배치 등의 느낌도 다르게 주고 싶었다. 이 부분에 대해서는 리드 디자이너의 요구가 있었는데, 리드 디자이너는 임의로 생성되는 맵 시스템이 들어간 게임을 만들고 싶어 했다. 이전 프로젝트에서 시도했지만 실패하여 이번 프로젝트에서 다시 시도해보고 싶어 했다. 사실 일정상 맵 생성 시스템까지 만들기엔 무리한 규모로 보여서 현실적으로 무작위 지형 생성을 할 수는 없었지만, 몇 가지 다른 유형의 파츠를 만들어서 파츠의 조합으로 레벨을 만들면 어떨까 하는 생각이 들었다. 파츠 몇 개를 이용하는 일종의 조립식 레벨 방식이었다.

스테이지 파츠를 나눌 때 가장 많이 참고했던 게임은 〈테트리스〉[5]였다.

5 _ 〈테트리스〉: 소련의 프로그래머 알렉세이 파지트노프가 처음 디자인하고 프로그래밍을 한 게임으로 1984년 6월 6일에 처음 만들어졌다. 몇 가지 형태의 유닛을 잘 배치해서 공간을 확보해야 하는 퍼즐 게임이다.

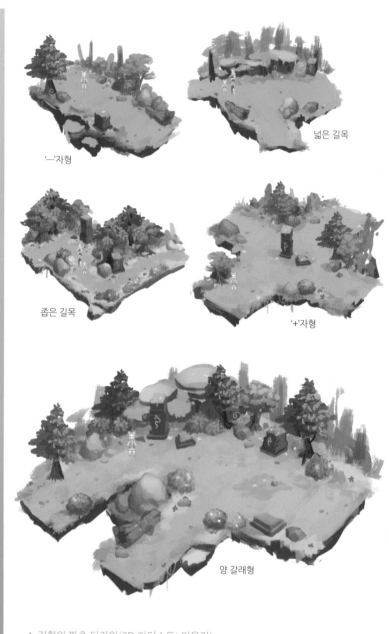

'—'자형

넓은 길목

좁은 길목

'+'자형

양 갈래형

▲ 지형의 파츠 디자인(2D 아티스트: 이윤지)

연결 부분들이 매끄럽게 이어지도록 곡선 형태의 스테이지 규격은 고려하지 않았다. 제약은 최소화하면서 효율이 좋은 방법을 찾아야 했다. 파츠의 크기는 크게 두 가지가 있었는데, 하나는 적을 죽이는 구간으로 일종의 통로 역할을 하고, 다른 하나는 중앙에서 지속해서 전투하는 구간으로 의도했다. 통로 역할을 하는 구간에서 가벼운 전투를 일으키려는 의도도 있었지만, 스테이지를 넘어가 어려운 전투를 시작하기 전에 전투에 대한 부담을 줄이기 위한 목적도 있었다. 장기적 전투를 하는 중앙 구간에 오브젝트를 추가하여 전투의 승리 조건을 다양하게 변화시키는 기능도 추가해보고 싶었지만 게임의 컨셉이 바뀌면서 구현되지 않았다.

☑ 아쉬웠던 점

〈나이트베리〉는 넥슨GT에서 선정하는 우수작으로 뽑혔다. 프로젝트에 대한 부정적인 평가도 많았지만, 우수작에 선정되자 팀 내의 사기가 더 떨어지지 않았고, 나는 기분이 좋으면서도 동시에 씁쓸하기도 했다. 플레이가 가능한 수준까지 개발했지만 액션의 멋이나 매끄러운 진행 등 다듬어야 할 부분이 많이 보이는데도 더 하지 못한 것이 아쉬웠다. 출시된 게임 수준까지는 아니어도 디자인한 부분까지 구현해보고 싶었고, 가능할 것 같았지만 생각처럼 되지 않았다. 학교에서 진행하는 프로젝트는 수업과 병행하기 때문에 이런저런 제약 사항이 많았다. 축구 경기를 뛰기 위해서 기초 체력 훈련을 하고 기술 연마를 하듯이, 게임 개발을 위해서도 기초 단련이 필요하다. 필요한 기초 체력을 올리면서 프로젝트를 병행하기란 정말 쉽지 않았다. 작업자들도 힘들었고, 이를 파악하면서 팀을 끌고 나가는

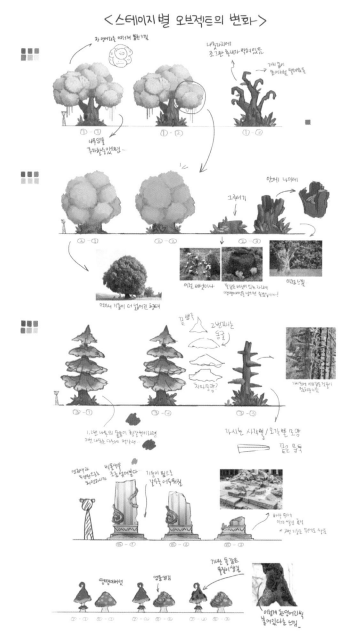

▲ 스테이지별 지형 오브젝트의 변형 과정에 대한 스케치(2D 아티스트: 이윤지)

과정도 힘들었다.

직접 게임을 개발하면서 여러 가지 상황들을 경험하고 느껴볼 수 있어서 소중한 시간이었다. 게임 디자이너와 프로젝트 관리자의 역할을 동시에 수행한 것도 좋은 경험이었다. 처음 게임 개발자를 지망할 때부터 좋아했던 액션 게임들을 참고삼아 개발에 도전했던 것도 좋았다. 물론 액션 게임은 개발하기 어려워서 겁도 났지만, 실제로 개발해보니 게임 하나를 만들기 위해 얼마나 많은 고민과 어려움이 있는지 체감할 수 있었다.

프로젝트 관리자로서 값진 경험을 했다고 생각한다. 대부분의 졸업 프로젝트에서 열 명이 넘어가는 인원으로 개발하는 것을 선호하지 않는다. 누군가 팀 관리를 맡지 않으면 개발이 제대로 진행되지 않는데, 팀 관리는 어렵고 책임에 비해 권한이 없어서 프로젝트 관리자는 꺼리는 역할이다. 팀원 사이를 조율하면서도 개발 사항들을 고려하는 일은 어렵지만 나름대로 보람도 있고 게임 개발의 전체 모습을 볼 수 있어서 흥미로웠다. 프로젝트 관리자를 하찮고 귀찮은 일을 처리하는 사람으로 보거나 개발에 직접 관여하지 않는다고 생각하면서 팀에 묻어간다고 생각하는 이들도 있지만, 프로젝트 관리자가 있기 때문에 많은 사람이 모이면서도 혼선을 빚지 않고 각자 작업에 몰두할 수 있는 환경이 만들어진다. 우리 모두 재미있는 게임을 만들기 위해 모인 개발자들이 아닌가.

◀ 〈캣칭〉은 스팀에서 플레이할 수 있습니다.

03 개발 사례: 프로젝트 〈캣칭〉

◆ **프로젝트 개요** ◆

- 식당 매니저를 피해 도망가면서 식당을 어지르는 게임
- **총 개발 기간:** 9개월
- **총 팀원:** 10명
- **팀장 및 프로젝트 관리자:** 이재호

프로젝트 〈캣칭〉은 악동스러운 플레이 모습과 그에 맞는 연출들이 신선한 게임이다. 초기에는 컨셉이 명확하지 않았지만, 팀원들이 서로에 대한 신뢰와 협업으로 개발 기간 내내 단합된 모습을 보여주며 게임 개발을 안정적으로 완료했다.

☑ 팀원 모집과 컨셉 구상

프로젝트 〈캣칭〉은 학교 수업 과정 중 하나로 진행된 프로젝트였다. 졸업 프로젝트의 기간은 3월부터 7월까지, 한 학기 동안 진행되지만 게임 쇼에 참가하는 게 목표이므로 실제로는 10월까지, 거의 7개월 동안 진행된 프로젝트였다. 본격적으로 게임을 개발하기 이전에 졸업 프로젝트를 위한 프로토타입 수업이 있어서 실질적으로 프로젝트를 일찍 시작할 수 있었다. 물론 프로토타입을 제작하면서 좋은 결과를 얻고 팀이 유지되어 졸업 프로젝트의 팀으로 연결되는 경우도 있고, 수업이 끝나면서 프로토타입을 함께 했던 팀이 해체되고 졸업 프로젝트를 위해 새로 팀을 꾸리는 경우도 있었는데 나는 둘 다 해당되었다.

처음 계획한 게임의 내용은 내가 졸업 작품으로 진행한 〈캣칭〉의 현재의 모습과는 많은 차이가 있었다. 졸업 프로젝트는 학생 작품이니 제약 없이 만들고 싶은 게임을 만들 수 있을 것이라는 세간의 시선과는 다르게 게임 디자인을 생각하는 입장에서는 꽤 많은 제약이 있었다. 기본적으로 졸업 프로젝트는 팀원들의 포트폴리오로서의 가치가 필요했다. 예를 들어 새가 비행하는 게임을 만들고 싶은데 애니메이터가 할 만한 것이 새의 비행 모션 밖에 없다면 크리처 애니메이션을 전문적으로 꿈꾸는 애니메이터가 아니고서야 팀에 들어오려는 이가 없거나, 있는 팀원도 나가고 싶어 하는 경우가 대부분일 것이다. 따라서 팀원들에게 충분한 포트폴리오가 되는 작품이면서 개발이 가능한 수준 혹은 규모인지 고려해야 했고 당연하게도 재미있는 게임이어야 했다. 수많은 아이디어가 머릿속을 지나갔지만 만족할 만한 것이 나오지 않아 늘 잠을 설쳐야 했다.

프로토타입 제작을 위해 함께할 팀원을 뽑으며 계속해서 고민한 결과, 내가 생각해도 멋져 보이는 아이디어가 떠올랐다. 도심에서 건물을 파괴하며 싸우는 액션 게임이었다. 포트폴리오로도 충분한 내용이 나오면서 화려한 영상도 나올 수 있을 것 같았다. 무엇보다 재미있는 게임이 될 것 같았다. 건물이 부서지고 파괴되면서 파편이 날아가는 시원시원한 액션은 상당히 괜찮아 보였다. 하지만 팀원들과 함께 의견을 모아서 게임을 만들기로 했고 다른 팀원들이 만들고 싶어 하는 게임도 만들어보고 싶었기 때문에 먼저 컨셉 회의 날짜를 잡았다.

☑ 첫 회의

첫 회의에서는 간단하게 팀의 이름을 정하고 게임 컨셉에 대한 의견을 모으기로 했다. 팀원 중에는 처음 보는 이들이 더 많았기 때문에 가벼운 이야기로 시작하면서 서로 친해지는 시간을 가지는 것도 좋을 듯했다. 팀 이름을 정할 때는 팀원들이 적극적으로 의견을 내주었다. 나온 의견들이 '60년 전통 할매 순대국'이라거나 '소머리 국밥'이라는 점만 제외하면 훌륭한 커뮤니케이션이었다. 분위기가 다소 장난스러웠지만 서먹하지 않은 분위기로 진행되었고 팀 이름은 '숲속의 꽃사슴'으로 결정되었다. 말하기에는 다소 어려운 음절의 조합이지만, '할매 순대국'보다는 정상적인 이름이었기 때문에 속으로 안도의 한숨을 쉬었다.

다음은 게임의 컨셉에 대한 의견을 물었다. 어느 정도 분위기도 풀어졌고 적극적으로 의견을 내주었기 때문에 많은 아이디어가 나오리라 기대했지만, 예상외로 의견이 거의 없었다. 팀 이름을 정할 때와는 대비되게 조용했고, 마법 소녀 캐릭터가 있으면 좋겠다는 의견 외에는 딱히 다른 의견이 없었다. 팀원들은 자신들이 의견을 내는 것보다는 내가 정해주었으면 하는 분위기였다. 여러 번의 프로젝트를 진행한 경험자로서(에헴) 예상 못 한 바는 아니었기에, 나는 준비한 아이디어인 도시에서 건물을 부수며 싸우는 액션 게임에 대해 이야기했다. 팀원들은 나쁘지 않은 듯한 눈치였고, 오히려 주제가 정해지자 조금씩 아이디어를 내기 시작했다. 내가 생각한 배경은 근미래의 도심이었는데, 요즘 히어로 영화나 만화에 많이 쓰이는 배경이다 보니 자연스럽게 캐릭터도 히어로hero와 빌런villain에 초점이 맞춰졌다. 캐릭터를 악당으로 하자는 이야기가 장난처럼 나왔는데 나는 그것이 굉장히 좋은 아이디어라고 생각했다. 캐릭터가 시원시원하게 건물을 부수려면 영웅보다는 악당이 더 어울렸고, 마법 소녀 캐릭터를 상대역으로 등장시킬 수도 있었다. 무엇보다 악당을 플레이한다는 컨셉 자체가 좀 더 재미있어 보였다.

배경에 대한 이야기도 진행했다. 도시 하나를 모티브로 제작하는 것이 어떻겠냐고 의견을 냈다. 아무것도 없는 것보다 기존의 도시를 참고하는 편이 좀 더 수월할 것 같았고, 현대가 아니므로 현실과 좀 달라도 괜찮으니 잠실의 제2롯데월드나 뉴욕 자유의 여신상 같은 도시의 랜드마크만 잘 살리면 될 것 같았다. 팀원들도 수긍했고, 구체적으로 어떤 도시를 모티브로 할 것인지는 3D 아티스트들이 좀 더 고민해보겠다고 했다. 첫 회의는 꽤 오랜 시간 진행되었지만 분위기가 좋았고, 나름 많은 것이 결정되었기 때문에 만족스럽게 회의를 마칠 수 있었다.

☑ 프로토타이핑

정해진 것을 토대로 문서를 써야 했는데 3D 게임 제작은 처음이다 보니 무엇을 어떻게 해야 할지 막막했다. 2D 게임에서는 화면 비율을 기준으로 리소스의 사이즈를 정하기만 하면 되었는데, 3D는 아예 새로운 영역이었다. 건물이나 오브젝트의 사이즈를 정하는 일도 어떻게 해야 할지 몰라 교수님들께 자문을 구했다. 배경을 만드는 팀원들도 3D 오브젝트를 만들기만 했지 게임에 넣어본 적은 없었고, 나 또한 게임 디자이너가 어느 정도 영역까지 설계해야 하는지 알지 못했다. 교수님에게서 일반적으로 현실과 같은 사이즈로 제작한다는 이야기를 들었지만 막막한 것은 변함이 없었다.

우선은 각자가 할 수 있는 것을 하기로 했다. 나는 전투 시스템을 구상했고, 3D 아티스트는 캐릭터와 도시를 만드는 부품들의 더미dummy 작업을 했다. 프로그래머는 이동과 공격 같은 기본적인 캐릭터의 움직임을 구현했다. 간단한 작업이지만 학교 수업과 과제를 모두 놓치지 않고 프로젝트를 진행하려니 작업이 매우 더딘 것은 어쩔 수 없었다. 그 때문에 매주 모여서 함께 작업하는 시간을 가졌는데, 회의가 필요하면 회의를 하기도 했고 작업물을 적용할 때 발생한 문제도 확인할 수 있었다.

수업 중에는 진행 과정을 발표하면서 교수님들의 피드백을 받는 시간이 있는데, 첫 일정은 한 학기의 1/3 정도가 진행됐을 때로 잡혔다. 우리는 이 때까지 도로와 건물을 배치한 발표용 스테이지와 캐릭터 전투를 보여주는 것을 목표로 했다. 그리고 발표 당일까지 작업한 결과, 목표로 잡았던 부분

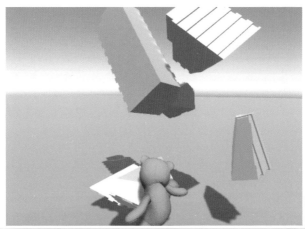

▲ 건물을 파괴하는 컨셉으로 제작한 프로토타입 게임 화면

을 모두 구현하는 데 성공했다. 다만 기능만을 구현했기 때문에 볼 만한 수준은 아니었다. 캐릭터는 한걸음에 1미터 넘게 이동했고, 전투는 피격모션이 없어서 오직 공격모션만 반복하다 공격받은 NPC의 체력 HP이 0이 되면 사라졌다. 이만큼 코드 덩어리라는 말이 어울리는 다른 작업물이 있을까 싶을 정도로 뭔가를 보여주기에는 부족한 수준이었고 배경은 기본 바닥에 도로와 가로등, 건물이 조금 세워져 있는 조잡하기 짝이 없는 수준이었다.

발표가 끝난 뒤 교수님들이 지적한 부분은 의외로 우리가 고민했던 것과 전혀 달랐다. 바로 조형물과 건물이 많은 도시를 만드는 것에 대한 우려와 건물이 파괴되는 장면을 현실적으로 구현할 수 있는지 여부였다. 캐릭터의 크기에 비해 건물이 파괴되는 모습이 비현실적으로 보이니 더 가볍게 만들거나, 혹은 더 현실적으로 건물이 부서지도록 방향성을 잡으라는 조언도 해주셨다. 건물이 파괴되는 모습을 얼마나 현실적으로 제작할지에 대한 것은 세부적으로 결정되지 않았기에 추후 수정이 불가피했으므로 이는 확실히 생각해볼 필요가 있는 피드백이었다. 우리는 교수님의 피드백을 토대로 회의에 들어갔고, 도시를 만드는 일뿐만 아니라 건물이 파괴되는 기능 구현 방식에도 기술적으로 문제가 있음을 파악했다. 일정에 쫓겨 급하게 만든 현재의 구현 방식은 불완전한 부분이 많아서 제대로 만들기 위해서는 연구가 좀 더 필요했다.

우리는 결정해야 했다. 시간이 얼마나 걸릴지 모르지만 구상했던 대로 진행하는 방법과, 현재 구현한 걸 활용하되 부족한 부분에 대해 연구하면서 기술적인 타협을 하는 방법, 마지막으로 새로운 게임을 구상하는 방법 중 하나를 선택해야 했다. 첫 번째 방법의 경우 프로그래머가 시간이 얼마나 걸릴지 모르겠다고 이야기해서 위험 부담이 너무 컸다. 두 번째 방법을 택할 경우 기술적으로 건물을 파괴하는 부분을 구현할 수 없으니 건물을 통째로 날리는 연출로 그럴듯하게 만들어야 했는데, 그것도 나름대로 재미가 있을 수도 있겠지만 우리가 생각한 방향과는 거리가 멀었다. 결국 우리는 새로운 컨셉에 대해 회의하기로 의견을 모았다.

브레인스토밍을 하면서 이런저런 아이디어를 내던 중 재미있는 발상이 떠올랐는데, 주민들을 네모로 만들어서 납치한다는 컨셉이었다. 일전에 기술적 타협에 관해 이야기할 때 건물이 네모로 부서지게 하면 과부하가 덜하지 않을까 하며 반쯤 농담으로 했던 얘기가 제법 기억에 남았는데, 그

▲ 행성 침략용 로봇과 행성 주민 캐릭터 작업

영향으로 떠오른 아이디어였다. 주민들을 잡아 네모박스 cube로 만든다는 공포스러운 설정이지만, 그래픽을 귀엽게 만들면 독특한 느낌을 주면서도 재미있는 플레이를 만들 수 있을 것 같았다. AI와 하는 일종의 술래잡기 게임이었는데, 팀원들도 나쁘지 않았던지 여러 가지 아이디어를 덧붙였다. 플레이어 캐릭터는 행성 침략용 작은 로봇으로 행성에 침략해 주민들을 모두 사각 블록으로 만드는 임무를 수행한다는 설정이 생겼고, 캐릭터를 귀엽게 만들고 싶다는 내 의견은 적극적으로 반영되었다. 그래픽은 로우 폴리 low poly로 하는 것으로 타협을 봤는데 캐릭터와 어울리면서도 시간 내에 작업이 가능할 것 같았다. 또 배경이 행성으로 정해진 만큼 지형을 구체로 만들면 더 독특할 것이라는 생각이 들어 프로그래머에게 가능한지 물어봤는데 답은 'OK'였다. 중간에 방향을 바꾸면서 남은 시간이 적었지만 새로운 컨셉은 충분히 재미있어 보였고, 아기자기한 캐릭터는 결과물이 나올수록 맘에 들어 작업의 동력이 되어주었다.

☑ 문제의 발생과 해결

마냥 잘될 것만 같았던 프로젝트였지만 당연하게도 문제가 없을 수는 없었다. 문제가 가장 많이 발생하는 건 늘 작업을 합치고 적용할 때였는데 이번에도 마찬가지였다. 우선 문제가 되었던 부분은 생각보다 지형이 넓다는 것이었다. 머릿속으로만 계산해서 만든 지형에 실제로 건물을 넣어보니 건물이나 구조물을 이용해 채워야 할 공간이 터무니없이 넓게 느껴졌다. 또 다른 문제는 큰 건축물을 구체의 지형에 설치할 때 나타났다. 큰 건축물의 바닥을 평평하게 만들다 보니 어떻게 올려놔도 어색해 보였고 땅에 파묻어도 이상한 것은 마찬가지였다. 오브젝트를 하나하나 설치하는 과정에서도 문제가 있었는데, 구체가 기울어진 각도에 맞춰 설치하는 건물 또한 기울여줘야 했다. 당장은 더미로 막 설치할 수 있어도 제대로 된 게임을 만들려면 각도를 계산하는 공식과 설치를 위한 툴이 필요했다. 더군다나 기능 개발에도 문제가 있어 개발이 지연되었다. 구체 지형에서 AI가 길을 찾아 이동하는 기술을 구현하는 문제였다. 이것을 해결하지 못하니 AI를 잡는 게 목적인 게임에서 AI를 잡을 수가 없었다. 잡힌 AI가 플레이어의 뒤를 졸졸 따라오게 만들려던 기능도 구현할 수 없었던 건 덤이었다. 그중에서도 가장 문제가 되었던 것은 수업과 과제 때문에 이런 문제점을 확인할 수 있는 순간이 고작해야 일주일에 한 번 정도였다는 것이다. 문제를 확인하고 당일 안에 해결하지 못하면 다시 모일 때까지 문제를 해결하기로 하고 헤어져서 메신저로 상황을 조율하거나 문제 해결 여부를 들어야 했다. 후에 다시 모여서 확인했을 때 해결된 줄 알았던 문제가 해결되지 않은 적도 있었다.

이런 문제들과 싸우는 동안 시간은 쉼 없이 흘러갔고 기말고사 발표가 다가왔다. 프로젝트 수업뿐만 아니라 다른 수업의 기말고사도 다가왔기 때문에 우리는 모여서 작업하기 위해 그야말로 시간을 쥐어 짜내야 했다. 그 시간에 만나서 양해를 구하고 다른 수업 과제를 하는 팀원도 있었다. 이렇게 작업을 진행하니 많은 문제가 해결되지 않고 남아 있었다. 가장 큰 문제인 구체 지형에서 AI 이동을 시키는 일이 해결되지 않았다. 그래서 우리는 시간 안에 가능할지 모를 해결법을 찾는 대신, 확실하게 할 수 있는 일을 하기로 했다. 먼저 빌드를 두 가지 버전으로 만들었다. 하나는 구체 지형에서 건물과 구조물을 설치하고 캐릭터의 이동과 멀티플레이를 구현한 버전이었다. 해당 버전은 AI를 넣지 않고 구체 지형의 게임이 가지는 특징적인 부분을 보여주기 위해 만들었다. 그리고 다른 하나는 평면 지형에서 플레이하는 버전이었다. 구체 지형이 아니라면 정상적으로 작동하는 AI를 구현할 수 있었다! 이 버전은 게임 플레이가 어떻게 진행되는지, 즉 AI 술래잡기를 보여주는 용도로 만들었다. 늦게나마 평면 버전을 따로 만드는 선택을 한 결과, 이펙트와 애니메이션 UI 등을 넣어 팀원들이 작업한 것들이 버려지는 일은 없었다. 버전이 2개다 보니 영상도 2개를 준비해야 했지만, 프로토타입을 만드는 것이 이번 프로젝트 수업의 목표였기에 발표 때까지 모두 완성할 수 있었다.

해당 프로젝트를 졸업 작품으로 계속 진행할 것인지를 묻는 교수님의 말에는 답을 할 수 없었다. 이 문제는 나만의 결정이 아니라 팀원들과 함께 상의할 문제였다. 사전에 이와 관련된 이야기가 전혀 없었던 것은 아니었다. 프로젝트가 잘되면 팀이 유지되기를 바라지만 발표 결과를 보고 결정하고 싶다는 애매한 의견이 많았다. 발표를 준비하는 과정에서는 이후에 팀의 존속 여부에 대한 자세한 내용을 의논할 여유가 없었다. 발표의 결과도 매우 애매했다. 중간에 큰 변화를 겪으면서 급하게 만든 것치고는 그럭저럭 만족스러웠지만 해결하기 어려운 문제들이 있었고 잘했다고 평가할 수준은 아니었다. 결국 발표 자리에서는 교수님께 팀의 존속 여부에 대한 답을 하진 못했고, 프로젝트나 팀을 졸업 작품까지 유지할지 팀원들과 이야기를 해봐야 했다. 발표가 끝나고 우리 팀은 다시 모였다.

☑ 선택과 포기

게임의 방향성은 또 수정되어야 했다. 프로그래머가 다음 학기 내내 구체에서의 AI 이동법을 연구해도 구현이 가능할지 장담하지 못했기에 나는 깔끔하게 포기했다. 팀원들의 의견은 생각보다 다양했지만, 내가 내린 결정은 팀을 해체하자는 것이었다. 물론 이런 결정에는 전작부터 함께한 프로그래머가 무조건 나와 계속하겠다는 이야기를 해준 것이 컸다. 며칠 내로 구인 글과 함께 게임 내용을 새로 올릴 테니 함께하고 싶으면 다시 연락해 달라는 이야기를 하고 '숲속의 꽃사슴'은 깔끔하게 헤어졌다. 그때는 팀을 해체하는 결정이 멋있다고 생각했지만, 일주일이 지난 뒤 그런 결정을 한 과거의 나를 저주하며 머리를 쥐어뜯었다.

기말고사 발표가 끝나고 다른 수업의 기말 과제를 하면서 급하게 구인 공고를 작성했다. 우리 팀 이외에도 해체되는 팀이 제법 있었고, 상시 구인이 불가능한 학교라는 환경에서 팀원을 구하는 일은 시간 싸움이라고 생각했다. 생각해둔 게임이 있지는 않았지만 시간이 없었기에 기존에 재미있게 했던 게임을 참고로 변형시킨 컨셉을 적었고, 그에 어울리는 참고할 그래픽도 함께 첨부해서 글을 올렸다. 새 게임은 〈워크래프트3〉의 유즈맵use map(custom map) 중 하나를 참고한 것으로 캐릭터의 특징을 살린 술래잡기 게임이었다. 다양한 캐릭터와 캐릭터의 특징을 살린 스킬skill을 만들고 구조화하는 일이 게임 디자이너로서의 발전이나 포트폴리오를 제작하는

데 상당히 매력적으로 보였고—프로그래머 또한 그랬다—무엇보다 내가 재미있게 했다는 검증이 되어 있었다. 해당 게임에 어울리는 그래픽으로는 자연스럽게 〈워크래프트3〉가 연상되었지만, 해당 게임은 이미 출시된 지 시간이 많이 지난 게임이었다. 결국 내가 그래픽 참고로 선택한 것은 〈리그 오브 레전드〉라는 게임이었다. 충분히 유명한 게임이면서 계속해서 그래 픽 업데이트를 하고 있었고 많은 사람들에게도 익숙했다. 급하게 정했지만 어차피 팀원들과 의견을 나누며 충분히 변할 수 있겠다고 생각했고 구인 공 고에도 그렇게 적었다.

☑ 새로운 프로토타입 구현

종강하고 방학이 되었지만 프로젝트를 위한 작업은 계속 진행되어야 했 다. 방학 중에 발표로 순위를 매겨 작업 공간의 자리 선택권을 우선으로 지 급한다는 공지 때문이었다. 방학 중 작업은 자유였지만 안 하는 팀은 거의 없었다. 우리 팀도 좋은 자리를 갖기를 원했고, 우여곡절 끝에 팀원도 나름 대로 모였으니 작업을 위한 첫 회의를 시작했다. 회의는 인터넷 음성 채팅 을 이용해 진행했다. 직접 얼굴을 보며 하는 것이 제일 좋다고 생각하지만, 회의하기 위해 팀원들이 모두 만나기에는 제약이 많았기 때문이다. 우선 게임 내용을 먼저 이야기했는데 '고양이 대 십이지신'의 후예라는 기존의 이야기에서 모든 동물이 십이지신의 자리를 얻기 위해 경쟁하는 이야기로 변경되었다. 십이지신의 열두 가지 동물 이외에도 다양한 동물을 넣고 싶 다는 의견이 있었고, 재미있는 캐릭터가 많이 나올 수 있을 것 같았다. 술 래잡기라는 점은 바뀌지 않아서 돌아가며 술래를 하는 이유에 대한 설정

을 따로 만들어야 했지만, 캐릭터의 다양성을 열어두는 것이 더 좋은 판단
이라고 생각했다.

　시점에 대한 이야기도 나왔다. 쿼터뷰quarter view를 고집할 이유가 없
다면 3인칭 백뷰back view로 변경하자는 의견이었는데, 시점을 바꾼다는
것은 많은 부분을 변경해야 함을 뜻해서 선뜻 결정할 수 없었다. 하지만 의
견을 낸 아티스트의 의견이 타당했고, 주장이 강력했다. 게임 디자인의 중
점이 전략이라면 쿼터뷰를 유지함이 옳지만 역동적인 모습을 보여주고 싶
다면 백뷰의 시점이 액션과 그래픽 등을 강조하기에 더 좋으며, 영상적인
부분도 백뷰가 더 멋지게 보일 것이라는 의견이었다. 다른 아티스트들도
이 의견에 동의했고, 나 또한 모두의 졸업 프로젝트인 만큼 팀원들의 의견
을 최대한 수용할 생각을 하던 터라 큰 변경 사항임에도 불구하고 시점을
3인칭 백뷰로 전환하기로 했다.

▲ 십이지신 캐릭터 원화(2D 아티스트: 곽연정)

캐릭터는 게임 디자이너와 상의한 후 원화 작업부터 들어가야 했는데, 원화가 팀원이 전에 그려둔 십이지신 캐릭터가 있다는 말을 했다. 참고용으로 그려둔 캐릭터를 확인했는데 상당히 마음에 들었다. 동양의 십이지신 캐릭터임에도 북미풍 느낌이 잘 살아 있었다. 예쁘고 개성 또한 충분한 캐릭터 일러스트였다. 일러스트가 상당히 마음에 든 나는 같은 스타일로 캐릭터를 디자인하면 좋겠다고 생각했고, 팀의 원화가만 괜찮다면 그려둔 일러스트를 활용해 임시용이라도 캐릭터 모델링에 들어가길 원했다. 팀을 해체하지 않고 프로젝트를 쭉 이어서 진행하고 있는 팀들에 비하면 진행이 뒤처지고 있다고 생각하고 있었는데, 만약 그려둔 일러스트를 활용해도 된다면 3D 아티스트가 원화 작업을 기다리지 않고 즉시 모델링 작업에 들어갈 수 있어 시간을 많이 단축할 수 있었다. 애니메이션이나 연출처럼 선행 작업이 필요한 작업까지 생각하면 최대한 빠르게 진행하는 것이 좋았다. 초반에 어떻게든 작업하고 후에 여유가 있다면 질quality을 올리는 작업으로 보강하는 방법이 좀 더 많은 작업을 완성도 있게 보여줄 수 있을 것 같았다. 설득 끝에 원화가의 허락이 떨어졌고 그려둔 캐릭터를 활용해 모델링하고 새 캐릭터의 디자인 또한 같은 그림체로 디자인하기로 결정했다.

쿼터뷰로 게임을 만들면 재미있을 것이라는 설득과 동시에 게임 플레이나 시스템에 대한 이해를 위해 참고삼은 게임을 해보려고 했지만, 버전 문제인지 호환 문제인지 팀원들과 함께 플레이하지 못했다. 플레이 영상으로 보는 유즈맵은 전혀 재미있어 보이지 않았지만 일단 진행하기로 했다. 일부 아티스트들은 당장 해야 할 일이 명확하지 않아서 애니메이션, 연출 등에 참고

할 게임을 찾아보기로 했다. 배경 작업을 할 수 있는 3D 아티스트가 없는 것은 생각보다 큰 문제였다.

방학 중 발표날이 되었다. 우리 팀이 보여줄 수 있는 것은 많지 않았다. 당시 구현에 사용된 그래픽 리소스는 모두 임시 데이터였다. 엔진으로 만든 흰색 큐브 위에서 술래와 도망자 2종의 캐릭터로 멀티플레이가 가능한 것이 전부였다. 게임의 특징인 다양한 캐릭터와 개성 있는 스킬은 전혀 보

▲ 최종 캐릭터 원화(2D 아티스트: 곽연정)

여줄 수 없었다. 술래와 도망자 캐릭터에 각각 하나씩 스킬을 구현해놓았지만, 연출이 들어가 있지 않아 움직임만으로 이를 구분해야 했다. 일단은 멀티플레이가 가능했기에 팀원들을 모아 플레이를 해봤다. 팀원들과 인터넷 통화를 하면서 플레이하는 것은 즐거웠지만, 게임 자체가 재미있다는 평을 할 수는 없었다. 당시에는 그것을 프로토타입이라고 말하고 만들었는데, 지금 생각해보면 그냥 코드 덩어리였다. 프로토타입을 통해 어떤 것을 확인할 것인지가 명확하지 않았고, 다 같이 얼른 작업하고 플레이가 가능하게 코드로 이어 붙인 것에 불과했다. 예를 들어 캐릭터 간 공격이나 밀치기에 대한 프로토타입을 만들면 이에 대한 명확한 피드백을 확인할 수 있도록 이펙트와 모션을 넣어보고 공격이나 밀치기에 오류가 생기는지나 재미있는지 등을 확인해야 했는데, 급하게 만든 리소스를 최대한 욱여넣고 발표하기에 급급했다. 결론적으로 우리가 만든 프로토타입으로는 재미를 검증할 수 없었다. 그것은 발표를 지켜보신 교수님이 가장 크게 느꼈으리라 생각한다.

기억을 되짚어보면, 비록 코드 덩어리에 불과했을지라도 방학 중에도 열심히 진행한 작업이었다. 팀원들은 휴식을 가지기를 원했고, 여행을 가거나 아르바이트를 하기도 했다. 몇몇 팀원들은 일정을 잡고 작업했지만 이미 많이 느슨하고 풀어진 분위기였다. 방학 중에도 구인을 계속해서 개강을 일주일쯤 앞두고 배경 작업을 할 3D 아티스트를 팀에 영입할 수 있었지만, 개강 후 첫 발표에서 우리가 보여줄 수 있는 것은 〈스플래툰〉이라는 게임의 도시를 참고해서 만든 배경이 추가된 것 외에는 아무것도 없었다.

☑ 게임 방향에 대한 재고

담당 교수님과 팀별 면담이 시작되었다. 교수님은 게임이 정말 재미있다고 생각하느냐고 질문하셨다. 솔직한 심정으로는 재미있다고 말하기 힘들다는 것을 알았다. 하지만 게임 디자이너가 재미있는지 잘 모르겠다고 말하면 팀원들은 더 불안해할 터였기에, 본심보다 더 강하게 게임이 재미있을 것이라고 주장했다. 아직 캐릭터나 스킬을 제대로 구현하지 않았기 때문에 재미를 느끼기엔 부족한 상태였다. 교수님께 스킬과 캐릭터가 구현되면 더 재미있을 거라고 말했지만 교수님은 그런 것으로 재미를 내는 건 재미가 아니고, 캐릭터의 외형과 스킬의 유무로 재미없던 게임이 재미있어지진 않는다는 이야기를 하셨다. 문제는 팀원들도 만들고 있는 게임이 재미없다고 생각한다는 것이었다. 교수님의 냉정한 비평보다 팀원들이 나보다 교수님의 말을 더 믿는다는 것이 상처였다. 엎친 데 덮친 격으로 한 팀원이 부담된다며 아트디렉터를 그만두고 싶다고 말했다. 연타로 부정적인 상황을 마주한 나는 팀을 해산하고 친구의 팀에 들어가는 최악의 상상까지 했다. 게임을 새로 구상해야 하는 것은 기정사실이었다. 지금까지 팀 프로젝트를 조금이나마 경험하며 느낀 것 중 하나는 만들고 싶지 않은 게임을 만들게 되면 작업 능률이 나오지 않는다는 것이었다. 팀원들이 재미없다고 여기는 게임을 만드는 일은 새로운 게임을 만드는 일보다 어렵다고 생각했다.

쓸만하다고 생각했던 아이디어들을 줄줄이 내버린 채로 어떤 게임을 만들지 고민하는 일은 쉽지 않았지만 어떻게든 해야 했다. 이번에는 좀 더 직관적으로 재미있는 것이 좋겠다는 생각이 들었다. 검증까지 걸리는 시간이 적어야 했다. 확 다 엎어버릴까 하는 생각을 하다, 책상을 엎는 게임이 있으면 재미있겠다는 아이디어가 떠올랐다. 곧바로 옆에 있던 프로그래머에게 테이블을 뒤집어엎을 수 있는 기능을 만들어달라고 했다. 스토어에서 책상을 다운로드하고, 캐릭터 동작은 모두 재활용하여 책상만 뒤집어엎는 기능을 추가했다. 캐릭터의 모션과 함께 책상이 하늘로 날아올랐다. 하늘에서 돌아가는 책상을 보자 신기하게도 '아, 이건 재미있겠다'라는 확신이 들었다. 상황이 재미있으니 단순히 책상을 뒤집는 것만으로도 재미가 있었고, 책상을 엎고 싶다는 동기가 생겼다. 하지만 나만 재미있는 것으로는 부족했다. 임시용 맵을 만들고 팀원들과 함께 플레이했다. 재미있었다. 작업실에서 재미있다는 소리가 나오자 다른 팀에서도 해보겠다고 몰려들었다. 다른 팀에서 몰려온 사람들이 재미있다고 하자 안심이 되었다. 이제는 어떻게 발전시키느냐가 관건이었다.

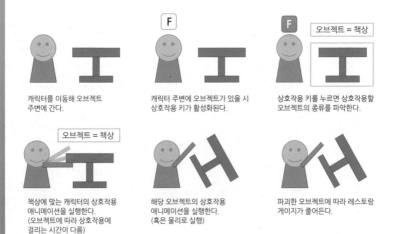

▲ 테이블 엎기 게임안 문서

학교의 지원으로 게임 스튜디오라는 작업 공간에서 팀원들이 모여 작업할 수 있는 환경이 조성되어 있었는데, 모여서 작업하는 공간을 가질 수 있다는 것은 여러모로 좋은 점이 많았다. 팀원들은 학교 수업이 끝나거나 중간에 강의가 비면 스튜디오에 올라와서 작업하거나 대화를 하며 시간을 보냈다. 스튜디오에서 작업할 때 가장 좋은 건 전달이 빠르다는 점이었다. 전달이 빠르다는 것은 단순히 작업물 전달만 의미하지 않는다. 분위기의 전염, 감정의 전달 또한 빨랐다. 지난번 발표 이후 처음으로 새로운 게임이 재미있다는 확신과 열심히 발전시키겠다는 열의가 순식간에 팀에 가득 찼다. 한 명이 집에 있는 컴퓨터를 가져왔고, 다음 날에는 그 옆의 팀원도 컴퓨터를 가져왔다. 밤늦게까지 작업하는 나날이 하루 이틀이 아니었지만 항상 팀원들이 함께 있었다. 덕분에 방학 중 음성통화로 회의하며 작업하던 때와 비교할 수 없을 정도로 전체적인 개발 속도가 빨랐고, 일주일에 한 번 보던 때와 비교해도 월등히 빠르고 효율이 높았다. 두 번째로 좋은 것은

▲ 책장을 엎는 게임 화면

협업이 필요한 순간에 빠르게 대처할 수 있다는 것이었다. 게임의 필드를 만들 때, 단순히 크기와 오브젝트의 숫자만 달랑 알려주고 아티스트에게 넘길 수는 없었다. 아티스트 입장에서도 보기에만 좋고 레벨 디자인이 없는 게임을 만들고 싶지는 않은 터라 함께 작업할 필요가 있었다. 스튜디오라는 공간이 있으니 언제든 스튜디오로 가면 아트디렉터가 있거나, 기다리면 왔기 때문에 이런 부분들을 빠르게 조율할 수 있었다.

☑ 작업 시작하기

플레이 배경을 만드는 일은 막막했다. 이건 우리 팀만의 문제는 아니었다. 다른 팀 게임 디자이너들에게서 플레이 공간의 크기를 얼마나 크게 만들어야 하는지를 고민했지만 답을 찾지 못했다는 말을 들을 수 있었다. 물론 플레이 공간의 크기는 게임의 규칙이나 컨셉에 따라 넓게 만들거나 적게 만드는 조절이 필요했지만, 기준을 어떻게 정해야 할지 몰랐다. 다른 액션 어드벤처 게임을 만들던 친구에게 만드는 게임의 공간 크기를 물어봤는데, 한 구역당 40M×40M 정도라는 이야기를 들을 수 있었다. 크기를 설정한 이유도 함께 물었지만 대강 이 정도면 적당하더라는 충격적인 이유만 들을 수 있었다. 크기를 결정하는 일도 중요했지만 만들어서 직접 보는 것도 중요하겠다는 생각이 들었다. 나는 엔진에서 40M×40M의 임시 맵을 만들었다. 테이블과 액자, 화분, 장식장 등 들어가기로 한 오브젝트와 비슷한 크기로 큐브를 만들어 배치하고, 계단도 위치도 정해서 만들었다.

2층 내부 테라스가 있는 레스토랑을 참고했기 때문에 회의를 통해 위로 올라가기 위한 계단을 만들기로 했다. 2층을 추가하자는 의견은 아티스트가 낸 것으로, 2층 테라스가 있으면 공간이 허전해 보이지 않고 더 그럴듯하게 보일 것이라는 의견이었다. 위로 올려봐야만 2층을 볼 수 있기 때문에 도망치는 쪽에 상당히 유리한 공간이었고, 게임 플레이 중 플레이어들이 서로의 위치를 계속 인지하면서 협력하도록 할 생각이었던 터라 처음에는 의견을 받아들이지 않았다. 그러다 2층을 넣고 싶던 팀원의 설득을 듣는 도중 좋은 활용법이 떠올라서 추가하기로 결정했다. 2층이라는 공간을 안전하면서도 위험 부담이 있는 공간으로 만들어서, 플레이어가 위험을 무릅쓰고도 2층으로 갈지 고민하게 할 계획이었다. 테라스에는 난간을 만들어서 도망자는 난간을 뛰어넘을 수 없지만 술래는 넘을 수 있게 만들었다. 테라스에는 도망칠 수 있는 곳이 두 곳밖에 없었다. 두 곳이라고 해

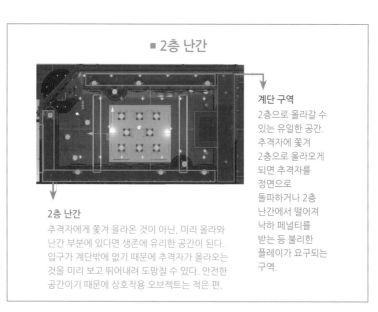

▲ 테라스의 레벨 디자인 문서

도 술래가 한쪽으로 올라올 테니, 사실상 도망칠 수 있는 곳은 하나밖에 없다. 하지만 숨을 수 있는 최적의 공간이기도 해서 술래에게 발견되지만 않는다면 안전한 공간이었다.

계단을 만들고 배치한 맵에서 게임을 플레이해보며 필드의 사이즈가 25M×25M로 줄어들었고, 15M×15M 사이즈의 주방이 옆에 생기는

▲ 완성된 테라스 레벨 디자인

등 여러 변화가 있었다. 기존의 공간은 홀이라고 부르기로 했다. 그러는 동안 3D 아티스트들은 임시로 넣어놓은 큐브를 대체하여 들어갈 오브젝트와 캐릭터를 만들기 시작했고, 애니메이터들은 오브젝트를 어지럽히는 상호작용 애니메이션을 만들었다. 그래픽 작업이었지만 내가 제일 바빴다. 오브젝트의 크기나 애니메이션 참고용 자료, 애니메이션 시간 등을 모두 정해서 전달해야 했기 때문이다.

그동안 프로그래머는 캐릭터를 조작할 수 있게 만들고 서버와 동기화하는 작업을 했다. 프로그래머는 고맙게도 내가 놓친 것이 있으면 알려주었다. 예를 들어 이동 중 점프에도 가속도를 적용할 것인지 등 내가 놓친 것들을 물어봐 주었고, 그때마다 결정을 내린 뒤 해당 사항을 기록해두었다. 캐릭터의 이동은 여덟 가지 방향이 가능하게 만들고 애니메이션과 연결했는데, 동작에서 동작으로 넘어가는 시간 같은 것이 조작감에 생각보다 크게 관여했다. 당시에 조작감을 잡는 것이 우리의 화두였기 때문에, 애니메이터 둘과 프로그래머 그리고 디자이너인 나까지 셋이서 시간을 투자하며 캐릭터가 이동하는 모습을 확인했다. 교수님의 "액션 게임에서 가장 중요한 것은 기본 조작감을 잡는 것"이라는 말의 후폭풍이었는데, 덕분에 액션 게임을 만드는 대부분의 팀이 조작감을 잡는 데 시간을 투자했다. 프로그래머는 주말 내내 직접 만져보며 이동 조작감을 잡아 왔다. 덕분에 조작감이 더할 나위 없이 훌륭해졌고, 내가 한 것은 이동속도 수치를 변경할 수 있도록 따로 빼달라고 했던 것을 조정하며 스릴 있는 속도 차이를 만드는 것 정도였다.

다만 서버를 이용한 멀티플레이에 문제가 있었다. 동기화가 잘되지 않아 렉lag이 걸리고, 공격과 피격을 인식하는 데 문제가 있었다. 플레이어에게 명백히 잘못된 피드백을 하므로 시급히 처리할 문제였다. 문제점을 찾아보니 이것은 서버를 처음 써보는 탓에 생긴 문제였다. 프로그래머가 클라이언트에서 처리해야 할 것과 서버에서 처리해야 할 것을 나눠달라는 요청을 했는데, 나는 이왕이면 서버에서 전체적으로 관리하는 것이 좋겠다고 생각했다. 그 때문에 서버에서 대부분의 처리를 하자고 제안했고 프로그래머 또한 동의했다. 핵이나 불법 프로그램 같은 것을 방지하기 위해 게임 개발사에서도 대부분 서버에서 처리할 것이라 추론하고 적용했지만 우리가 한 방법에 문제가 발생한 것이다. 아트 리소스 적용은 보통 발표 전날에 하는데, 테스트하면 엄청난 렉이 발생했고 금방 고칠 수 있는 문제도 아니어서 매우 버벅거리는 게임 플레이 영상을 교수님들 앞에서 발표하는 굴욕을 겪어야 했다.

☑ 팀원 보충과 스킬 구상

이때쯤 아는 친구의 팀이 터지며 추가로 팀원을 구할 기회가 생겼다. 팀이 깨져버린 친구에게는 미안한 일이지만, 우리 입장에서는 덕분에 부족한 인력을 둘이나 확보할 수 있었던 한 줄기 빛 같은 기회였다. 나는 게임 디자인 일손의 부족함을 느끼는 중이었고, 팀에는 엔진을 다룰 수 있는 TATechnical Artist가 없어 스스로 공부하면서 개발하거나 다른 팀의 도움을 받아야만 했다. 그래서 게임 디자이너와 TA가 되어줄 두 명을 충원했다. TA의 경우, 이펙트가 주 전공이었지만 물불 가릴 처지가 아니었기에

TA를 맡는 것을 조건으로 팀에 받았다. 인원이 부족한 파트였기에 도움이 많이 되었고 열심히 작업해주었다. 혹시 몰라 기존의 팀원들에게 새로 들어온 이들에 대해 물었을 때 모두가 새로 온 팀원에 관해 긍정적인 의사를 표할 만큼 둘은 팀에 잘 흡수되었다.

TA가 들어오면서 가장 좋았던 것은 닥치는 대로 진행하던 우리 팀의 문제점을 찾게 된 것이었다. 우선 엔진에 마구잡이로 박혀 있던 리소스부터 정리했고, 좌표 설정 같은 자잘한 문제점을 찾아 고쳤다. 엔진을 다룰 수 있으니 맵에 오브젝트를 배치하는 것도 TA가 일부 담당했다. TA는 배치하다가도 맵을 새로 만들자는 제안을 하면서 필드를 직접 만들어 가져왔다. 기존 맵은 초기에 너무 생각 없이 만든 부분이 있었기에 새로운 맵은 반가운 일이었다. 기존의 맵은 정사각형이었는데 굳이 직사각형으로 할 이유가 없다는 이유로 만든 것이었고, 대칭 구조여서 오른쪽과 왼쪽을 한눈에 구분하기 힘들다는 문제점 등이 있었다. 이런 문제점을 해결할 겸 제안한 새로운 맵을 받아들였다. 물론 만들어온 것을 그대로 사용할 수는 없었고 컨셉에 방해되는 요소들은 잘라냈다. 특실을 추가하자는 제안도 있었으나, 플레이어 캐릭터 간의 시야를 최대한 확보해서 서로의 피드백을 극대화하려는 의도와 맞지 않아 받아들이지 않았다. 당시에 동기화 문제가 해결되면서 공격과 이동속도의 조절을 다시 해야 했던 것도 맵을 바꾸는 결정에 영향을 줬다. 어차피 다시 맞춰야 하니 새로운 필드에 맞게 조정하면 되는 것이었다.

새로운 필드에는 많은 변화가 있었다. 입구를 기준으로 왼쪽에는 무대를 설치해 피아노와 마이크 등을 배치했고, 오른쪽은 벽면 전체를 차지하는 대형 계단을 설치했다. 2층 테라스는 거의 그대로였지만 비대칭 구조를 위해 왼쪽에 있던 계단을 제거하면서 출입구가 오른쪽에 단 하나만 남게 되었다. 그 때문에 2층의 위험 부담이 너무 커졌는데, 이를 해결하기 위해 도망자도 난간을 뛰어넘을 수 있도록 데이터를 조절하고 2층 높이에서 떨어졌을 때 대미지damage와 상태이상인 스턴stun에 걸리는 낙하 시스템을 추가했다. 언제든지 2층에서 1층으로 갈 수 있지만 계단으로 내려가지 않으면 피해가 생기도록 설정한 것인데, 떨어지는 지점과 시점을 플레이어가 선택할 수 있어 기존의 테라스 구조보다 더 재미있게 느껴졌기 때문에 개인적으론 만족스러웠다.

게임이 더 재미있기 위해서는 플레이어 캐릭터에게 스킬이 필요하다고 생각했다. 단순한 술래잡기 패턴에 변수를 만들고 플레이어에게 더 많은 선택과 그에 따른 피드백을 줄 수 있는 요소로 스킬은 아주 적합했다. 기본적으로 두 캐릭터 모두 잠깐 동안 이동속도를 증가시키는 '전력질주' 스킬을 가지고 있었고, 나는 그 외에도 각각의 캐릭터가 스킬을 3개씩 가지도록 구성할 생각이었다. 추격자의 스킬로 '프라이팬 던지기'를 먼저 만들었다. 정면에서 프라이팬을 던졌을 때 도망자가 맞으면 스턴에 걸리는 스킬이었다. 여러 명을 혼자 잡아야 하는 불리한 여건에서 원거리 견제와 추격에 도움이 되는 역할을 해주는 스킬이었다. 단순하면서도 효과가 좋아서 테스트 때 처음 게임을 해보는 플레이어도 바로 활용하는 모습을 볼 수 있었다.

두 번째 스킬은 '덫 설치'로, 밟으면 이동에 제한이 생기는 덫을 설치하는 스킬이었다. 이 스킬로 이동 구역을 제한하여 추격자에게 유리하게 하거나 덫으로 몰아 발을 묶은 뒤 잡을 수 있었다. 다만 덫은 생각대로 활용되지 않았는데, 우선 추격 도중 설치를 위해 멈춰야 한다는 점이 가장 큰 부담이었다. 또한 이동하는 구간에 설치한 덫이 보이기 때문에 대부분 쉽사리 피할 수 있었다. 처음 구상할 때는 체력을 채워주는 아이템인 '치즈'와 같거나 비슷한 모양으로 만들어 함정처럼 사용할 생각이었지만, 곰곰이 생각해보니 전시된 게임을 플레이하는 이들 대부분이 한두 번 정도만 플레이할 텐데 치즈 아이템과 비슷하거나 같다면 치즈가 좋은 아이템인지 아닌지 구분하는 데 혼란이 올 것이라는 생각이 들었다. 그래서 그냥 덫으로 설치하기로 하면서 기대했던 효과를 충족시키기 힘든 스킬이 되었다.

　　세 번째 스킬은 '셔터다운'으로, 도망자 플레이어의 시야를 잠시 차단하는 스킬이었다. 나는 프라이팬 던지기와 덫, 두 가지만으로도 직접적으로 움직임을 제한하는 스킬은 충분하다고 생각했다. 플레이어가 행동에 제약을 받는 경우가 너무 많으면 불쾌한 경험이 될 것이라는 생각이 들었다. 그렇다고 '전력질주' 이외의 이동 관련 스킬을 추가하는 것도 좋은 방법이 아닌 것처럼 느껴졌다. 이런 조건을 충족하면서도 술래 플레이어가 가지는 우월감을 살려주길 원했다. 한참 고민한 끝에 생각한 것이 시야를 잠시 가리는 방식이었다. 그러자 행동을 직접 제한하지 않으면서 도망자가 당황하는 모습을 볼 수 있었는데, 뒤에서 다른 사람이 플레이하는 것을 지켜보면 셔터다운 스킬에 당해 "엇!" 하고 소리를 내는 것을 들을 수 있었다. 의도한 결과를 보는 건 상당히 재미있는 경험이었다.

UI와 이펙트 작업까지 적용하자 하나의 게임 사이클이 돌아가기 시작했다. 홀의 완성도를 높이는 데 집중하기 위해 주방을 잘라내고 우선순위를 뒤로 미뤘지만, 홀만으로도 팀 내에서 심심풀이로 게임을 즐길 만큼 플레이가 가능해져서 여기까지를 중간고사 발표 때 보여줄 수 있었다. 주방이 빠진 건 아쉬웠지만 대부분의 팀원은 결과에 만족했다.

☑ 하기로 한 일, 해야 하는 일

중간고사 발표가 끝난 뒤 일주일 정도 잠시 휴식을 가졌다. 아직도 해야 할 일은 많이 남아 있었다. 내부 회의를 통해 진행 상황을 점검하며 의견을 들었는데 더는 뭔가 새로운 걸 추가하기보다는 완성도를 올리자는 의견이 많았다. 기능 구현에 우선순위를 두면서 마구잡이로 만들고 수정한 것들이 많았는데, 그런 것들을 모르는 사람이 와서 플레이해도 이해할 수 있도록 만들자는 의견이었다. 나 또한 동의하는 부분이었다. 몇 가지 기능은 정말 작동만 되어 게임을 제작한 우리 팀원이 아니라면 이게 진행 중인지, 완료된 것인지 구분하기 힘든 수준이었다. 심지어 우리 팀임에도 구분을 어려워하는 인원이 있을 정도였다. 결국 플레이어에게 진행 상황이나 결과에 대한 피드백이 잘 전달되도록 만들어야 했는데, 주로 UI나 연출을 신경써야 하는 부분이었다. 처음에는 이펙트와 UI에게 줄 작업이 없어서 연구하라며 보내게 한 시간이 많았지만 후반에 게임의 윤곽이 잡히자 초반에 보낸 시간들이 아까울 만큼 이펙트와 UI에서 신경 쓸 것이 많았다. 계속해

▲ 고양이가 승리하는 엔딩 장면(2D 아티스트: 곽연정)

서 놓치고 있던 부분이나 문제점이 끝없이 눈에 들어왔다. 팀의 원화가들은 전부 UI 작업에 시간을 투자했고 이펙트 담당자들도 작업 속도에 박차를 가했다.

　우리 팀에는 UI를 전문적으로 하는 인원도 없었고 TA도 라이팅lighting보다는 이펙트를 주로 공부했기 때문에 폴리싱[1] 작업에서 부족한 부분이 많이 있었다. 우리 팀원들 역시 그 사실을 인지하고 있었기에 최대한 할 수 있는 모든 것을 동원했다. 나는 원화가와 함께 머리를 굴리며 UI를 디자인했다. 원화가는 예전 UI 수업에서 들었던 기억들을 끄집어 올렸고, 나는 컨셉을 위해 살려야 하는 세부 사항들을 생각하며 옆에서 의견을 제시했다. TA가 라이팅 작업할 때 ADArt Director도 옆에서 힘을 합쳤다. 혼자 못하

---

1 _ 폴리싱(polishing): 게임 개발 마무리 단계를 말하며 이때는 새로운 기능 추가 없이 구현된 내용들을 다듬어서 완성도를 높여나간다.

면 둘이서 하고, 둘이서 안 되면 교수님을 찾아가서 피드백을 받아왔다. 교수님의 피드백은 주로 근본적인 해결법보다는 놓치고 있던 부분들을 다시 보게 해주었기 때문에 스스로 해결책을 고민하는 시간을 가지며 게임의 완성도를 높여나갔다.

다들 바쁘게 움직이는 가운데 큰 문제가 있었다. 전부터 컨셉과 조금 어긋난 부분이 있었는데 쉽사리 해결되지 않았다. 이전 컨셉인 십이지신 술래잡기에서 추격전 방식과 점수로 게임의 승패와 순위를 매기는 시스템을 그대로 가져와 사용하고 있었는데, 술래를 피해 레스토랑을 어지르는 게임에서 점수 경쟁, 그리고 승리를 위해 플레이어가 할 수 있는 일이 굉장히 제한적이었다. 다른 플레이어가 있는 곳으로 도망가거나 최대한 숨는 것, 두 가지 정도였고 단순히 술래에게 쫓기지 않는 것만으로도 순위가 높아지는 것은 문제가 있었다. 이것을 보완하기 위해 두 가지 선택지를 떠올렸는데 하나는 아예 게임의 목표를 바꿔 도망자는 협동하여 레스토랑을 어지르고 술래가 이를 막는 구도로 하는 것이었고, 다른 하나는 도망자들끼리 경쟁할 수 있는 액션을 추가하는 것이었다. 나는 한창 작업이 바쁠 때라는 것을 잘 알고 있었기에 손이 덜 갈 것 같은 후자를 선택했다. 또한 도망자 플레이어 간 충돌 시 스턴이 걸리는 시스템과 술래가 다른 플레이어를 넘어뜨릴 수 있는 '구슬 뿌리기' 스킬을 추가하자는 해결책을 내놨었다. 플레이어가 다른 플레이어를 견제하는 액션을 하는 방식으로 순위를 조절할 수 있게 할 생각이었다.

하지만 막상 플레이 테스트를 해보니 생각과는 다르다는 것을 알 수 있었다. 견제할 대상이 많아지니 행동에 제약이 더 많아졌고, 서로 경쟁하느라 정신없는 와중에 술래는 이미 뒷전으로 따로 놀았다. 그제야 이미 게임의 방향이 이도 저도 아니게 되었음을 파악했다. 게임의 목표를 바꾸는 작업을 해야 했고, 당연하게도 시간 투자가 필요했다. 마감까지는 2주 정도가 남은 상황이었다. 하지만 이것보다 중요한 일은 없었다. 나는 팀원들에게 목표를 바꿔야 한다는 것과 필요한 추가 작업에 대해 이야기했다. 시간이 부족한 상황에서 더 이상 뭔가를 추가하지 말고 다듬자는 목표와 반대되었기에 팀원들은 정말 이 작업이 필요한지 되물었지만, 내가 강력하게 주장하자 수긍하고 바로 작업을 시작해주었다. 팀원들을 설득하는 데 실패해서 컨셉을 바꿨던 팀 초기와는 많은 것이 달라졌음을 느꼈다. 팀원들이 나를 많이 신뢰해주었기에 큰 작업임에도 잠깐의 설득으로 진행 여부

▲ 도망자 스킬 중 '구슬 뿌리기'를 사용하는 모습

를 결정할 수 있었다.

　결국 우리는 기말고사 발표에 맞춰 게임 목표를 수정할 수 있었다. 몇몇 작업은 시간이 부족해 아쉬운 채로 남기도 하고 주방은 끝끝내 넣지 못했지만, 목표를 수정한 덕에 게임 플레이가 훨씬 자연스러워졌고 많은 부분에서 완성도를 끌어 올릴 수 있었다. 중간고사 발표 이후 가장 중요하게 생각했던 목표들은 어느 정도 충족한 셈이었다. 모두 함께 밤낮없이 노력한 결과를 발표에서 보여줄 수 있어서 만족스러웠다.

STEP 2

04 팀 빌딩

● **팀원 선택의 중요성**

게임 개발을 위한 프로젝트는 팀을 만들면서 시작된다. 어떤 게임을 만들지 핵심 구상을 완료하고 팀을 꾸리는 경우도 있고, 팀 구성원을 먼저 모집한 후 팀원들과 함께 게임에 대한 생각을 정리하기도 하지만, 어떤 경우라도 팀이 만들어진 이후 본격적인 개발이 시작된다. 내가 만들 게임이 최종적으로 어떤 모습일지 구체적으로 그릴 수 없거나 확신할 수 없어도 팀은 필요하다. 또한 어떤 팀이 결성되었는지에 따라 게임의 결과는 상이해진다. 구성원의 성향에 따라 팀의 성격이 결정되고 팀의 성격에 따라 프로젝트의 성패가 갈리기 때문에 어떤 이들과 팀을 꾸릴지는 매우 중요한 문제다.

아마추어 게임 개발은 1인으로 할 수도 있고, 2인 이상의 팀으로 할 수도 있다. 회사에서는 대부분이 2인 이상의 개발팀이 꾸려지고 팀을 꾸리기 위해 회사 내 여러 단계의 결정을 거치지만, 아마추어팀은 내가 원하는 대로 팀의 규모를 정할 수 있으니 어떤 과정을 거쳐 팀을 꾸릴지도 내가 선택할 수 있다. 물론 팀에 들어올 구성원들도 바라는 것이 있으니 상호 합의로 팀을 꾸린다는 말이 좀 더 정확한 표현이겠지만.

팀의 규모가 세 명인 곳과 백 명인 곳을 동일선상에 놓고 비교하기에는 너무 큰 차이가 있지만, 둘 이상이 되면 팀이 되고. 팀이 되면 팀원과의 관계와 의사소통 등이 중요해진다. 단순히 내 생각을 실행으로 옮기는 것이 아니라 내 생각을 적절히 설명하고 표현하는 과정이 필요하다. 이것은 생각보다 피곤하고 힘든 과정이다. 그래서 나와 잘 맞는 좋은 팀원을 만나는 것은 성공적인 게임 개발을 위한 필수적인 조건일 것이다.

☑ 프로젝트 〈괴도앙팡〉을 위한 팀 빌드(박소현)

〈괴도앙팡〉 프로젝트는 컨셉 문서로 시작했다고도 볼 수 있다. 수업의 과제로 앞으로 만들 프로젝트의 기본 디자인 문서를 작성하면서 3개월 정도로 짧은 기간이 주어지는 학교 프로젝트의 특성상 간단하게 플레이할 수 있는 퍼즐 게임을 구상했다. 귀엽고 아기자기해서 진중한 느낌을 주지 않고 조작도 단순해서 누구나 쉽게 게임 방법을 습득하고 퍼즐을 푸는 데 집중할 수 있는 게임을 만들고 싶었다.

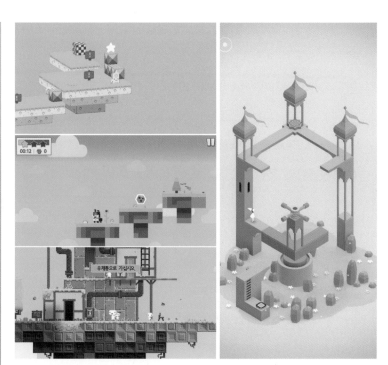

▲ 큐브와 착시를 이용한 게임들. 반시계 방향으로 왼쪽 상단부터 〈Skylsland〉, 〈앨리와 맥스〉, 〈FEZ〉, 〈모뉴먼트 밸리〉 (출처: 구글 플레이 스토어)

이런 점들을 바탕으로 참고가 될 만한 게임을 조사했는데, 가장 먼저 떠오른 게임은 〈모뉴먼트 밸리〉였다. 단순해 보이는 그래픽과 착시 효과를 이용한 퍼즐 게임이라는 점이 매력적이었지만, 게임의 구조가 간단하지 않았고 짧은 기간에 레벨 디자인을 하기 어려울 것 같았다. 그래서 좀 더 단순하고 명료한 느낌의 다른 게임을 찾고 있을 때 친구가 나에게 다른 게임들의 영상을 보여주었다. 정육면체로 구성된 큐브를 기본 유닛unit으로 한 맵들은 간단하면서도 매력적이었고, 회전 규칙을 단순화하면 구현에도 무리가 없을 듯했다.

생각이 정리되자 곧장 게임 컨셉 문서와 맵의 구조를 위한 시스템 문서를 작성했다. 이 과정에서 나에게 참고 게임들을 알려주며 같이 아이디어를 논의한 친구가 첫 번째 팀원이 되었다. 친구는 그래픽 아티스트였지만 게임에 대해 관심이 많았고 플레이에 대해서도 편하게 이야기할 수 있어서 협업하기에 좋은 파트너였다. 이 친구는 UI 그래픽 작업자였고, 차후에 UI에 관련된 디자인과 2D 배경 아트 작업을 하게 되었다.

　　두 번째로 합류한 팀원은 프로그래머였다. 평소 게임 작업의 구현과 관련해서 의논한 경험이 많았고 마음이 맞을 것이라 기대하여 팀에 합류하기를 권유했다. 이미 명확한 게임의 컨셉과 시스템 문서가 준비되어 있어서 게임에 대해 설명하기 쉬웠고 관심도 보였지만, 군대 문제가 걸려 있어서 팀에 합류하지 못하고 다른 프로그래머를 소개해주었다. 같이 수업을 들은 적이 있어 작업 방식에 대해 어느 정도 알고 있었던 친구였으므로 오

▲ 〈괴도앙팡〉 게임 화면

래 고민하지 않고 팀에 합류하기를 제안했다. 학생 프로젝트에서는 대부분 하드 코딩으로 해결하는 경우가 많아 프로그래머의 부담이 큰 것이 일반적인데, 그는 팀원들이 분업할 수 있는 시스템 구조를 만들 만한 실력이 있었고 협업의 중요성을 잘 알고 있어서 마다할 이유가 없었다. 미리 준비된 문서들을 보여주자 게임에 관심을 보였고 시스템이 잘 정리된 것에 만족하며 팀에 합류했다.

가벼운 캐주얼 게임이고 그래픽이 복잡하지 않아 아트 작업은 많지 않을 것이라 예상하고, 3D 모델링이 가능한 아티스트를 한 명만 더 영입하려고 했다. 그런데 영입한 아티스트가 혼자서 하기에는 작업량이 많고 애니메이션은 자신이 없다고 하여 애니메이터와 3D 모델링 작업이 가능한 아티스트를 추가로 영입했다. 개인적인 생각으로는 4명이서도 충분히 진행할 수 있을 것 같았지만, 아트 작업을 하는 이들이 작업량에 대해 가장 잘 안다고 생각했기에 인원 추가에 대하여 수긍했다. 이는 후에 돌아봤을 때 좋은 결정이었다.

게임 디자이너	게임 디자인, 프로젝트 관리
아티스트 1	UI, 배경 원화
프로그래머	프로그래밍
아티스트 2	캐릭터 원화, 3D 배경 모델링(AD)
아티스트 3	3D 캐릭터 모델링(애니메이터)

▲ 프로젝트 〈괴도앙팡〉의 최종 멤버 구성(순서는 영입 순서)

● 팀워크를 위한 기본

사교적인 대화와 작업을 하기 위한 대화는 전혀 다르다. 사교적인 대화는 적당하게 상대의 의견을 들어주거나 듣기 싫은 이야기는 어느 정도 한쪽 귀로 흘려버리면서 듣는 시늉만 할 수도 있다. 하지만 함께 게임 개발을 하게 되면 내가 원하는 바를 상대에게 설명하거나 설득해야 하고, 논의된 결정 사항은 작업 방향에 영향을 주기 때문에 세심하게 듣고 치열하게 논쟁해야 한다. 같이 게임 개발을 하면 많은 부분에서 서로 영향을 받을 수밖에 없다.

모든 것이 딱 맞는 팀원을 구한다는 것은 비현실적인 가정이기에 현실적인 시각을 가질 필요가 있다. 처음 팀에 들어갈 때 혹은 팀의 구성원을 영입할 때, 서로가 원하는 바를 구체적이고 확실하게 논의해야 하고 그렇게 해서 결정된 사항은 프로젝트가 끝날 때까지 변하지 않아야 한다. 처음에는 어떤 형태건 스테이지 3개만 나오면 된다고 생각했는데 개발이 진행되고 구체화되면서 요구 조건이 점점 늘어난다면 처음에 깊이 생각하지 않고 협의를 진행했을 가능성이 크다. 당연히 상대는 나를 변덕스럽거나 이기적이라고 생각할 것이다. 따라서 초기에는 가급적 구체적으로 생각하고, 미처 생각하지 못했던 부분에 대해서는 조금 욕심을 버리고 다른 이들에게 관대하게 대할 필요가 있다.

아마추어팀에서 팀원을 추가로 모집하기란 쉽지 않다. 만약 개발 중에 나의 개인적인 요구가 늘어나거나 바뀌게 된다면 아마추어팀의 현실적인 한계를 볼모로 협박을 하는 것과 같다. 지금 일시적으로는 내가 원하는 바를 얻을 수도 있겠지만 자칫 다른 팀원들의 신뢰를 잃게 될 것이다. 신뢰를 잃거나 의지가 꺾인 팀원들이 좋은 결과물을 내놓을 수 있을 리 없고, 최악의 상황에 팀은 무너지고 결과는 나오지 않을 것이다. 좋은 결과를 얻고 나도 불만을 갖지 않기 위해서는 팀이 만들어지는 단계부터 제대로 된 준비가 필요하다.

☑ 프로젝트 〈B.B.B〉의 팀 빌드(박소현)

이전 프로젝트가 나름대로 성공적인 결과물을 내고 완료된 후, 같이 작업했던 팀원끼리 자연스럽게 다음 프로젝트도 함께 하자는 분위기가 조성되었다. 작업도 매끄럽게 진행되었고, 영입할 당시에는 몰랐지만 팀원 개개인이 수업에서 인정받은 실력자들이었다. 그래서인지 결과물의 품질도 좋았고 굳이 팀원을 재구성할 필요를 느끼지 못했다. 이대로 함께 진행한다면 다음 프로젝트의 결과도 어느 정도 이상의 수준은 나올 것이라는 기대가 있었다. 모든 구성원이 각자 만족스러운 결과를 낼 수 있을 것 같았다. 두 번째 프로젝트는 개발 기간과 분량 등 이전 프로젝트에 비해서 더 많은 지원과 더 큰 기대를 받는 프로젝트다. 팀원 대부분은 이번 프로젝트의 결과물이 좋은 포트폴리오가 될 것으로 기대했다. 이전 프로젝트에서 같이 했던 프로그래머는 군대 문제로 팀에서 이탈하고, 다른 네 명은 그대로 다음 프로젝트를 진행하기로 했다.

　팀의 구성원은 이미 정해져 있지만 어떤 게임을 만들지에 대해서는 구체적인 생각이 없었는데, 아트디렉터를 맡고 있는 팀원이 이번에는 실사 느낌의 그래픽을 사용해서 역동적인 애니메이션이 있는 프로젝트를 하고 싶다고 했다. 마침 그 당시에 캐릭터가 화려한 액션으로 전투를 하는 게임이 가장 화제가 되고 있었는데, 캐릭터와 게임 플레이에 대한 평가가 좋았고 많은 학생들이 그 게임에 심취해 있었다. 가벼운 느낌의 캐주얼 그래픽보다는 실사 느낌의 그래픽이 아티스트들의 포트폴리오에 도움이 되는 것도 사실이었다. 당시에는 어떤 게임을 만들 것인지 구체적인 생각이 없었고, 아트 영역은 아티스트들의 역량에 따라 결과물을 낼 수 있다고 생각했기에 반대하지 않았다. 아트디렉터가 원하는 내용을 바탕으로 프로그래머를 새로 구했다. 새로 구한 프로그래머는 게임에 대한 자세한 내용이 없음에도 이전 프로젝트의 좋은 결과로 구성원들의 실력을 믿고 기꺼이 합류했다.

게임 디자인은 혼자서 할 생각이라 아티스트만 더 구하기로 했다. 실사 그래픽 제작을 위해서는 인원이 더 필요했기에 모델링 작업이 가능한 아티스트를 한 명 더 뽑았고, 팀의 구성원이 여섯 명이 되었다. 프로젝트 관리는 내가 해야 했으므로 팀원을 일곱 명에서 더 늘리고 싶지 않았다. 프로젝트를 진행하기 위한 관리도 해야 하고, 게임 디자인도 혼자서 해야 하는데 인원이 더 늘어나면 그만큼 관리 비용이 증가하게 되고, 모두 감당할 여력이 있을 것 같지 않았다. 하지만 아트디렉터가 자신이 원하는 그래픽 결과물을 내기 위해서는 최소 세 명이 더 필요하다고 주장하면서 우리의 의견은 충돌했다.

게임 디자이너	게임 디자인, 프로젝트 관리
아티스트 2	캐릭터 원화(AD, TA)
아티스트 1	UI
아티스트 3	애니메이션
프로그래머	프로그래밍
아티스트 4	3D 배경 모델링
아티스트 5	3D 배경 모델링
아티스트 6	애니메이션
아티스트 7	3D 캐릭터 모델링

▲ 프로젝트 〈B.B.B〉의 최종 멤버 구성(순서는 영입 순서)

일곱 명이나 아홉 명이나 큰 차이가 없다고 말할 수도 있지만 팀 구성원이 한 명 한 명 늘어날 때마다 내가 갖는 심리적 부담이 상당히 컸다. 사실 일곱 명도 많다고 생각하고 있었고, 프로젝트 관리를 전담하는 이가 따로 없는 이상 여섯 명으로 진행하고 싶은 것이 솔직한 심정이었다. 하지만 아트디렉터의 말 대로 실사 분위기의 화려한 액션이 들어가기 위해서는 그래픽 작업 비용이 상당히 클 것이다. 팀 구성원의 실력이 아무리 좋아도 주어진 시간이 넉넉하지 않았고 목표한 만큼의 물량을 만들기 위해서는 충분한 인원이 필요했다. 앞에서 말했듯이 나의 가장 큰 걱정은 인원이 늘어남에 따라 관리 비용이 증가하는 것이었는데, 아트디렉터가 아티스트들은 자신이 관리해서 관리에 대한 부담을 덜겠다고 제안했다. 대립 끝에 결국 그 의견에 수긍하고 최종적으로 팀을 아홉 명으로 구성했다.

지금 생각하면 팀을 꾸릴 때부터 문제가 있었다. 게임에 대한 구체적인 생각이 없었음에도 너무 많은 인원이 갑작스럽게 늘어나면서 어떻게든 프로젝트를 진행해야 한다는 압박을 받았다. 생각이 정리되지 않은 상태에서 구현을 시작하면서 팀원들의 다양한 시각으로 피드백을 받으니 방향성을 잡기가 더 어려웠고 점점 좋은 결과를 내기 어려워졌다. 설상가상으로 아티스트들의 관리를 맡기로 한 아트디렉터는 프로젝트가 자신이 원하는 방향이 아니라고 느끼고 팀을 나갔다. 그 후 새로운 아트디렉터가 영입되긴 했지만, 팀원의 관리는 모두 내가 맡게 되었다. 예상대로 게임 디자인과 아홉 명에 대한 관리를 함께하기는 힘들었고, 게임을 위한 심층적인 디자인을 하기 어려웠다. 뚜렷한 목표 없이 구현된 결과물은 팀원들에게도 좋은 평가를 받지 못했고 각자 다른 생각이 더해져 불만이 쌓여갔다.

이전 프로젝트에서 좋은 결과를 내서 의심 없이 새로운 프로젝트를 함께 시작했지만, 두 프로젝트는 게임 컨셉부터 작업 내용까지 너무도 달랐다. 팀워크는 단지 사람 간의 친분이나 서로의 작업 스타일에 익숙하다고 생기는 것이 아니었다. 게임 컨셉이 달라지면 다른 작업 방식이 요구된다. 다음에 또 이런 상황이 생긴다면 내 생각이 정리되기 전까지 팀 구성원을 모집하지 않을 것이다.

● 좋은 팀원의 조건

우리 모두 좋은 팀원의 조건을 알고 있다. 개발에 필요한 충분한 실력을 갖추고, 성실하고 열린 마음을 갖고 있으며, 합의된 결정을 존중하는 이들이다. 아마 팀 작업을 하고자 하는 대부분의 사람이 이럴 것이다. 우리 모두 개발을 위해 준비된 이들이 아닌가. 그러나 현실은 종종 이상을 배반한다.

프로젝트 성격과 개발 성향에 따라 조금씩 다를 수는 있지만, 규모가 작고 개발 기간이 짧다면 게임 취향이 같은 사람이 함께 작업하기 좋다. 대부분의 아마추어 게임 개발은 상용화된 게임과 다르게 게임 전체의 규모가 작다. 또한 전체적인 구성을 안정적으로 구현하기보다 핵심적인 컨텐츠만 제작하는 경우가 많다. 기승전결이 뚜렷하고 탄탄한 기본 구조보다 전체 플레이 중 한 구역만 집중해서 개발하는 것이다. RPG 게임을 만든다면 성장 구간을 모두 만들지 않고 사냥터 한 곳이나 특별한 전투에 집중한다. 플랫포머[1]라면 3~5개 정도의 레벨을, 스토리텔링 게임이라면 장편보다는 5~10분 정도 플레이가 가능한 단편 정도만 만든다.

게임의 규모가 클수록 다양한 시각이 필요하다. 서로 다른 관점을 가진 이들이 서로의 다른 의견을 교환하고 고민하면서 게임을 발전시킬 수 있을 것이다. 하지만 서로 다른 시각을 가진 이들은 만들고자 하는 게임에 대해서도 생각이 다를 수밖에 없으므로, 서로를 설득하거나 자

---

1 _ 플랫포머(platformers): 플랫폼 게임으로도 불리는 플랫포머는 발판(platform)이 등장하는 게임을 말하며, 발판을 이동하면서 진행한다. 〈슈퍼마리오〉, 〈툼레이더〉 등이 해당된다.

신의 생각을 상대에게 이해시키기 위해서 더 많은 노력이 필요하다. 물론 팀원 간의 의사소통은 중요하지만 때로는 그 과정에서 모두 힘들어지고 극단적으로는 인간적인 신뢰를 잃어버릴 수도 있다. 그러므로 개발 기간이 길지 않고 게임의 분량이 크지 않다면 어느 정도 유사한 관점을 가진 이들과 대화가 더 잘 되고, 같은 방향을 지향하게 되므로 서로에 대한 이해도 빨라진다. 이것은 사소한 설득에 들어가는 시간을 줄여줘서 개발 기간이 단축되는 효과를 가져다준다.

비슷한 이유로 평소에 친한 사람들은 좋은 팀원이 될 수 있다. 팀의 구성원을 구하는 가장 쉬운 방법은 평소에 친한 사람들 중에서 찾는 것이다. 잘 알고 지내던 친구들과 팀을 구성한다는 것은 서로에 대해 이미 잘 알고 있다는 의미이고, 이것은 좀 더 효율적으로 팀을 관리할 수 있다는 의미이기도 하다. 서로가 무엇을 원하는지 잘 알고, 서로의 작업 스타일이나 게임 성향에 대해서 알고 있다. 의사소통에도 익숙해서 어떤 화법으로 말하는 것이 좋은지 고민하지 않아도 되며, 서로의 의견을 어떻게 조율해야 하는지도 이미 알고 있기 때문에 의사소통에 대한 비용이 현저하게 줄어든다는 장점이 있다. 물론 여기에서 말하는 '친한 사이'는 단순히 자주 봐서 얼굴을 아는 사이가 아니라, 서로 부담 없이 이야기할 수 있는 사이를 뜻한다.

친하게 지내는 것과 같이 작업을 하는 것은 전혀 다르다. 함께 게임을 개발하면 끊임없이 의견을 조율하고 다른 팀원의 약점을 일깨워주며 부족한 결과에 대해서 스스럼없이 피드백해줄 수 있어야 한다. 좋은 이야기만이 아니라 부족한 점도 계속 말할 수 있어야 한다. 이런 상황에서도 서로 간의 감정이 상하지 않고 이야기할 수 있다면 같이 작업하는 동료가 될 수 있을 것이다.

☑ 프로젝트 〈나이트베리〉의 팀 빌드(김다훈)

1학년일 때, 학교에서 명성이 자자하신 교수님이 해주신 이야기가 있다. 10년 전쯤, 학교 수업의 프로젝트에서 유일하게 RPG를 만든 팀이 있었고 꽤 결과가 좋아서 한 회사가 그 게임을 사 갔는데, 그 뒤로는 학교 프로젝트에서 RPG가 나오지 않아 무척 아쉽다고 하셨다. 그러면서 만약 RPG를 하는 프로젝트가 나온다면 적극적으로 도와주겠다는 말씀도 덧붙이셨다. 그 이야기를 들을 때 동기인 형과 함께 있었는데, 그 형은 처음 볼 때부터 인상적이었다. 주변의 1학년들 중에는 게임 개발에 큰 열정이 있어 보이는 이들이 적었고, 열정이 있어 보이는 학생들도 게임의 내용보다는 툴을 다루는 것에 관심이 더 많았다. 1학년은 게임 개발의 방법에 대해서 배우기 시작하는 시기였기에 어떤 게임을 만드느냐보다는 어떻게 게임을 만드느냐에 대한 관심을 두는 게 자연스럽기도 했다. 하지만 그 형은 스타트업에서 게임 개발 경험도 있었고, 경험을 만들기 위한 게임 디자인에 대한 생각이 많았으며 나름의 철학을 갖고 있었다. 그러다 보니 자연스럽게 나와 게임 디자인에 대해서 많은 이야기를 나누게 되었다. 교수님과 형과 함께 게임 디자인이나 RPG에 대해 이야기하고 게임 개발의 낭만 등 꽤 많은 대화를 하게 되었는데, 그 과정에서 교수님이 팀 빌딩에 대한 기초적인 이야기를 해주신 적이 있었다. 게임 디자인은 이야기를 만들 사람 한 명, 시스템 디자이너 한 명, 레벨 디자이너 한 명을 뽑아라. 프로그래머는 클라이언트 프로그래머와 실력이 좋은 서버 프로그래머를 뽑고, 아티스트는 그래픽 전반을 끌고 나갈 수 있는 사람이 한 명은 필요하다. 기타 등등. 나는 RPG를 개발하겠다는 의지가 큰 것은 아니었지만, 학생 프로젝트치고는 규모가 있는 게임을 만들고 싶었다. 게임 디자인에 대해 약간 겁을 먹기도 했지만 이름을 남기고 졸업하고 싶은 욕심도 있었고, 관리만 잘한다면 규모가 큰 게임도 만들어볼 수 있을 것 같았다. 하지만 막연한 생각일 뿐이었다.

이후, 형과 함께 프로젝트를 같이 할 기회가 있었지만 게임 디자이너가 둘이 되기엔 게임 규모가 너무 작았고, 서로의 작업 방식에 대해 잘 몰랐기 때문에 일단 각자의 게임을 개발하면서 지켜본 후 다음 프로젝트에서 함께 개발하기로 했다. 그 프로젝트에서 나는 나름대로 보통 수준의 결과가 나왔는데, 형은 규모를 너무 크게 잡아 의도한 대로 마무리하지 못해서 평가가 좋지 못했다. 내가 보기에 형은 게임에 대해 많은 고민을 하고 공들여서 진행했으며 게임 디자인에도 그 고민의 흔적들이 보였는데, 마감이 좋지 못해서 그 진가를 다른 이들이 알아보지 못하는 것이 안타까웠다. 그래서 내가 팀을 관리하면 형의 진가를 보여줄 수 있다고 생각했고, 우리 둘은 졸업 프로젝트에서 함께 게임을 개발하기로 했다.

게임 개발 공부를 하면서 조언을 구하는 업계 선배인 멘토님이 한 번은 이렇게 말씀하셨다. "게임 개발을 위한 관리를 하면서도 빛나는 디자인을 할 수 있는 게 진짜 아니겠어?" 좋은 게임 디자이너는 게임 플레이에 대한 디자인도 잘해야 하지만 개발을 위한 팀 관리도 중요하다고 말씀하셨기에, 개개인의 역할도 중요하지만 전체를 위한 관리도 중요하다는 점을 계속 생각하고 있었다. 형의 디자인 감각을 믿었기에 중심을 잘 잡아주리라 의심하지 않았고, 10명 이상의 대규모 팀을 관리하면서 개인 작업까지 하기란 현실적으로 어려운 일이니 프로젝트 관리는 내가 중심을 잡고 게임 디자인은 형이 중심을 잡아주면 서로 좋은 조합이 될 수 있을 것 같았다. 게임 개발 방법에 대한 관점도 나랑 비슷해서 서로 의견이 상충하더라도 합의할 수 있을 것이라는 기대도 있었다. 자기 생각을 다른 이들에게 설명하고 그들을 설득하는 과정을 스트레스로 여겨 쉽게 단념하기도 하는 형의 단점도 내가 극복할 수 있었다. 때로는 주장을 가진 사람보다 그 주장을 이해하는 다른 사람이 명확하게 목표를 설명하고 실행했을 때의 장점을 알려주면 설득하기 더 좋은 경우도 있는 법이니까. 다만 어떤 게임을 만들 것인가 하는 점에서는 내가 형만큼 뚜렷한 생각을 갖고 있지 못하므로 우리는 많은 이야기를 하면서 이해하고 설득해야 할 것이다. 이렇게 우리 둘은 서로의 약점을 보완할 수 있고, 서로의 장점을 인정하는 사이였기에 함께 프로젝트를 진행하기로 했고 형이 리드 게임 디자이너를 맡기로 했다.

게임 프로젝트에서 아티스트의 역할은 매우 중요하다. '비디오 게임'이라는 말이 의미하는 것처럼 시각적인 모습은 게임의 평가에서 매우 중요하기에 실력이 좋은 아티스트를 구하고 싶었다. 아티스트를 섭외하는 나름의 기준이 있었는데, 첫 번째는 한 유명한 교수님과 친한지 여부였다. 그 교수님의 그래픽 수업은 어렵고 과제가 많기로 악명이 높았지만, 그만큼 얻어가는 것이 많았기에 항상 정원이 일찍 마감되는 인기 과목이었다. 교수님과 친한 학생들은 나름의 욕심을 가지고 더 좋은 결과를 내기 위해 다양한 방법을 시도하는 이들이었고, 수업 내용 외의 다른 방법이나 수업 때 배운 내용을 좀 더 자세히 알고 싶어 조언을 구하러 연구실을 자주 오가면서 교수님과 친하게 되는 경우가 많기 때문이었다. 즉, 교수님과 친하다는 것은 그만큼 실력이 있다는 것을 의미했다. 두 번째로는 그들이 어떤 수업을 들었는지를 확인했다. 평이 좋은 수업들을 들었는지, 그 수업에서 좋은 평가를 받았는지 등이다. 물론 여기에서 말하는 평은 손쉽게 학점을 딸 수 있는지가 아니라, 실력을 쌓을 수 있는 좋은 커리큘럼의 수업들을 말한다. 어렵지만 무언가를 배울 수 있는 수업들, 그리고 성실하게 그 수업을 들은 학생들은 개발에 대한 욕심이 있고 자신의 실력을 올리기 위해 노력하는 이들이라고 보았기 때문이다. 세 번째로는 주변에 친구들이 많은지를 봤다. 아티스트는 디자인, 프로그램, 아트 중에서 가장 인원이 많이 필요한 파트이고, 사람을 많이 안다는 건 중요한 자원이기 때문이다.

애니메이터는 전투 디자인의 최전방을 담당하기 때문에 좋은 동료를 만나는 것이 중요한데, 운 좋게 이전에 함께 프로젝트를 진행하면서 호흡을 맞춰 본 이가 프로젝트에 합류했다. 이전 프로젝트를 끝낸 후, 같은 팀이었던 프로그래머가 "쟤는 진짜다. 꼭 잡아라"라고 이야기를 했고, 나도 같은 생각이었다. 게임에 대한 가치관이 잘 맞고 성실하면서 묵묵하게 작업을 하는, 밴드라고 한다면 베이스 같은 느낌이랄까, 자기 자리를 묵묵히

지키면서 팀에 안정감을 주는 존재였기에 졸업 프로젝트도 같이 하면 최고일 것이라고 생각했다. 이 생각은 틀리지 않았다. 혼자 애니메이션 작업을 하면서도 한 번도 일정에 밀리지 않았고, 내 의견을 이해해주면서 흔들리지 않은 아주 믿음직한 동료였다. 작업이 끝난 후에 이야기하길 "나 외주 작업자인 줄 알았어…"라고 했다. 너무 믿은 나머지 오히려 잘 챙겨주지 못한 것 같아서 무척 미안했고 깊이 반성했다.

배경 모델링 아티스트Level-3D Artist로는 사적으로 친했던 친구가 팀에 합류했는데, 내 추측으로는 게임 디자이너인 나와 형을 보고 온 것이 아닐까 생각했다. 예전에 교수님이 형과 나를 함께 팀을 꾸리기에 믿음직한 사람들이라고 이야기하셨다고 한다. 형은 게임 디자인에 감각이 있고, 나는 성실하다고 하셨다(교수님 감사합니다). 그 친구는 해야 할 말을 하고 활동적으로 움직이는 것에 믿음이 갔고 관리자로서 적합한 성격을 갖고 있다고 판단했다. 진행할 프로젝트의 규모가 큰 만큼 다양한 아티스트들이 필요했고 아티스트를 관리하면서 게임 그래픽의 방향성을 잡을 이가 필요했는데, 이 친구가 제격이었다.

아트디렉터는 관리자의 역할을 일정 부분 요구받는다. 팀원 중 아티스트들의 수가 가장 많으며, 때로는 다수의 인원 관리가 아트디렉터의 역량에 포함되기도 한다. 인원이 많고 작업이 분업화되어 있으며 결과물도 어느 정도 예측할 수 있기에 관리자의 역할이 크다. 하지만 팀 전체를 관리하는 사람이 아티스트들을 관리하다 보면 게임 전체를 보지 못하고 아트 작업 결과물에 대해서만 보게 되기도 하고, 아티스트의 작업 내용을 잘 모르고 어설프게 관리하면 챙기지 못하는 부분이 생기기도 한다. 그래서 아트 디렉터가 관리자 역할을 하면서 아트의 방향성도 잡고, 아티스트들의 작업 분량과 품질에 대한 수위도 조절하는 것이 효율적이다. 게임에 대한 방향성과 분량을 결정할 수 있는 리드 디자이너가 팀 관리를 맡는 경우가 많은 것도 같은 이유에서다.

나는 아티스트를 관리할 역량이 부족했으므로 관리자로서 훌륭한 자질을 갖고 있는 아트디렉터가 프로젝트를 위해서 반드시 필요했다. 실무적으로는 3D 그래픽 신 작업을 할 수 있는 사람이어야 한다고 생각했다. 화려한 그래픽을 위해서 구현에 필요한 기술을 알아야 한다고 여겼기 때문이다. 물론 단순히 기술만 아는 것이 아니라, 미술적 감각도 있어서 원화와 색감에 대한 이해가 있어야 했다. 시각적 컨셉을 잡고 분위기를 잡는 것이 바로 아트디렉터가 해야 하는 역할이 아닌가. 너무 많은 사항을 요구하는 것 같지만 프로젝트의 성공을 위해서는 능력 있는 아티스트가 필요했다. 운이 좋게도 아트디렉팅을 맡아 준 배경 모델링 아티스트가 그런 아티스트였다.

원화를 작업할 컨셉 아티스트와 인터페이스를 위한 UI 아티스트도 개인적으로 친한 친구들이 맡아주었다. 나는 그림에 대해서 잘 모르지만 특히 컨셉 아티스트의 경우 주변의 아티스트들이 학교 내에서 최고라고 이야기해주었다. 학생 중에 컨셉 아티스트를 지망하는 이들이 적은 편인데,

프로젝트를 위해서는 컨셉 아티스트가 꼭 필요하여 빨리 뽑는 것이 중요했다. UI 아티스트는 게임 디자인에 대해 이해하려고 노력하고, 회사와 작업한 경험이 있어서 서로 마음도 잘 맞았으며 능력도 충분했다. UI를 위한 그래픽을 전문적으로 하는 아티스트는 드물기 때문에 팀에 들어오고 싶다고 먼저 제안해왔을 때 곧바로 영입했다.

액션 게임 프로젝트는 학교에서 항상 인기가 좋다. 인상적인 장면을 보

게임 디자이너 1	프로젝트 관리, 보스전 전투	
게임 디자이너 2	캐릭터 디자인, 기본 전투 디자인	리드 게임 디자이너
아티스트 1	애니메이션	
아티스트 2	배경 모델링	아트디렉터
아티스트 3	캐릭터 원화가	
아티스트 4	배경 원화가	
아티스트 5	UI 아트	
아티스트 6	캐릭터 모델링	
프로그래머 1	클라이언트 프로그래밍	메인 프로그래머
프로그래머 2	프로그래밍	휴학으로 탈퇴
프로그래머 3	프로그래밍	
아티스트 7	배경 모델링, 캐릭터 연출	
프로그래머 3	프로그래밍	휴학으로 탈퇴
아티스트 8	배경 모델링	
아티스트 9	몬스터 전투 연출	
총 인원수: 13명		

▲ 프로젝트 〈나이트베리〉의 최종 멤버 구성(순서는 영입 순서)

여주기에 좋고 졸업 후 취업에도 유리한 모습을 보여줄 수 있기 때문이다. 그래서 팀원을 모집하기 위해 '액션 RPG를 만들 것이다'라고 공지를 냈을 때 꽤 많은 인원들이 관심을 보였다. 게임의 그래픽 컨셉은 '잃어버린 색을 찾기'라고 설명했는데, 이 부분이 아티스트들에게도 호기심을 불러일으키고 매력적으로 느껴졌던 것 같다. 팀원 모집 공지와 아티스트들의 소개로 캐릭터 아티스트와 배경 아티스트, 이펙트 아티스트FX Artist를 추가로 모집해서 팀의 최종 인원은 14명이 되었다.

처음 팀원 모집에 대한 공고를 냈을 때 아트 컨셉이 명확하게 정해지지 않은 상태였고, 팀원 구성이 끝난 후에야 아트디렉터의 주도로 결정되었지만 팀원 모집 공고에 '캐주얼 판타지 게임을 개발할 것'이라고 설명했다. 캐주얼에 판타지라니. 저런 말은 아무런 의미가 없는 것이었다. 하지만 캐주얼이나 판타지는 광범위한 의미를 갖고 있고 활용성이 좋아서 많은 이들이 관심을 보일 것이라고 생각했다. 때로는 막연한 말이 사람들에게 상상력을 불러일으키는 법이다.

팀원 각자가 다른 기대를 하고 들어왔겠지만 팀에 합류한 아티스트들, 좀 더 정확히는 아트디렉터에게 업무 영역에 대해 논의하면서 '아트 작업에 대한 모든 결정권은 아트디렉터가 갖는다'고 결정했다. 게임 디자이너들은 플레이에 대한 부분을 집중적으로 고민하기로 하고, 아트에 대한 방향성이나 결정 권한은 아티스트들에게 넘긴 것이다. 지금 돌이켜보면 그렇게 칼같이 쪼갤 수 없는 범위긴 했지만, 그 당시에는 서로의 업무에 대한 경계가 확실한 게 좋다고 생각했다. 그래서 아티스트들이 다양한 그래픽 관련 참고자료를 수집하고 아트에 관련된 결정은 모두 아트디렉터가 내렸다. 리드 게임 디자이너는 어두운 분위기의 판타지 그래픽을 주장했지만, 아티스트들은 좀 더 밝고 쾌활한 분위기로 가기로 결정했기에 우리 게임의 최종적인 그래픽 모습이 되었다.

● 나에게 맞는 팀의 선택

만약 내가 팀을 꾸리는 것이 아니라 들어갈 팀을 찾아야 하는 경우라면 고려해야 할 점이 몇 가지 있다. 팀에 들어가서 프로젝트를 경험하는 것도 중요하지만 아무 팀에 들어간다고 결과가 나오는 것은 아니다. 자칫하다가는 친한 친구와 감정만 상하게 되거나, 게임 개발에 대해 극심한 회의를 느끼고 다른 업계를 기웃거리게 될 수도 있다. 나와 잘 어울리는 팀을 선택하기 위해서 가장 필수적인 조건은 바로 나에 대해서 잘 아는 것이다. 내가 잘하는 것은 무엇이며, 내가 팀에서 할 수 있는 것이 무엇인지, 그리고 내가 원하는 것이 무엇인지 정확하게 알고 있어야 나에게 맞는 팀을 찾을 수 있고, 혹은 내가 바라는 바를 성취하기 위해 협의할 수 있다. 대부분의 아마추어 게임 개발팀은 게임 개발에 대한 경험을 위해 프로젝트를 시작한다. 하지만 이것을 원하는 것에 대한 구체적인 답이라고 말하기는 어렵다. 좀 더 구체적으로 자신의 마음을 들여다보자. 게임 개발에 대한 경험이라는 것이 완성된 게임 결과물을 얻을 수 있다는 의미일까? 그렇다면 '완성된' 게임의 기준은 무엇인가. 5분 이상의 게임 플레이가 가능해야 하는가? 이야기의 기승전결이 있어야 하는가?

내가 기대하는 결과와 같은 기대를 가진 팀을 선택하는 것이 좋다. 같은 장르나 같은 그래픽 컨셉에 대한 기대가 아니다. 프로젝트 결과가 지향하는 방향이 같아야 한다. 아마추어 게임 개발팀들은 게임 회사에 들어가기 위한 준비 과정으로 프로젝트를 진행하는 경우가 많다. 그렇기 때문에 게임 그 자체가 아니라 자신들의 능력을 게임 개발에 적용해보는 게 목적인 경우도 많다. 즉, 취업을 위한 포트폴리오로서 게임을 만들어보는 것이다. 자신이 개발에 참여한 게임을 포트폴리오로 가져가는 것과 포트폴리오를 위한 게임을 만드는 것은 전혀 다른 이야기이다. 당연히 이 둘의 방향성이 통일되지 않으면 팀원 간에 의견 충돌이 있을 수밖에 없다. 팀을 선택할 때 그 팀이 지향하는 바와 그에 대한 방법적인 방향성에 대해서 서로 충분히 논의하고 이해한 뒤 참여하는 것이 좋다.

☑ 프로젝트 〈캣칭〉의 팀 빌드 (이재호)

학기가 시작되고 수업의 일환으로 프로토타입을 만들어야 할 때, 당시 내 머릿속에는 두 가지 걱정거리가 있었다. 어떤 졸업 작품을 만들지와 어떻게 팀원을 모을지였다. 어떤 게임을 만들지 결정하진 않았지만, 인력을 구하기에 제한된 환경 속에선 팀원을 늦게 구할수록 더욱 구하기 힘들어지므로 먼저 팀원 모집 공지를 올렸다. 액션성이 있는 게임을 만든다는 것과 희망하는 그래픽의 방향성을 간략하게 설명하고, 내가 게임 개발 프로젝트를 세 번 경험했음을 강하게 내세웠다. 게임에 대한 설명이 많지 않을 때는 프로젝트에 대한 경험이 다른 이들보다 더 많다는 것이 강점이 될 수 있다고 생각했다. 또한 액션 게임을 만들겠다고 일단 적었던 이유는 영상으로 게임에 대해 보여줄 때 지루하지 않고, 포트폴리오를 위해서도 괜찮아서 졸업 프로젝트의 필요조건을 충족하기에 좋은 장르라고 생각했기 때문이었다. 공지 마지막에는 졸업 프로젝트이니만큼 팀원들의 의견을 듣고 반영하면서 게임 디자인을 하고 싶다는 이야기를 적는 것도 잊지 않았다. 구체적인 내용이 부족하고 들어오면 같이 고민해보자고 말한 점이 걱정되었지만 다행히 몇몇 인원들에게 연락이 왔다.

가장 먼저 연락해온 이들은 그래픽 중에서도 원화 파트의 작업자들이었다. 팀 규모를 크게 늘리고 싶지 않아 캐릭터와 배경을 모두 작업할 수 있는 인력을 원했는데, 아쉽게도 연락해온 인원들은 캐릭터나 배경 중 한 가지만을 맡고 싶어 해서 서로의 이해관계가 엇갈렸다. 결국 원화 파트에는 한 명도 팀에 합류하지 않았다. 3D 아티스트는 두 명을 구했는데, 전체적으로 3D 아티스트가 귀하기도 했고 개인 작업물을 봤지만 어느 정도의 실력인지 알 수 없어서 희망하는 아티스트들을 모두 팀에 합류시켰다. 애니메이터도 마찬가지로 연락이 온 것에 감지덕지하며 팀에 받아들였다. 프로그래머는 지난번 프로젝트를 함께하면서 한 번 더 같이 프로젝트를 하자고 해서 처음부터 있었지만, 협업을 경험해보고 싶다고 하여 프로그래머를 한 명 더 구했다. 늦게 합류한 프로그래머는 팀원을 구하는 공지를 보고 연락을 해왔는데, 자신의 실력이 조금 부족하지만 이미 프로그래머가 한 명 있으니 자신감을 갖고 지원했다고 이야기했다. 물론 프로그래머는 기존의 프로그래머가 팀의 합류를 결정했다. 내가 판단할 문제가 아니었다. 추가로 이번 학기에 복학한 3D 아티스트를 팀에 받아들여 게임 디자이너 한 명, 프로그래머 두 명, 3D 아티스트 세 명, 애니메이터 한 명으로 팀이 구성되었다. 이 정도면 충분하게 느껴졌고 더 이상 팀원을 뽑지 않았다.

학생들의 프로젝트는 팀을 일단 모으고 게임 컨셉을 잡는 경우가 많다. 프로젝트는 해야 하고 구성원은 원하는 대로 구할 수 있는 형편이 아니다 보니, 우선 모을 수 있는 사람들을 모으고 팀원들의 의견을 취합해서 게임의 방향성을 정하는 것이 현실적인 방법이기도 했다. 학교에서 다섯 번 정도 프로젝트를 진행했는데 모두 이런 과정으로 프로젝트가 시작되었다. 친한 사람들끼리 모여서 어떤 게임을 만들고 싶은지 서로 이야기하고 아이디어가 오가다, 그것이 좀 더 구체적으로 정리되면 본격적으로 시작한다. 학생 입장으로 게임 프로젝트를 진행할 때 많이 듣는 이야기 중 하나는 학생일 때 만들고 싶은 게임을 만들라는 것이다. 회사에 들어가면 일개 개발자가 만들고 싶은 게임을 만들기 어려우니, 학생일 때가 원하는 게임을 만들 수 있는 마지막 기회가 될 수 있다고 한다. 학생 프로젝트라고 정말 원하는 게임을 만들 수 있는지는 잘 모르겠지만, 원하는 게임을 만들기 위해 팀 구성원들의 의견을 가능한 한 취합해서 어느 정도는 각자 원하는 점이 반영된 게임을 만드는 것이 좋다고 생각했다.

처음 모인 팀원들과 한 학기 동안 프로토타입을 만들었지만 과정이 순탄하지는 않았다. 처음 생각한 게임들은 기간에 비해 규모가 너무 커서 좋은 평을 듣지 못했고, 구현하기 위한 기술이 충분한지 확신할 수도 없었다.

결국, 학기가 끝난 후 프로토타입으로 만든 게임을 졸업 프로젝트로 개발하는 것은 무리가 있다고 판단되어 새로운 게임을 구상해야 했다. 그런 불안한 환경이었기에 기존의 팀원들이 나가겠다고 하거나 자신의 파트를 변경하고 싶어 하는 등, 팀 구성이 안정적이지 못했다. 나는 깔끔하게 팀을 해체하기로 결정했다. 어떤 게임을 만들지 고민해보고 팀원을 구하는 공지를 올릴 테니 혹시라도 다시 합류할 의사가 생기면 그때 연락을 달라고 하고 우리 팀은 해체했다. 프로그래머와는 다음 프로젝트도 함께 진행하기로 했다. 팀을 해체하기로 한 것에는 이런 믿는 구석도 있었다. 나는 기말 과제를 하면서 팀원 구인 공고를 작성했다. 우리 외에도 해체되는 팀이 있었지만 팀원을 구하는 것은 쉬운 일이 아니었고 시간 싸움이었다. 기존에 재미있게 했던 게임을 참고삼아 새로운 게임에 대한 간략한 설명을 적고, 팀원들이 모이면 서로 의견을 나누면서 충분히 변경 가능하다는 것도 적었다. 하지만 팀원은 쉽게 구해지지 않았다.

팀원을 구하는 일은 예상과 다르게 흘러갔다. 미처 생각지 못했던 부분이 많았는데, 우선 팀을 구하는 인원 자체가 생각보다 적었다. 이전에 팀을 꾸리는 일이 어렵지 않아서 다시 팀원을 구하기 어렵지 않을 것이라 생각한 스스로가 원망스러웠다. 기말에 해체한 팀들도 많았지만 해체하지 않은 팀도 많았다. 구할 수 있는 인원이 반으로 줄어든 셈이었다. 더군다나 해체하지 않은 팀에서도 부족한 인력을 보충하고 있었기에 우리보다 유리한 위치를 가지고 있었다. 팀이 해체되지 않았다는 것은 프로젝트가 잘 진행되었거나 실력이든 커뮤니케이션이든 믿을 만한 점이 있다는 의미이므로 팀을 구하는 입장에서도 해체하지 않은 팀이 더 매력적이었다. 유지되는 팀에는 대부분 게임 디자이너가 있었고, 해체된 팀의 게임 디자이너들은 핵심 인력을 하나에서 둘 정도 포섭한 상태로 팀을 만들면서 팀이 없는 이들에게 손을 내밀었다. 팀을 구하는 이들은 마음에 드는 손을 잡기만 하면 되었다. 구인에 어려움을 느껴 이전 팀원들에게 합류할 생각이 있는지 연락했지만 이미 너무 늦었다. 대부분 이미 새로 팀을 구했거나 좋은 조건들을 놓고 고민 중이었다.

팀원을 구하지 못해 전전긍긍하던 중 이전의 팀원 중 한 명에게서 연락이 왔다. 팀을 합치자는 제안이었다. 그 팀은 캐릭터 원화가, 캐릭터 모델링이 가능한 아티스트와 애니메이터 등 그래픽 관련자만 세 명으로 구성되어 있었다. 반면 우리 팀은 게임 디자이너와 프로그래머만 있던 상태였으니 서로가 필요한 부분을 가지고 있었다. 이야기는 긍정적으로 흘러갔고 자세한 이야기를 위해 직접 만났다. 그쪽 팀에서 팀을 합치는 조건으로 자신들이 만든 캐릭터를 활용하고 싶다는 것과 자신들의 팀명을 그대로 쓰고 싶다고 했다. 만들어진 캐릭터를 활용하는 것은 가능해서 활용할 수 있는 방안을 고민했다. 그들이 만든 캐릭터는 고양이 모습을 한 수인 캐릭터인데 '무사냥', '프리스트냥'과 같이 게임에서 사용되는 직업적 특징을 살린 모습이었다. 내가 만들고 싶었던 게임은 캐릭터의 특징을 살린 스킬을 사용하는 술래잡기였기에 등장하는 캐릭터를 고양이 수인으로 대치하면 될 것 같았다. 마침 십이지신에서 모종의 사건으로 고양이가 빠졌다는 설화가 떠올랐다. 십이지신에서 빠지게 된 복수로 고양이 캐릭터들이 술

래가 되고, 십이지신의 후예들이 도망자로 등장하는 설정을 이야기하자
상대 팀도 굉장히 만족스러워했다. 그들의 팀명인 잔다르칸을 유지하기
로 하고 두 팀이 합병되었다. 다행히도 종강 전에 할 수 있었던 마지막 팀
활동이었다.

▲ 당시의 고양이 수인 스케치(2D 아티스트: 최성진)

팀이 합병되자 추가로 팀원을 구할 수 있었다. 아티스트 팀원이 지인 둘을 데려온 것이다. 두 지원자 모두 4학년이었는데, 학교에서 4학년은 프로젝트를 의무적으로 할 필요는 없지만 3학년의 프로젝트를 도울 수 있도록 지원하고 있었다. 다만 교수님들은 4학년을 팀에 넣는 것을 추천하지 않았다. 이미 졸업 여건을 채운 상태라 생각만큼 많이 기여하지 않을 수 있기 때문이었다. 나 또한 4학년 서포터를 팀원으로 받아들이는 것에 대해 고민했지만 팀원을 더 구하기 힘들었고 두 인원은 각각 배경 원화와 캐릭터 모델링 아티스트로 팀에 필요한 인력이었다. 긍정적인 부분도 많았다. 졸업 작품을 이미 경험해봤기 때문에 노하우가 있고 실력이 좋아 이제 3학년이 되는 팀원들이 배울 것이 많았다. 다행스럽게 팀원은 조금씩이지만 계속 모였다. 팀 내 애니메이터가 다른 애니메이터를 추천했고, 데려온 애니메이터가 새로운 이펙트 아티스트를 추천했다. 인원이 들어오기 전, 이전 작업물을 받아 팀원들과 논의해서 팀원으로 영입할지 말지를 결정했지만 거의 모두 영입했다. 팀원은 늘 모자랐고 이전 작업물로 실력을 가늠하기는 어려워서 거절할 여유가 없었다.

아티스트가 늘어나는 동안 나는 프로그래머와 함께 프로토타입을 만들었다. 무언가 결정되었다기보다는 이런저런 아이디어들에 대해서 많이 이야기했고 핵심 플레이의 느낌을 빠르게 짐작할 수 있는 간단한 플레이들을 구현했다. 게임이라고 보기에도 힘든 간략한 플레이였지만 아이디어를 다듬으면서 프로그래머와 계속 이야기를 했기 때문에 구체적이지 않아도 우리가 바라는 게임이 어떤 모습인지는 서로 공감하고 있었다. 처음 생각했던 아이디어를 가능하면 계속 갖고 가고 싶었기 때문에 어떻게든 그걸 구체화하고 싶었다. 하지만 프로토타입을 플레이해본 사람들이 재미있다고 답을 하지 못했고, 이대로 가도 괜찮을지에 대한 신뢰도가 낮아지면서 컨셉을 바꿔야겠다고 생각했다.

그 당시 게임 디자이너로서 나의 마음은 롤러코스터를 타는 것과 같았다. 언제는 재미있는 아이디어라고 여겨졌던 게 다음 날에는 이걸로는 안 되겠다는 생각이 들었고, 새로운 생각을 짜내기 위해서 고심하기도 했다. 내 기분은 변덕스러웠고 게임에 대한 확신이 없었다. 하지만 아티스트들은 캐릭터에 대한 컨셉이 명확했고—어떤 게임 플레이를 만들더라도 이 캐릭터를 위한 플레이를 만들 것이고 캐릭터가 바뀌지 않는다는 점은 명확했다—덕분에 캐릭터의 모습과 움직임에 대해 큰 흔들림 없이 고민하고 생각을 발전시킬 수 있었다. 프로그래머는 나와 함께 계속 다양한 아이디어를 내면서 게임의 중심을 잡아나갔다. 초반에 게임 컨셉을 잡는 과정은 힘들었지만 팀원들이 모두 내가 낸 의견에 대해서 피드백을 해줬고, 자신이 바라는 점들에 대해서도 적극적으로 아이디어를 내주었다. 비록 그 아이디어가 게임에 적용되었을 때는 제안했던 모습과 달라지기도 했지만, 결과에 대해서는 모두 수긍해주었다.

컨셉이 구체화되고 실제로 필요한 자원이 무엇인지에 대해서도 뚜렷해지면서 게임에 맞는 배경 컨셉을 잡을 수 있는 배경 원화 아티스트를 영입하고 배경 모델링 아티스트도 영입했다. 그리고 UI의 기반을 잡아준 아티

게임 디자이너 1	리드 게임 디자인, 프로젝트 관리	
프로그래머	프로그래밍	
아티스트 1	캐릭터 원화(AD)	
아티스트 2	애니메이커	
아티스트 3	캐릭터 모델링	
아티스트 4	캐릭터 원화	개인 사정으로 탈퇴
아티스트 5	캐릭터 모델링	개인 사정으로 탈퇴
아티스트 6	UI	개인 사정으로 탈퇴
아티스트 7	배경 원화	
아티스트 8	배경 모델링	
아티스트 9	배경 모델링	개인 사정으로 탈퇴
아티스트 10	배경 모델링	
아티스트 11	애니메이션	
아티스트 12	이펙트	
아티스트 13	이펙트	4월 합류
게임 디자이너 2	레벨 디자인	4월 합류
총 인원수: 10명		

▲ 프로젝트 〈캣칭〉의 최종 멤버 구성(순서는 영입 순서)

스트는 필요 작업이 끝난 후, 본업인 원화 작업을 할 수 있는 팀으로 이동하기도 했다. 게임이 구체화되고 플레이가 조금씩 복잡해지면서 게임 디자이너도 추가로 영입했다. 이렇게 점점 팀의 규모가 커지면서 그만큼 게임의 결과물도 풍요로워졌다.

최종적으로 팀 구성원은 10명이었다. 학생 프로젝트라는 것을 감안하면 꽤 규모가 있는 팀이라고 할 수 있다. 하지만 우리는 서로 이야기를 많이 하는 편이었고 아이디어를 내는 데 주저하지 않았으며, 자신이 낸 아이디어를 게임 내에 어떻게 적용할 것인지에 관한 담당자의 결정을 존중해주었다. 다른 사람들은 우리 팀의 사람들이 소극적이고 의견이 없다고 이야기하기도 했지만 우리는 서로의 일을 존중하는 팀이었다. 그리고 고맙게도 모두 내가 결정한 내용에 대해서 큰 이견이 없이 따라주었다. 물론 나도 팀원들이 낸 의견을 가능한 수용하고자 노력했기에 팀원들이 그런 나의 노력을 알아준 것이 아닐까 하면서 그들에게 고마움을 느낀다.

● 좋은 결과를 위한 좋은 팀원

프로젝트 관리자라고 할지라도 팀원을 '뽑는' 것이 아니다. 마찬가지로 프로젝트의 관리자가 아니라고 해서 팀에 들어가기 위해 '뽑히는' 것이 아니다. 관리자와 팀원의 관계는 서로 협력 관계이며 서로가 프로젝트에 필요한 존재이므로 서로 선택하는 관계이다. 만약 당신이 리드 게임 디자이너이고 매력적인 게임 컨셉을 갖고 있거나, 혹은 게임 개발을 추진해나가는 능력이 탁월하거나, 관리자로서 신뢰를 얻고 있어서 프로젝트 진행과 팀의 관리를 잘할 것이라고 다른 이들이 생각한다면 많은 이들이 당신과 같이 프로젝트를 하고 싶어 할 것이다. 이것은 당신이 리드 게임 디자이너이거나 프로젝트 관리자를 맡고 있기 때문이 아니라, 다른 사람에게 신뢰받고 있기에 많은 사람이 같이 일하고 싶어 하는 것이다. 이렇게 되면 같이 일하고 싶은 사람을 선택할 수 있을 것이다.

만약 좋은 게임 디자이너이거나 아티스트거나 프로그래머라면, 그래서 자신의 분야에서 게임을 개발하는 능력을 인정받았다면 많은 프로젝트 관리자가 당신에게 자신의 팀에 들어와달라고 요청할 것이다. 그러면 당연히 어떤 프로젝트가 가장 적합하고 어떤 관리자가 가장 믿을 만한지 고민할 수 있고 선택할 수 있다. 스스로 선택지가 많기를 바란다면 자신의 실력을 인정받아야 한다. 그 실력은 개발의 능력일 수도 있고, 의사소통을 잘해서 다른 이들을 잘 설득하고 상황 설명을 잘할 수 있는 능력일 수도 있다. 손이 빨라서 비록 최상급의 결과물은 아닐지라도 결과물을 빨리 만들 수 있다면 이것도 실력이 될 수 있다. 게임을 보는 감각이 좋고 대중들의 기호 등을 빨리 파악할 수 있으며 어디에 힘을 쏟아야 하는지를 알 수 있는 것도 역시 실력이다. 무엇이든 잘하는 장점이 최소한 하나 이상은 있어야 한다.

팀 작업은 말 그대로 팀이 함께하는 작업이다. 다른 사람들과 대화하고 서로 협력하는 자세가 중요하다. 아무리 좋은 실력을 갖추고 있더라도 같이 이야기할 수 없거나, 주장이 너무 강해서 타협할 수 없다면 좋은 팀원이라고 할 수 없으며 많은 이들이 같이 일하고 싶어 하지 않을 것이다. 때로는 고집을 부리는 것이 좋은 결과를 낼 수도 있지만, 때로는 다른 사람들의 의견이 자유롭게 흘러나올 통로를 막을 수도 있다. 그러므로 실력이 좋다고 자만하지 말고 다른 이들과 협력하기를 권한다.

이상적인 팀은 팀원들끼리 상승효과를 내서 개인의 능력보다 더 좋은 결과를 내는 팀이겠지만 이렇게 좋은 결과를 낼 수 있는 팀은 흔하지 않다. 오히려 개개인의 공헌도가 떨어지는 링겔만 효과Ringelmann Effect 가 훨씬 더 일반적인 현상이라고 할 수 있다. 하지만 팀으로 작업하게 되면 게임 개발 과정을 다양한 시각으로 살펴볼 수 있고, 실수를 서로서로 보완해줄 수 있기에 혼자서 게임 개발을 할 때보다 약점이 줄어들고 더 좋은 게임을 만들 가능성이 커진다. 좋은 팀은 서로에 대한 배려로 만들어진다는 점을 명심해야 한다.

05 일정 관리 방법

● **일정 관리와 프로젝트의 목표 조율**

프로젝트를 관리한다는 것은 다시 말해 일정을 잡는 것과 같다. 예상한 기간에 희망한 분량의 작업이 이뤄지도록 하는 것이 바로 프로젝트를 관리하는 목적이 아니겠는가. 그것을 위해서 작업의 우선순위를 결정하고 개발자들의 컨디션을 조절하며, 정해진 자원 안에서 최상의 결과물이 나올 수 있도록 한다. 일정을 잡는다는 것은 간략하게 말하면 언제까지 무엇을 할지를 정리하는 것이다. 이상적인 것은 게임의 전체 규모를 정하고 그 규모에 맞는 일정 계획을 세우는 것일 터다. 하지만 현실은 항상 이상과는 다르게 흘러간다. 일반적인 현실에서는 게임의 규모가 결정되지 않아도 일정이 먼저 정해진다. 상업적인 게임 개발도 그렇고 아마추어 게임 개발도 마감일을 먼저 정한다. 개발자들이 원하는 만큼 제약 없이 시간을 사용할 수 있는 경우는 극히 드물다. 그래서 예상한 마감일을 기준으로 게임의 규모가 결정되기도 하고 게임의 중요도가 결정되기도 한다.

일차적인 개발 일정을 정할 때, 게임의 최종 완성도를 고려해서 일정을 정하는 경우는 별로 없다. 일차적인 일정에는 일차적인 게임의 목표가 있다. 상용 서비스를 하기에 무리가 없는 규모를 처음부터 고려해서 기간을 계획하지는 않는다는 말이다. 본격적인 플레이까지 가는 과정에 대한 인터페이스 없이 핵심 플레이 부분만 구현하거나, 성장 과정에 대한 고려 없이 특정 부분의 전투만 구현하거나, 플레이어들이 즐기기 위해서는 스테이지가 100개는 있어야 하지만 우선은 10개 정도에 대해서만 고민하는 식이다. 게임을 서비스하려면 플레이어들에게 인상을 남기는 부분 외에도 사소하게 고려되어야 하는 요소들이 많지만, 이런 것을 처음부터 고려하고 진행하지 않으며 핵심적인 요소들만 먼저 고민하고 구현한다. 그리고 그 결과에 따라 게임의 방향이 소소하게 바뀌기도 하고 게임의 규모를 더 늘릴지 결정하거나 혹은 개발비를 마련하기 위해 개발과는 다른 방안을 고민해야 할 수도 있다.

어찌 되었건 먼저 개발할 부분을 선택하기 위해서는 게임에서 가장 인상적이고 핵심적인 부분을 구현해야 한다. 구체적으로 이것의 범위를 어떻게 할지 결정하는 게 게임 디자이너의 역할이 될 수도 있지만, 이는 프로젝트 관리자의 역할이기도 하다. 게임 디자이너는 게임, 그 자체에 대해서 고민하는 것이 핵심적인 역할이라면, 프로젝트 관리자는 팀의 전체 자원을 고려해서 팀의 역량을 객관적으로 파악하고 현실적인 시각을 가져야 한다. 즉, 일정 관리에서 꼭 필요한 것은 현실을 자각하고 팀을 얼마나 객관적으로 볼 수 있는지에 대한 관점이다.

아마추어 게임 개발의 경우, 일반적으로 게임 개발에 필요한 자원을 구하기 어렵다. 여기에서 말하는 자원은 돈이나 시간을 말한다. 많은 학생이 수업을 병행하며 프로젝트를 진행하듯이 일상의 시간을 쪼개야 하고, 수입이 되지 않는 게임을 개발한다. 이런 상황에서도 마감일은 정해지기 마련이다. 학교 등에서 진행하는 수업 과정의 일환이라면 평가받는 시기가 정해져 있어서 그 전에 개발이 완료되어야 한다. 특별한 조건 없이 친구들과 같이 게임을 개발하기로 했다고 해도 마감일은 정해놓는 것이 좋다. 마감일 없이 게임의 분량에 따라 일정을 짜면 개발 과정에서 게임의 사양이 변경되고 분량이 변경되면서 일정이 마냥 늘어질 수 있기 때문이다. 차후에 다시 계획을 세우더라도 일단은 마감일을 정해놓고 그 마감일에 맞춰서 약속한 분량의 게임을 만들겠다고 결심한 후 프로젝트를 진행하는 것이 좋다.

☑ 14주 개발 일정 계획(박소현: 프로젝트 〈괴도앙팡〉)

〈괴도앙팡〉 프로젝트는 학기 중에 수업으로 진행한 프로젝트였다. 그래서 한 학기, 즉 14주 동안 개발을 완료해야 했다. 게임의 컨셉과 기본 시스템에 대한 구상을 뚜렷하게 갖고 있었으므로 작업 과정에 대해서 예측할 수 있었다. 그래서 팀을 꾸리고 본격적인 개발을 시작하는 첫 주에 14주 동안 어떻게 진행할 것인지 대략적인 일정을 계획했다. 작업에 걸리는 시간과 순서는 실제로 작업할 팀원들에게 직접 물어보고 정했다. 학기 중에 진행되는 일정이므로 시험 기간이 걸려 있는 2주는 여유롭게 시간을 잡았고, 마지막 3주는 완성도를 높이고 문제점을 해결하는 일종의 폴리싱 기간으로 잡고 기본 기능에 관련된 부분은 그 전에 완료하도록 계획을 세웠다. 개발하고자 하는 게임의 구성이 간단하기도 했고 각자 무슨 작업을 해야 하는지 잘 알고 있었기 때문에, 첫 주에 계획한 일정이 아주 자세하지는 않아도 물량을 산정하거나 우선순위 등을 정하는 데 큰 이견이 없이 합의하고 시작할 수 있었다. 최종 목표는 플레이가 가능한 게임이 나오는 것이지만, 중간중간 눈에 보이는 목표를 잡으면서 자신이 해야 할 일의 범위와 내용을 인지하고 있었다. 각자 자신이 맡은 분야를 작업하므로 분업한 작업이 합쳐진 모습을 자주 확인하면서 게임의 전체적인 모습을 보는 것이 중요하다고 생각했다. 플레이가 가능한 모습을 보면 작업에 대한 동기부여가 되고, 혼자 작업할 때는 미처 알지 못했던 부분들도 보인다. 그러면 게임의 전체적인 모습을 조명하며 부족한 점을 찾아 해결할 수 있고, 전체적인 프로젝트의 진행 상황에 대해 팀원들 모두가 알 수 있을 것이기 때문이다.

약 5주까지는 계획대로 진행되었다. 팀원들이 예상한 대로 결과물이 나왔고, 작업에 걸리는 시간 등도 예측한 대로 진행되었다. 〈괴도앙팡〉은 협업 작업의 순서를 굳이 회의에서 공식적으로 정하지 않았는데, 리소스 제작 시간이 얼마 걸리지 않았고 구현에 필요한 더미 리소스가 있어서 리소스 유무에 크게 구애받지 않고 구현할 수 있었다. 구현 이후에 리소스가 나오면 더미 리소스 대신 게임에 적용할 수 있었다. 아티스트와 프로그래머의 작업도 문서를 보고 내용을 이해하면서 같은 공간에서 작업했으므로 필요한 부분은 즉석에서 조율하며 진행했다.

남는 기간에는 로비를 수정했다. 스테이지를 선택하는 화면인 로비를 어떤 형식으로 만들 것인지에 대해 논의했는데, 이미 제작한 오브젝트를 활용해서 효율적으로 만드는 방안과 더 예쁘게 만들기 위해 추가로 리소스를 제작하는 방안이 있었다. 다행히 아티스트들에게 여력이 있어서 좀 더 좋은 결과물을 위해 추가 작업을 하는 방안으로 결정했다. 3D로 배경을 제작해서 근·중·원경을 따로 배치하고, 플레이 배경과 같이 2D처럼 보이지만 3D의 느낌이 나는 로비를 제작했다.

▲ 〈괴도앙팡〉의 컨셉 아트(컨셉 아티스트: 강하경)

	(프로그래밍)	(게임 디자인)	(주)	(월)
		컨셉 문서		12월
		프로토타입 사양서		1월
				2월
스테이지에서 기본 플레이 가능 맵 회전, 이동 가능	프로토타입 구현	프로토타입 테스트 및 플레이 진행 관련 세부내용 고민	1	3월
1차 빌드 - 프로토타입			2	
	맵툴, 시점, 블록 선택 배치 구현	맵툴 기능 문서	3	
			4	
NPC 적용, 스테이지 전환	NPC, 이동 횟수, 스테이지 분할, 장식 오브젝트 구현	컷신 문서 콘티	5	4월
2차 빌드		UI 문서	6	
	그래픽 리소스 적용 스테이지, UI 구현	스테이지 레벨 디자인 및 맵 추가 요소 디자인	7	
			8	
n개의 스테이지 플레이 가능			9	5월
3차 빌드		튜토리얼 디자인	10	
	스테이지 등급 시스템 구현	사운드 디자인	11	
플레이 테스트 및 버그 수정	튜토리얼 시스템 구현, 사운드 제작 및 적용	사운드 리소스 제작	12	
Fun QA 및 폴리싱 / 4차 빌드	이펙트 및 스킨 기능 추가	테스트 및 폴리싱	13	6월
5차 빌드	테스트 및 폴리싱 영상 편집		14	
6차 빌드	개발 마감		15	

▲ 〈괴도앙팡〉의 개발 진행 일정(프로그래밍, 게임 디자인)

아마추어들의 게임 프로젝트 관리와 기획, 게임 디자인 이야기 **0년차 게임 개발**

(월)	(주)	(아트)		
12월				
1월				
2월				(1차) 캐릭터 원화
3월	1	2, 3차 캐릭터 원화	캐릭터 모델링 (1, 2차 캐릭터 원화)	
	2			인게임 배경 및 파티클 컨셉 디자인
	3	배경 리소스 규격 가이드 제작	캐릭터 모델링, 맵핑 (원화 수정에 따라 n차 재제작)	
4월	4	4차 캐릭터 원화(최종)		UI 그래픽 컨셉 구상
	5	로비 원화		플레이 화면의 배경 및 UI 리소스 제작
	6	블록 텍스처 제작 및 색감 맞추기 작업	캐릭터 애니메이션	
	7			배경 파티클 제작
	8	장식 오브젝트 제작		로비, 팝업, 등급 등의 UI 리소스 제작
	9		로비 배경 구상 및 모델링	
5월	10	컷신		
	11		기능 추가로 애니메이션 제작	2D 이펙트 제작
	12	리소스 폴리싱	캐릭터 스킨 디자인 및 스킨 제작	UI 사운드 제작
	13	기말고사 과제 기간(개발 휴식)		
6월	14	발표 영상 배경 제작	발표 영상 애니메이션 제작	리소스 폴리싱 영상 편집
	15	개발 마감		

▲ 〈괴도앙팡〉의 개발 진행 일정(아트)

● 일정을 계획하기 위해 알아야 하는 것들

일정을 잡기 위해서는 우선 어떤 게임을 만들 것인지 결정되어 있어야 한다. 무슨 게임을 만들지 목표가 정해지면 그에 맞춰 우선순위도 조절하고 작업 순서도 정리할 수 있으며, 정해진 기간 내에 어느 정도까지 보여줄 수 있을지 결정할 수 있다. 게임의 세부 내용은 진행하면서 구체적으로 다듬을 수 있지만, 게임의 컨셉과 핵심 내용은 결정되어 있어야 하고 쉽게 변경할 수 없다.

가장 먼저 작업해야 하는 부분은 아무래도 핵심 내용이다. 예상한 핵심 내용을 구현하고 플레이해보면서 중심을 잡다 보면 주변의 내용을 어떻게 정리해야 할지 기준이 되기도 하고, 혹시 생각이 정리되지 않은 부분이 있다 하더라도 구현된 내용을 보면 연쇄적으로 새로운 아이디어들이 떠오르고 정리되기도 한다. 따라서 일단 핵심적인 플레이를 정리해놓으면 심적으로 든든하고 안도감이 들어 안정감 있게 개발 프로젝트를 진행할 수 있다.

내용이 결정되면 수량을 예측할 수도 있고, 수량이 예측되면 작업에 걸리는 시간을 가늠해볼 수 있으며, 순서를 정리하면 일정이 정리된다. 물론 작업에 걸리는 시간은 당연히 실무자가 알아야 한다. 좋은 개발자가 되기 위해서는 자신의 역량을 냉정하게 볼 수 있는 자세도 필요하다. 이것은 개인의 성장을 위해서도 필요하지만 팀 내에서의 협업을 위해서도 필수적인 능력이다.

☑ 해야 할 일들의 관리 (김다훈: 프로젝트 〈나이트베리〉)

게임 개발에서 가장 어려운 점은 계획한 일정 안에 원하는 분량의 게임을 만들어내는 것이라고 생각한다. 아마추어팀은 경험이 적어서 무엇을 해야 할지 자세히 알지 못하고, 자신의 작업 시간도 정확히 예측하기 어렵기 때문이다. 나는 프로젝트 관리자로서 팀 작업을 원활하게 진행하기 위해 서로 무엇을 해야 하는지 명확하게 알고 있으며, 그래서 어떤 사람이 팀원으로 오더라도 협업에 문제가 없는 환경을 조성하는 것을 목표로 했다. 이를 위해 작업 공정을 하나부터 열까지 모두 만들어 정리하기로 했다. 할 일이 명확하고 각자 그것을 인지한 상태로 업무를 진행하면 모든 것이 척척 진행되리라 생각했다. 또한 팀 작업을 통해 개개인이 성장하기를 바랐고, 그것이 프로젝트 관리자의 역할 중 하나라고 생각했다. 내게 팀원들의 실력을 향상시켜줄 능력이 있는 것은 아니므로 팀원들 스스로 자신의 역량을 알고 무엇이 부족한지 인지할 수 있는 환경을 만들기로 했다.

팀이 질서 있게 움직이도록 절차를 만들었다. 2주 단위로 개발 주기를 만들고, 해당 주기에 해야 할 목표를 설정한 다음, 그 목표를 달성하기 위해 각자가 해야 할 일을 모두 정리했다. 개발을 경험해보지 못한 아마추어들의 경우 능동적으로 일하기 힘들어서 세부 작업 목록과 기능 구현에 대한 내용을 구체적으로 잡아주는 것이 매우 중요하다는 선배님의 조언이 크게 작용했다. 그리고 폭포수 개발 방법이나, 애자일 개발론 등을 알려주시면서 다양한 개발 방법론이 존재하니 프로젝트 상황에 맞는 방법들을 찾아보라고 조언하셨다. 내가 고민 끝에 내린 결론은 팀원들이 '내가 무엇을 해야 하지?'라고 고민하지 않아도 해야 할 작업 목록이 준비되도록 하는 것이었다.

- 팀장이 팀의 일정과 개인의 일정들을 전부 관리한다.
- 마일스톤을 2주의 간격으로 작성한다.
- 마일스톤이 종료되면 리뷰를 진행한다.
- 다시 팀 일정을 최신화하고 밀린 일정은 우선순위에 따라 다시 기입한다.

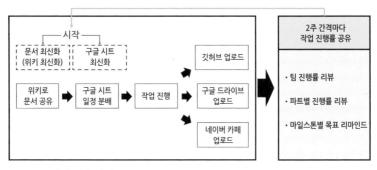

▲ 2주 주기의 개발 관리

2주 간격으로 마일스톤 계획을 세우면서 우리가 개발해야 하는 큰 목표를 공유하고, 이 기간에 우리가 집중해야 하는 목표와 각 파트의 세부 목표를 설명했다. 이것을 토대로 개인마다 해야 하는 작업 목록과 필요한 예정 작업 시간을 물어보고 내용을 정리했다. 일정표에 예상한 작업 시간과 실제로 걸린 시간을 기록해서 예상이 얼마나 벗어났는지도 알 수 있게 했다. 물론 자신의 작업이 끝나면 성취감도 느낄 수 있을 것이다.

마일스톤 목표의 결과물은 마일스톤이 끝났을 때 게임이 어떤 모습으로 보여야 하는지에 대한 설명이다. 2차 마일스톤의 목표는 '플레이어 캐릭터PC와 보스와의 일대일 전투'였다. 그리고 여기에 어떤 전투인지 설명을 덧붙인다. 'PC는 2개의 모드를 바꾸면서swap 전투할 수 있어야 하며, 보스는 스킬을 2개 이상을 사용해야 한다.' PC가 모드를 바꿔가며 싸우는 느낌을 보고자 하는 것이 목적이었지 완성된 전투를 보기 위함은 아니었다. PC의 전투가 핵심이었으므로 보스의 구체적 전투 디자인까지는 필요 없었지만, 2개의 모드에서 전투할 수 있어야 하므로 보스 스킬은 최소 2개가 필요했다. 아트 리소스는 더미를 사용하기로 했고 배경은 컨셉을 위한 색감 등을 보기 위해 하나만 제작하기로 했다. 물론 다음 마일스톤을 위한 사전 작업들도 미리 챙겨야 한다.

파트 간 세부 일정을 잡을 때 가장 먼저 게임 디자인 파트를 고려해야 한다. 게임 디자이너들의 작업이 막히지 않아야 팀 전체의 작업 사이클이 매끄럽게 진행될 수 있다. 2차 마일스톤의 목표는 전투할 때 모드를 바꾸는 것이 의미 있는 컨셉일지, 전투의 재미를 살릴 수 있을지 확인하는 것이었다. 스왑 전투와 액션 게임의 기본적인 재미도 같이 잡아야 했다. 리드 디자이너는 조작감과 타격감을 완성에 가까운 느낌으로 만들고 싶어 했다. PC의 성격이나 배경 설정 문서를 최우선으로 먼저 해결한 후, 많은 시간이 걸릴 것으로 예상되는 조작감과 타격감에 관련한 일을 할 것이다. 탱커 모드의 이동, 공격 등의 조작감에 관련된 작업에 대부분의 일정을 배분했다. 이 중 가장 오래 걸릴 부분은 기본 공격과 관련된 조작감인데, 기본

항목	내용
기간	3월 19일~3월 31일(12workday)
2차 마일스톤 목표	- 클래스 스왑을 하며 보스와 전투 가능 - 클래스는 탱커/딜러 2종, 스킬 2종 구현 - 보스 스킬은 2종 구현 - 배경 스테이지 1개, 컨셉에 맞는 배경 제작

게임 디자인	탱커형 캐릭터의 기본 조작감 확보
	(이동/대시/기본 공격의 조작감을 반드시 살리기)
	
	- 탱커형의 이동/대시/기본 공격의 조작감 확보(*필수)
	- 스왑 전투 시 어떤 흐름으로 이어가게 할지 수치 조절
	  (스왑을 하면서 전투하되 2차선 주로 탱커로
	  플레이를 해볼 예정)
	- 보스 몬스터의 페이크 패턴에 대한 전투 템포 수치 조절
	- 3차 마일스톤 확보 / 전투 테스팅 해보면서 개선점 파악

프로그래밍	전투 테스팅이 가능
	(전투 테스팅에 방해되는 것은 전부 수정해줄 것)
	보스 몬스터 기본 패턴, 파워 게이지, 딜러형 스킬 구현
	
	- 보스 패턴 구현
	  (기획서를 본 후 리스트 나누고 가능한 것까지 진행/
	  17일 이후로 플머 쪽 2차 마일스톤 수정 예정)
	- 보스가 빨리 끝나면 파워 게이지 수치 조건 구현
	- 딜러형 스킬 구현(파워 게이지 필요)
	- 카메라 연출 구현(시간 안 되면 3차로)

아트	1번 스테이지 배경 제작
	PC/탱커형 제작, 더미 리소스 제작
	
	- 1차 마일스톤에 완료 못 했던 리스트부터 선작업 실시
	  (탱커 방패 작업, 탱커형 전투 기본 애니 및 이펙트 마무리)
	- 캐릭터 원화: 탱커형
	- 보스 몬스터 원화: 마녀
	- 1번 스테이지 다음 배경 작업 순서 결정
	- 1번 스테이지 필요 오브젝트 목록 작성
	- 1번 스테이지 매핑
	- 보스 스테이지 배경 원화
	- 165cm, 바뀐 비율을 토대로 모델링 형태가 나오면 애니 및
	  이펙트 작업을 실시
	- 전투 관련 더미 리소스

▲ 2차 마일스톤에 대한 정리 내용

기간	해당 마일스톤의 방향성

리드
게임
디자이너
	- 전체 게임의 내용을 고려한 스테이지의 필요 시스템 요소 구상
	- 캐릭터 조작감(액션 게임의 기본)
	  (이동 시 발의 싱크가 괜찮아야 함)
	  (공격 시 이어지는 이동/대시/스킬 사용이 매끄러워야 함)

PM	- 작업이 멈추지 않도록 추후 마일스톤을 기입한다. - 슬슬 작업량이 많이 나왔으니 팀원들이 지금까지 만든 사항들에 대해서 수치화할 수 있는 결과물 리스트를 제작한다.
서브 게임 디자이너	- 1차에 잡았던 보스 FSM을 한 번 더 구체화하고 다듬는다. - 리드의 작업량이 조금 많으니 스테이지 구성에 필요한 시스템 요소 하나를 가져와서 도와준다.

▲ 게임 디자이너의 작업 방향 설정

공격을 하다가 이동, 모드 변경, 모드별 스킬 변경 등 단계가 많았기 때문이다. 기본 공격이 어색하면 모든 동작이 어색해질 것 같아 공을 많이 들여야 했다. 여기에 7일의 일정을 부여했다. 2차 마일스톤만이 아니라 이후 작업을 위해 준비해야 하는 사항에 대해서도 일정을 잡았다. 3차 마일스톤은 스테이지를 구성할 수 있는 시스템을 구현하고 배치를 완성하는 것이 목표였으므로 스테이지 레벨 디자인 문서와 필요한 시스템인 차단막, 세이브, 포털 등의 시스템 문서 작업 일정도 분배했다.

내가 맡은 역할은 보스 디자인과 프로젝트 관리였다. 프로젝트 관리자로서 다음 마일스톤을 준비하는 과정이 가장 중요하고, 오랜 시간을 요구했으며, 한 명의 일정을 짜는 데에도 많은 고민과 시간이 필요했다. 나의 전문 분야가 아닌 프로그래밍이나 아트 파트의 세부 일정도 짜야 해서 최대한 많은 고려를 해야 했다. 물론 다음 마일스톤을 위한 목록을 완벽하게 미리 만들어둔다는 것은 사실상 불가능했다. 밀리는 작업을 예측할 수 없고, 작업 진행에서 변수는 너무도 많이 발생했다. 그래서 마일스톤이 끝날 때마다 다음에 할 일 목록을 최신화하고 게임 디자인 업무를 병행했다. 2차 마일스톤 때는 1차 마일스톤에서 고민했던 보스 디자인을 다듬어야 했다. 보스의 행동 패턴에 오류가 없는지 확인하고 보스전의 단계phase가 추가되면서 필요한 연출 목록도 갱신했다. 사실상 2차 마일스톤이 끝나면 전투가 거의 완성될 테니 3차부터 사운드에 대한 내역과 목록을 미리 준비해야 했다. 2차 마일스톤이 끝나면 작업이 얼마나 진행되었는지 정확하게 확인할 수 있도록 문서 개수, 구현의 양, 리소스 개수 등이 수치화되어 정리되면 좋겠다고 생각했다. 이렇게 마일스톤에 필요한 일을 정리하면서 보스 디자인과 추가 확장 업무를 병행했다. 그리고 리드 디자이너의 업무가 많아질 것을 예상하고 분리할 수 있는 스폰spawn 시스템은 내 작업으로 추가했다.

다음에 고려해야 할 것은 프로그래머의 작업이었다. 1번 프로그래머의 경우 캐릭터의 조작감을 수정할 수 있는 모든 요소와 스왑 모드를 구현하며 리드 디자이너 협업으로 작업했다. 플레이어 캐릭터에 관련된 기능을 구현하면서 보이지 않는 작업이 너무 많아 정확한 일정을 계산하기 힘들었다. 그래서 할 일을 많이 만드는 것보다 기본적인 구현에 집중하기로 했다. 기본적인 조작감 구현의 우선순위를 높이고 이번 마일스톤에 마무리하는 것을 목표로 협의했고, 프로그래머가 구현할 수 있는 기간을 듣고서 하루 단위로 정리했다.

2번 프로그래머의 주 업무는 보스의 FSM을 구현하는 것이었다. 여기에는 플레이어 캐릭터가 스왑으로 모드를 바꿔야 하는 이유를 보여줄 패턴도 포함되었다. 보스 전투에서 근거리와 원거리 전투의 재미가 반반씩 있는 것이 중요했다. 그래서 원거리에서 쉴새 없이 움직이면서 전투하는 부분을 확인하기 위한 패턴과, 탱커의 핵심 활용 가치였던 방패 막기와 반격을 확인해볼 수 있는 근접 공격과 순간이동 공격이 목표가 되었다. 역시나 프로그래머와 작업 기간 등에 대해 논의하고 우선순위를 결정했다. 3번 프로그래머는 공부할 시간이 필요해서 간단한 편인 일반 몬스터와 UI 구현을 주 업무로 하면서 우선순위에 구애받지 않고 작업하기로 했다.

아트 파트는 시각적으로 큰 영향을 끼치는 파트였다. 기본 구조가 구현

2차 마일스톤 (프로그래머와 게임 디자이너 협업)	해당 마일스톤의 방향성
1번 프로그래머, 리드 디자이너	리드와 집중적으로 작업을 협업하도록 하며 리드가 캐릭터 조작감을 잡으면서 생기는 모든 불편 사항을 수정할 수 있도록 구현을 진행해준다.
2번 프로그래머, 나(디자이너)	나와 협업을 진행하며 보스 전투 디자인에 관련된 부분을 전부 구현한다. 1차에 진행했던 패턴 FSM의 기반을 다지고 스왑 모드를 유도할 수 있는 패턴을 디자이너인 내가 정해주고 해당 구현을 먼저 진행하는 쪽으로 한다.
3번 프로그래머	공부할 시간을 제공한다. 상대적으로 전투의 중요도가 낮은 일반 몬스터와 UI 구현에 힘을 쏟을 수 있도록 하여 1번과 2번 프로그래머의 작업을 더 중요한 곳에 투입할 수 있도록 한다.

▲ 프로그래머의 작업 방향 설정

되어 있어도 시각적으로 밋밋하면 게임에 대한 재미도 반감되는 법이다. 그래서 미리 작업해야 하는 목록을 챙기는 것과 동시에 마일스톤의 목표에 맞는 느낌을 살리기 위해 그래픽 분위기를 통일하는 작업이 필요했다. 플레이어 캐릭터가 모드를 바꾸면서 전투하는 느낌을 보는 게 목표였으므로 각 모드마다 다른 스킬을 사용하는 것을 시각적으로 인지할 수 있는 애니메이션과 연출 이펙트가 필요했다.

배경에 대해서는 구체적으로 결정되지 않았지만 배경의 색감 등 컨셉을 위한 사전 작업을 진행하기로 했다. 전투를 위해서도 배경은 필요했고 화면에서 많은 공간을 차지하는 만큼 배경은 시각적 색감의 중심이 되어서 다양한 시도를 해야 했다. 원화가들은 마일스톤의 결과에 직접적으로 영향을 미치지 않지만 다음을 위한 작업을 해야 했다. 배경 원화가는 다음 마일스톤을 위해 보스전의 배경 컨셉을 잡았다. 다음 마일스톤까지 컨셉 원화, 모델링 등의 모든 작업을 끝내는 것이 목표였다. 이런 계획을 알려주고 작업 시간이 좀 걸리더라도 괜찮은 결과물이 나올 수 있게 고민해달라고 부탁했다.

플레이어 캐릭터와 보스 몬스터 중에서는 플레이어 캐릭터가 더 중요하므로 아티스트의 의견에 따라 탱커 모드의 컨셉을 다시 잡고, 보스의 컨셉과 탱커 모드에서 사용할 검과 방패 작업을 하기로 했다. 이미 더미 리소스를 사용해서 구현하고 있었기에 캐릭터 모델링의 작업은 전투 구현에 영향을 끼치지 않았다. 그래서 진행하던 플레이어 캐릭터의 모델링 작업

에 더 신경 쓸 수 있도록 일정을 잡았다. UI 디자이너의 경우, 사실 2차에
서 크게 중요하게 생각하지 않았다. 현재 구현할 필요성이 있는 것도 아니
어서 시안에 대해 계획을 세워놓기만 하면 될 것 같았다. 전투에 대한 내용

아티스트	작업 방향성
미리 작업: 캐릭터 원화가	- 보스 원화 초안 작업 - 탱커형 원화 다시 그려보기 - 탱커형 무기 초안 그리기
미리 작업: 배경 원화가	- 기본적으로 잡아야 할 게임의 시점 초안 작업 - 앞으로 작업해야 할 보스 스테이지 초안 작업
미리 작업: 캐릭터 모델러	- 탱커형이 주로 들고 싸우는 방패 가맵 수준까지 제작 - 주인공 캐릭터 모델링 퀄리티 업
미리 작업: UI 디자이너	- 앞으로 나올 전투를 같이 상상하며 UI 시안 회의 진행 (리소스 느낌은 UI 디자이너가 시안을 준비하는 쪽으로)
전투 리소스: 애니메이터	- 전투에서 가장 많이 보일 캐릭터의 리소스 작업 - 탱커와 딜러의 이동/대시/기본 공격 작업 - 스왑 시 보여줘야 할 공격모션 작업 필요
전투 리소스: 캐릭터 이펙터	- 2차 마일스톤 안에 전부 완성되는 것이 제일 중요 (이펙트가 완성되는 순서는 중요하지 않음) - 스왑 관련 이펙트와 탱커형 막기/반격/돌진 이펙트 제작
전투 리소스: 몬스터 이펙터	- 전투의 느낌을 확인해볼 수 있는 보스의 이펙트 제작 순서가 중요 - 모션 없이 진행할 수 있는 발판 이펙트 먼저 제작 - 다음으로 보스 전투의 핵심 중 하나였던 순간이동 이펙트 제작 - 그 후 순서와 상관없는 투사체, 근접 방출 이펙트 제작
스테이지: AD	배경을 채우기 위해 필요한 오브젝트 구상은 전적으로 AD에게 믿고 맡기기로 했다. 각 오브젝트별 개수와 실제 작업 시간을 명 시해주는 것이 가장 중요했고, 해당 리스트들을 스테이지 팀원들 이 구체화할 수 있도록 도와주는 것이 나의 목표였다.

▲ 아티스트의 작업 방향 설정

을 공유하며 회의를 하는 쪽으로 서로 협의를 봤다. 예상보다 해야 할 작업이 많았지만 아티스트들의 작업 속도가 빨라서 예정한 일정을 전부 완료했다.

이렇게 마일스톤의 큰 목표를 공유하면 각 파트에서 세부적으로 무슨 일을 해야 할지를 결정할 수 있다. 해야 할 일들은 팀원들과 협의해서 가능한 세부적으로 목록화해서 공유하고 우선순위를 부여했다. 작업 결과물이 나오는 대로 서로 맞춰봐야 하므로 진행 순서도 합의해야 했다. 내가 '이 부분이 먼저 나오는 것이 좋아 보인다'고 의견을 내면, 이를 기준으로 각 개발자들이 자신들의 작업 순서를 정해서 알려주었다. 큰 우선순위는 각 파트의 리드들과 논의하고, 세부적인 목록이 나오면 각 담당자들은 시간이 얼마나 필요한지 예상해서 정리하며, 내가 목록을 만들어서 진행 상황을 확인하는 방식이었다.

자신이 해야 하는 일이 실제로 얼마나 걸리는지 아는 것도 본인의 능력이다. 자신에 대해 객관적으로 알아야 서로 시간차에 대한 협업이 원활하게 이루어진다. 처음에 작업 목록을 만들 때는 시간이 얼마나 걸리는지에 대한 예측이 곧잘 틀렸지만, 후반으로 갈수록 그 오차는 점점 줄어들었다. 그리고 진행 과정을 세부적으로 쪼갰더니 해야 할 작업을 구체적으로 예상할 수 있어서 낭비되는 시간이 줄어들었다. 작업 목록과 진행 상황은 하루 단위로 확인했다. 각자 수업이나 아르바이트 등의 개인적인 일정이 있다 보니 모두 같은 시간에 같은 공간에서 작업할 수 없었다. 개인적으로 열심히 할 수도 있지만, 쉽게 나태해질 수도 있으므로 가능한 시간을 효율적으로 쓰고 싶었다. 그래서 하루 단위로 작업의 진행을 확인하고, 하나의 일이 끝나면 곧바로 다음 일로 연결될 수 있도록 기억을 환기해주었다.

프로젝트 관리자는 일정을 관리하는 것이 가장 중요한 일이며 이때 개발자들이 다른 외적인 스트레스를 최대한 덜 받고 작업에 집중할 수 있도록 해야 한다고 생각했다. 나는 게임 디자인 외 다른 분야의 수업도 들어서 대략적인 개념을 알고 있었고, 게임 디자이너로서 게임 전체를 보는 입장이었으므로 가능한 일정을 세부적으로 정리해서 팀원들에게 알려주는 것이 초기의 이상적인 계획이었다. 이렇게 진행하면 팀원들이 작업에 대해서만 생각할 수 있으므로 재미있게 개발을 할 수 있다고 생각했다.

하지만 개인의 세부 일정과 방향성 등을 모두 내가 관리하기에는 문제가 있었다. 가장 큰 문제는 내가 일정 관리만 하는 게 아니라 게임 디자인도 해야 한다는 것이었다. 아티스트나 프로그래머의 일정은 정확하게 관리되었지만, 오히려 나의 일정은 아슬아슬하게 진행되었고 조금씩 내가 해야 하는 디자인 작업이 밀리기 시작했다. 가장 먼저 나와야 하는 디자인이 밀리자 다른 파트의 일정도 밀리고, 일정 관리에 구멍이 생겼다. 후반에는 작업 목록을 만들기보다 구두로 이야기하고 진행하는 경우도 많아졌다. 게임을 개발한다는 것은 개인의 작업만 하면 된다는 의미가 아니었다. 팀원들과 협의하거나 테스트하고 자신의 일정을 정리하고 조율하는 것도 모두 게임 개발의 과정임을 인식하고 고려해야 함을 깨닫게 되었다.

파트	작업 구분	작업 세부	담당자	우선순위	시작	완료	예상시간	걸린시간	완료여부
겜디	PC 기획서	탱커형, 딜러형 기본 전투 조작 기획	D01	1	3월 6일	3월 8일	3일	3일	완료
겜디	PC 기획서	스왑 시스템 기획	D01	2	3월 12일	3월 13일	2일	2일	완료
겜디	PC 기획서	탱커형, 딜러형 스킬 기획	D01	3	3월 12일	3월 13일	2일	2일	완료
겜디	PC 수치 조절	기본 애니메이션 속도, 전투 기능 수치 조절(1)	D01	4	3월 14일	3월 14일	1일	1일	완료
겜디	카메라 연출	카메라 연출 규칙 아이디어 문서	D01	5	3월 15일	3월 15일	1일	1일	완료
겜디	몬스터 기획서	보스 몬스터 새롭게 기획(16일 기준 → 이어받음)	D01	6	3월 16일	3월 17일	2일	2일	완료
겜디	이펙트 리스트	PC, 보스에 필요한 이펙트 리스트	D01	7	3월 18일	3월 18일	1일	1일	완료
겜디	몬스터 기획서	보스 몬스터 기획	D02	2	3월 7일	3월 8일	2일	2일	완료
겜디	몬스터 기획서	일반 몬스터 기획	D02	1	3월 14일	3월 14일	1일	1일	완료
겜디	UI 기획서	인게임 UI 구현	D02	3	3월 8일	3월 9일	2일	2일	완료
겜디	사운드 기획서	사운드 컨셉 기획	D02	4	3월 14일	3월 14일	1일	2일	완료
겜디	마일스톤	2차 마일스톤 작성	D02	5	3월 15일	3월 18일	4일	4일	완료
플머	PC 시스템	캐릭터 기본 조작 구조 구현	P01	0	3월 7일	3월 9일	3일	3일	완료
플머	PC 시스템	탱커형, 딜러 기본 전투 조작 구현	P01	1	3월 10일	3월 12일	3일	3일	완료
플머	PC 시스템	딜러형 스킬 조작	P01	1	3월 13일	3월 13일	1일	1일	완료
플머	PC 시스템	스왑 시스템 기획 (스킬 사용까지 포함)	P01	2	3월 12일	3월 15일	4일	3일	완료
플머	몬스터 시스템	보스 몬스터 FSM 패턴 구현(페이즈 2차까지 진행)	P01	3	3월 15일	3월 17일	3일	-	
플머	UI 시스템	인게임 UI 구현	P02	1	3월 15일	3월 16일	2일	2일	완료
아트	캐릭터 원화	탱커형 삼면도 (피드백 수정 포함)	A01	1	2월 27일	3월 10일	7일	12일	완료
아트	캐릭터 원화	탱커형 대기, 이동, 기본 공격모션 스케치	A01	2	3월 13일	3월 13일	1일	1일	완료
아트	캐릭터 원화	검 디자인	A01	3	3월 7일	3월 12일	5일	4일	완료

파트	작업 구분	작업 세부	담당자	우선순위	시작	완료	예상시간	걸린시간	완료여부
아트	캐릭터 원화	방패 디자인	A01	4	3월 7일	3월 8일	5일	4일	완료
아트	캐릭터 원화	검 디자인 수정	A01	5	3월 14일	3월 15일	2일	3일	완료
아트	캐릭터 원화	딜러형 의상 색깔 초안	A01	6	3월 15일	3월 18일	4일	3일	완료
아트	배경 원화	인게임 일러스트	A02	2	3월 15일	3월 18일	3일	-	-
아트	배경 원화	일반 스테이지 1번	A02	1	3월 6일	3월 8일	3일	4일	완료
아트	배경 원화	오브젝트 리스트 원화	A02	1	3월 13일	3월 15일	3일	4일	완료
아트	캐릭터 모델링	탱커형 캐릭터 모델링	A03	1	3월 5일	3월 12일	7일	8일	완료
아트	캐릭터 모델링	탱커형 캐릭터 언랩 & 가맵	A03	2	3월 12일	3월 13일	2일	3일	완료
아트	캐릭터 모델링	탱커형 무기 모델링	A03	3	3월 14일	3월 15일	2일	4일	완료
아트	캐릭터 모델링	탱커형 무기 언랩	A03	4	3월 16일	3월 18일	3일	2일	완료
아트	캐릭터 모델링	탱커형 무기 가맵	A03	5	3월 17일	3월 18일	2일	1일	완료
아트	배경 모델링	러프 신 (그레이박싱 수준)	A06, A07	1	3월 13일	3월 14일	2일	5일	완료
아트	배경 모델링	1번 스테이지 배경 오브젝트 모델링 & 언랩(개수 확인)	A06, A07	2	3월 14일	3월 18일	5일	5일	완료
아트	배경 모델링	1번 스테이지 배경 오브젝트 매핑	A06, A07	3	3월 17일	3월 18일	2일	2일	완료
아트	애니메이션	탱커형 이동 모션	A04	2	3월 6일	3월 7일	2일	2일	완료
아트	애니메이션	탱커형 이동 수정	A04	3	3월 13일	3월 13일	1일	1일	완료
아트	애니메이션	탱커형 대기 모션	A04	1	3월 5일	3월 5일	1일	1일	완료
아트	애니메이션	탱커형 대기 수정	A04	4	3월 13일	3월 14일	2일	2일	완료
아트	애니메이션	탱커형 기본 공격 모션(기본 수준)	A04	6	3월 14일	3월 18일	5일	5일	완료
아트	애니메이션	뉴 베리 리깅 작업	A04	5	3월 15일	3월 15일	1일	1일	완료
아트	이펙트	탱커형 기본 공격 검기	A05	3	3월 16일	3월 17일	2일	3일	완료
아트	이펙트	캐릭터 히트 이펙트	A05	1	3월 7일	3월 10일	4일	4일	완료
아트	이펙트	몬스터 피격 이펙트	A05	4	3월 18일	3월 18일	1일	-	-
아트	이펙트	탱커형 막기 이펙트	A05	2	3월 11일	3월 15일	5일	5일	완료
아트	이펙트	탱커형 반격 이펙트	A05	2	3월 15일	3월 15일	6일	-	-

▲ 개인의 작업 목록

(프로그래밍)		(게임 디자인)		(주)	(월)
프로그래머 협업 규칙 세우기		보스/일반 몬스터 전투 컨셉	PC 캐릭터 전투 컨셉 / 스왑 시스템	1	3월
				2	
보스 몬스터 기본 AI 구현	PC 구현 탱커 클래스	인게임 UI / 스폰 시스템 액션 제작	PC 조작감, 액션 제작 / 기타 시스템 설계	3	
				4	
보스 몬스터 스킬 사용 AI 구현	PC 전투 스왑 시스템 구현	UI 구현	PC /몬스터 구조 설계	레벨 디자인 컨셉	5	4월
				6	
스테이지 관련 시스템 구현	PC 구현 딜러 클래스	용어 정리 사운드 목록 아트 스펙 문서	스테이지 레벨 데이터 작업	7	
				8	
				9	
일반 몬스터 이동/스킬 구현	PC 스킬 구현 (남은 스킬 구현)	일반 몬스터 이동/스킬 구현	일반 몬스터 데이터 입력 / 사운드 제작	[액션 제작] PC 전투 스왑 / 딜러 조작감 조절	9
				10	5월
				11	
버그 수정		전투 밸런싱 / 사운드 적용	스테이지 레벨 디자인 수정	12	
				13	
폴리싱		폴리싱		14	
				15	6월
				16	
개발 마감				17	

▲ 〈나이트베리〉의 개발 진행 일정(프로그래밍, 게임 디자인)

(월)	(주)			(아트)	
3월	1	탱커 컨셉 스케치	탱커 모델링 기본 모션		PC 공용 타격 이펙트
	2	딜러 컨셉 스케치		신 컨셉 러프 스케치	탱커 기본 이펙트
	3		더미용 무기 모델링 탱커 스킬 모션	초기 스테이지 프랍 개수 확인	
	4	보스 컨셉 스케치		보스 스테이지 컨셉 초기 스테이지 모델링	몬스터 피격 이펙트
4월	5	컨셉 스케치 재작업	보스 몬스터 기본 모션	보스 스테이지 컨셉 스케치	탱커/보스 스킬 이펙트
	6		보스 몬스터 스킬 모션	보스 스테이지 모델링	
	7	캐릭터 작업 마무리 컷신 원화	탱커 스킬 모션		탱커/일반 몬스터 스킬 이펙트
	8			일반 스테이지 모델링	
	9	폴리싱	딜러 스킬 모션	보스 스테이지 레벨 배치	딜러 기본 이펙트
	9			일반 스테이지 레벨 배치	
	10				딜러 스킬 이펙트
5월	11		폴리싱	폴리싱	
	12				폴리싱
	13				
	14				
6월	15				
	16				
	17	개발 마감			

▲ 〈나이트베리〉의 개발 진행 일정(아트)

짧은 개발 기간에 생산성을 높이기 위해 빡빡한 계획을 세웠지만, 세밀하게 관리할 수 있다고 생각했다. 하지만 하루 단위로 진행 상황을 확인하고, 단계가 완료될 때마다 프로젝트 관리자가 확인하는 방식은 너무나 귀찮고 집요했기 때문에 팀원들은 빠르게 지쳐갔다. 선행 작업이 밀리면 연결된 모든 작업이 밀리므로 하나의 작업이 완료되는 과정을 주시하고 중간에 문제는 없는지, 진행은 잘 되는지 확인했는데, 이런 과정에 부담을 많이 느꼈고 피곤함이 배가 되었다는 의견을 나중에 팀원들로부터 들었다. 작업에 대한 부담보다 내가 팀원들에게 작업 완료를 확인하는 대화 자체가 부담이었다는 것이다. 돌아보면 조금 광적으로 작업 완료에 집착했던 것 같다. 의도한 물량을 거의 제작했으므로 어느 정도는 성공했다고도 볼 수 있겠지만, 팀원을 너무 믿지 못한 것이 아닐까 싶기도 하다.

● 일정 관리의 목표

결과물이 나오기 위해서는 결과물의 질이 마음에 들지 않더라도 일단 계획한 부분까지는 진행해서 결과를 내야 한다. 제자리에 서서 맴돌고 있으면 절대 목적지에 도착할 수 없다. 마찬가지로 게임 개발을 진행하다가 중간에 마음에 들지 않아도 우선은 계획한 대로 진행해서 전체 모습을 보고 난 다음에, 추가로 분량을 더 만들 것인지 아니면 진행한 내용을 다듬어서 완성도를 높일 것인지를 결정해야 한다. 부분만 세밀하게 묘사하고 있으면 그림은 완성되지 않는다. 게임은 종합 예술이다. 한 부분에서 아무리 좋은 묘사를 해도 전체적인 균형이 맞지 않으면 게임으로서의 평가는 좋지 않게 된다. 플레이어 캐릭터의 액션이 아무리 멋져도 플레이어 캐릭터가 상대하는 몬스터의 모습이 이상하다면 게임에 집중할 수 없을 것이다. 플레이어 캐릭터의 외형이 멋지다고 해도 캐릭터가 어색하게 움직인다면 완성된 게임처럼 보이지 않는다. 하나의 결과물이 중요한 것이 아니고 전체적인 모습을 구성하고 다듬어 나가는 것이 중요하다.

게임을 개발하는 데 구현만큼 중요한 것은 테스트다. 이를 간과하면 안 된다. 테스트는 매우 중요하다. 구현한 것이 아무리 많아도 제대로 돌아가지 않는다면 아무 의미가 없다. 작은 규모를 만들어도 온전한 형태의 모습이 나오는 것이 중요하다. 기한 내에 가능하면 최고의 결과물을 만드는 것이 좋지만, 모든 구성원이 항상 빡빡하게 작업할 필요는 없다. 프로젝트 시작 단계에서는 게임 디자이너가 가장 바쁘고, 중간에는 아티스트가 가장 바쁘고, 마지막에는 프로그래머와 게임 디자이너가 가장 바쁘다. 일이 없으면 불안하겠지만 자신의 모든 시간을 이 프로젝트에 바칠 필요는 없다. 팀 작업은 같이하는 것이고 서로 호흡을 맞추는 과정이다. 시간이 남으면 게임의 분량을 늘릴 생각을 하는 것보다 내가 한 작업을 다듬는 것이 더 좋다.

☑ 막연한 아이디어를 바탕으로는 일정을 잡을 수 없다 (이재호)

일정 관리는 프로젝트 관리자로서 필수적으로 해야 할 일이지만 어렵게만 생각할 일은 아니었다. 개인적으로는 작은 팀의 일정 관리는 일상적으로 친구와 약속을 잡는 것과 크게 다르지 않다고 생각했다. 언제까지 무슨 작업을 할지 정하고 잊지 않게 주기적으로 알려주면 특별한 문제가 발생하지 않는 한 이것만으로도 프로젝트를 진행할 수 있다. 물론 작업 과정에서는 항상 문제가 생기기 마련이지만. 방금 이야기한 우선순위에 대해 정리하고 소요 시간에 대해 작업자에게 물어보면서 일정을 정할 때는 작업자가 스스로 자신의 역량을 잘 알고 있어야 차질 없는 일정을 세울 수 있다. 다시 말하면, 작업자가 자신의 작업 시간을 예측할 수 없다면 이런 방법으로 일정을 잡을 수 없다.

예전에 모바일 게임을 개발한 적이 있었다. 내가 해본 두 번째 프로젝트였고 게임 개발에 대해 잘 알지 못하던 때였다. 함께 팀을 하자던 친구 한 명이 리듬 게임을 만들자고 강력히 주장했다. 리듬 게임이니만큼 음악이 중요했는데, 이 친구가 음악 작업의 경험이 있었고 리듬 게임에 대한 해박한 지식이 있으면서 강력하게 주장했기에 프로젝트는 이미 반쯤 리듬 게임으로 넘어간 상태였다. 그는 자신감을 내비치며 언제까지 몇 개의 곡을 완성하겠다고 계획을 세웠다. 곡이 나와야 어떤 커버를 그릴지, 어떤 노트 패턴을 구성할 것인지 계획을 세우고 작업에 들어갈 수 있다. 따라서 곡을 뽑는 것을 가장 중요한 우선순위로 잡고, 곡이 나오면 그에 맞춰서 노래의 리듬감에 대한 컨셉이나 노트 패턴, 난이도 등을 정할 대략적인 기간을 정했다. 크게 복잡한 구성이 아니었고 큰 문제가 있을 것 같지도 않았다. 하지만 그런 낙관적인 예상은 잘 맞지 않는 법이다.

곡을 만들기로 한 팀원이 정해진 일정 안에 곡을 완성하지 못했다. 곡이 나오지 않으니 곡에 맞는 커버 그림을 그릴 수 없었고, 아트 작업도 밀리기 시작했다. 어떤 곡이 나올지 알 수 없는데 커버 그림의 작업을 시작할 수 없었다. 곡이 없는 상황에서 곡의 커버를 만들어달라는 작업을 이해시킬 자신도 없었다. 노트 패턴을 만들 수도 없었다. 당연한 수순으로 곡 작업을 압박했지만 압박한다고 안 나오던 곡이 나올 리가 없었고, 리듬 게임에서 가장 중요한 곡이 나오지 않으니 아무것도 진행할 수 없어서 일정은 자꾸 밀렸다. UI 같은 후반 작업의 일정을 계속해서 끌어오는 것도 한계였다. 그렇게 하루가 이틀이 되고, 이틀이 일주일이 되면서 프로젝트를 관리하는 나도, 곡 작업을 진행하지 못하는 팀원도, 아트 작업 일정이 점점 줄어드는 아티스트도 스트레스를 받기 시작했다. 엎친 데 덮친 격으로 늦게 시작한 작업물이 손실되었고 그것을 기폭제로 폭탄이 터졌다. 기한 내에 작업을 마치지 못한 아티스트는 작업을 하다 울음을 터트렸다. 당황한 나는 할 수 있는 일을 찾았지만 일정을 또다시 미루는 일 외에는 할 수 있는 것이 없었다. 만약, 이때 프로젝트의 장르를 변화시키거나 다른 방향성을 찾는 결정을 했다면 다른 결과가 있었을지도 모르지만, 지금까지 진행한 것들에 대한 아까운 마음과 팀원을 한 번 더 믿어보자는 생각에 일정을 계속 미뤘다. 하지만 결국 일정을 맞출 수 없었고 프로젝트는 미완성으로 마무리할 수밖에 없었다.

만약 그때로 다시 돌아가도 다른 결과가 나오진 않을 것 같다. 결과물을 예정한 시간에 맞출 수 있도록 일정을 여유 있게 잡을 수도 있겠지만, 현재 없는 아이디어가 시간에 맞춰 생각날 가능성을 믿는 것은 유니콘이 존재한다고 믿는 것과 비슷한 확률일지도 모른다. 무엇을 할지 정하고 어떻게 할지 방법을 찾는 것은 예정된 기간 안에 할 수도 있지만, 무엇을 해야 할지 명확하지 않은 상태에서 정해진 기간 안에 없던 생각을 하는 것은 감나무 아래에서 감이 떨어지길 기다리거나, 복권이 당첨되길 기다리는 것과 비슷하다. 흐릿한 것을 명확하게 만들 수 있지만 예정된 기간 내에 새로운 생각이 떠오르기를 기다리는 것은 무모한 일이다.

☑ 플레이 화면에 따른 작업 목록 관리 (이재호: 프로젝트 〈캣칭〉)

일정을 짜기 위해서는 구체적인 작업 목록을 작성할 수 있어야 한다. 단순히 '구슬 뿌리기 완성'이라고 목표를 설정하는 것보다는 '구슬 뿌리기 리소스 적용 및 기능 테스트'라고 구체적으로 명시해야 한다. '완성'이라고만 하면 개인마다 완성에 대한 기준이 달라지는 불상사가 생긴다. 프로그래머는 기능적인 면에 대한 구현을 생각할 것이고, 아티스트는 그래픽 리소스가 나오면 된다고 생각할 것이다. 하지만 각자의 작업을 합칠 때 발생하는 많은 문제들도 해결해야 완성이라고 말할 수 있다. 혹은 테스트하고 테스트의 결과까지 반영되어야 완성이라고 할 수도 있다. 게임 개발은 개인 작업이 아니다. 우리가 만드는 것은 개인 작업의 결과물이 아니라 협업의 결과물임을 잊으면 안 된다.

목표를 구체적으로 제시하고 그것을 위한 제반 작업들, 즉 리소스나 기능들을 세부적으로 정리할 수 있어야 일정을 계획할 수 있다. 그래서 나는 게임 플레이 화면을 정리하고 화면 흐름에 따라 어떤 기능이 필요한지를 정리한다. 흔히 'UI-Flow'라고 말하는 것이다. 머릿속 게임 이미지를 손 그림이나 파워포인트의 간단한 도형을 이용해서 실제로 그려본다. 게임의 시작과 끝까지 모든 상황의 인터페이스를 만들어보면 내가 뭘 놓쳤는지 알 수 있고 뒤에 추가되는 작업이 적어진다. 게임의 전체 흐름에 대해서 구체적으로 계획을 세우면 우리가 만들어야 하는 게임의 규모가 정리된다. 그리고 내 생각이 정리되면 팀원들과 공유할 수 있다.

이제 이미지에서 리소스를 하나하나 분리한다. 나는 리소스의 이름, 역할, 특이 사항 정도를 적으며 나열한다. 이 과정에서 필요한 리소스의 분량과 리소스들이 작동하는 기능들을 대강이나마 산출할 수 았다. UI-Flow를 작성하는 것 말고도 사용하는 방법이 한 가지 더 있는데, 포스트잇을 이용하는 방법이다. 팀원들과 함께 게임에 필요한 리소스와 기능을 포스트잇에 각자 적는다. 그렇게 적은 것을 모아서 중복되는 건 버리거나 겹쳐놓고, 비슷한 것끼리 모아서 정리한다. 예를 들어 캐릭터를 적은 포스트잇과 라자냐를 적은 포스트잇이 있으면, 캐릭터 포스트잇 아래에 라자냐 포스트잇을 붙이면 된다.[1] 이 방법은 조금 번거로울 수 있지만, 우리가 어떤 작업을 해야 하는지 팀원들과 함께 생각하고 정리하면서 확인할 수 있다는 장점이 있다. 우리가 할 작업을 함께 확인하는 것은 생각보다 상당한 이점이다. 스토리보드와 포스트잇 두 가지 방식 모두 장단점이 있으므로 상황

---

1 _ 라자냐는 게임의 캐릭터 중 하나이다. 캐릭터라는 대분류에 라자냐라는 소분류가 포함되므로 그 아래에 붙여서 정리한다.

(프로그래밍)	(게임 디자인)		(주)	(월)
프로토타입 제작 (테이블 엎기)	컨셉 디자인 (새로운 게임 방향)		1	3월
			2	
			3	
			4	
상호작용, 공격, 대시 기본 시스템 제작 스킬 제작	시스템 구체화 컨텐츠 기획 (상호작용 가구 종류, 캐릭터 스킬)	레벨 디자인	5	4월
			6	
			7	
			8	
스킬, 아이템 제작 카메라 폴리싱 UI 적용	테스트 개선안 제안 신규 시스템 발주	레벨 디자인 UI 설계	9	5월
			10	
			11	
			12	
			13	
버그 수정 폴리싱 빌드 쿠킹	테스트 개선안 제안	레벨 디자인 폴리싱 플레이 외, 로비, 대기방 UI 설계	14	6월
			15	
			16	
			17	

▲ 〈캣칭〉의 개발 진행 일정(프로그래밍, 게임 디자인)

(월)	(주)	(아트)		
3월	1			
	2			
	3	캐릭터 원화 (추격자) 더미 애니메이션	레퍼런스 체크 배경 원화	더미 이펙트
	4			
4월	5	캐릭터 모델링 (추격자) 캐릭터 원화 (도망자)	배경 신 제작	리소스 정리 라이팅신
	6			
	7			
	8			
5월	9	캐릭터 폴리싱 배경 모델링 지원 캐릭터 애니메이션	배경 원화 제작 배경 모델링	스킬 이펙트 캐릭터 이펙트
	10			
	11			
	12			
	13			
6월	14		배경 폴리싱 가구 배치 협업	라이팅 폴리싱 이펙트 폴리싱
	15			
	16			
	17			

▲ 〈캣칭〉의 개발 진행 일정(아트)

에 따라 적절한 방법을 선택하면 되겠다. 어떤 방법이든 리소스와 기능에 대해 정리한 후 일정을 짜기를 추천한다. 저렇게 정리해도 빈틈들이 많이 나와 일정이 지연되고 추가 작업이 발생하기 때문이다. 일정을 관리하는 이유가 효율적으로 일하기 위함이 아닌가. 개인적으로는 작업의 규모보다 우선순위가 더 높다고 생각한다.

게임의 핵심 재미나 주요 기능은 오래 걸려도 가장 먼저 작업해야 한다. 프로젝트 〈캣칭〉을 진행할 때 시간적 여유가 없어서 핵심 기능을 미루고 보여줄 수 있는 기능을 먼저 만들었다가, 후에 기능이 컨셉과 맞지 않아 리소스를 전부 버렸던 사건이 있었다. 아티스트들이 밤새 작업한 결과물을 빼야 했던 건 팀 전체의 사기에 굉장한 마이너스로 작용했다. 스케일이 작은 작업을 여유 있을 때 하나씩 일정에 끼워 넣는 방식은 효율적이지만, 전부 허사가 되는 일도 있으니 중요도가 높은 작업을 최우선 순위로 하는 것을 추천한다.

● **일정 조율**

게임의 컨셉이 정해지고 프로토타입의 결과물도 어느 정도 만족스러우면 이제 구체적으로 할 일을 나열하고 일정을 계획한다. 이전에는 무엇을 해야 할지 구체적인 계획을 세울 수 없었지만, 기준점이 생기면 진행사항에 대한 자세한 청사진을 만들 수 있다. 아마 세부적인 일정을 잡으면 뿌듯함을 느낄 수 있을 것이다. 계획은 세워졌고 이제 실행만 하면 될 것 같은, 마음속에서 희망찬 미래를 그리는 시기가 바로 이 시기이다.

하지만 일정은 대부분 어긋난다. 불가항력적인 사건이 일어나게 될 수도 있고, 팀원들이 자신의 능력을 과신해서 사실은 3일이 걸리는 일을 하루 만에 할 수 있을 것 같았다가 현실을 깨닫기도 한다. 또한 전체적으로 보면 크게 중요하지 않지만 내가 작업한 결과물이 마음에 들지 않아 계속 세부적인 모습을 다듬다가 계획된 시간을 넘겨버렸고, 그로 인해 다음에 작업해야 하는 사람이 작업하지 못하게 되는 등의 이러저러한 연결고리들이 어긋나면서 가랑비에 옷 젖듯이 조금씩 일정이 밀리게 되는 경우도 흔하다. 그리고 우리는 모두 이런 미래가 올 것을 이미 알고 있다. 단지 일정을 잡을 땐 나의 실력도, 나의 체력도 과신하는 자신감 충만의 시기이기 때문에 불운이 나를 비껴갈 것이라고 기대하면서 약간의 욕심을 부리는 것이다. 팀 작업에서 일정 관리는 아주 중요하다. 이것은 다른 팀원들 간의 약속이면서 나와의 약속이기도 하다. 그리고 이런 약속들이 팀 작업의 가장 기본적인 연결고리임을 명심하자.

06 게임 디자인

우리가 프로젝트를 진행하는 이유는 게임을 만들기 위해서이다. 하나의 게임을 만들기 위해 생각이 다른 여럿이 모여 힘들게 의견을 내면서 개인의 욕심을 접고 수면시간을 줄여가면서 프로젝트에 임한다. 서로 다른 의견과 취향을 가진 이들이 모여 '게임을 만든다'는 목적을 구심점 삼아 한 팀으로 뭉치는 것이다. 하지만 어떤 게임을 만들고 있는지가 명확하지 않다면 어떨까? 제한적인 일정 안에서 시간을 낭비하게 될 뿐만 아니라, 그걸 팀원들이 자각하는 순간 팀의 결속력도 약해진다. 개인의 실력이 아무리 훌륭해도 팀을 묶어주는 구심점이 흐릿하다면 개인의 생각이 모이지 않고 각자 자기 생각대로 일하면서 전체의 생각이 모이지 않을 것이다. 그래서 프로젝트는 게임 디자인에서부터 시작한다. 아마추어들이 가장 어려워하는 부분이 바로 이 부분이다. 우리는 모두 게임을 만들기 위해 모였지만, 한편으로는 게임을 한 번도 만들어본 적이 없는 이들이 모인 것이다. 그리고 우리는 게임을 만들어보는 그 경험을 공유하기 위해서 프로젝트를 진행한다.

게임 디자이너들에게 게임을 직접 만들어보는 경험은 중요하다. 다른 파트들은 굳이 프로젝트를 해보지 않아도 게임을 개발하기 위한 실력을 키울 수 있지만, 게임 디자이너들은 게임을 직접 만들어보지 않으면 실력을 키우는 데 한계가 있기 때문이다. 게임 디자인은 게임의 구조를 설계하고, 의도하는 게임 플레이를 만들기 위해 어떤 구조의 데이터가 필요한지 정리하는 일이다. 이를 위해서는 게임의 여러 요소를 분해해서 볼 수 있는 능력이 필요하다. 구성 요소들을 어떻게 쪼갤 것인지에 대한 정답은 없으며, 협업하는 팀원의 능력에 따라 다양한 방법을 찾을 수 있다. 여기까지는 게임을 만들어보면 자기 생각에서 빠진 점이 무엇인지 찾을 수 있다.

이런 과정을 통해 '나의 의도대로 게임 플레이가 진행되도록 하는 것'이 게임 디자인의 목표이다. 동작하는 게임을 만드는 것이 핵심이 아니라, 명확한 의도를 갖고 게임을 만들어봐야 한다. 자신의 의도에 맞춰 시스템을 설계해 구조를 만들고, 플레이어를 위한 경험과 자신의 의도를 전달하기 위해 밸런스를 잡고, 이를 확인해보는 경험이 중요한 이유이다. 조작이 가능하고 남들에게 보여줄 수 있는 잠깐의 플레이 장면이 중요한 게 아니다. 구상한 플레이의 전체 흐름 중 기본적인 하나의 사이클이라도 만들어보고 다른 이들이 플레이하는 모습을 보면서 생각과 현실의 차이를 확인할 수 있도록 구현하는 것을 목표로 잡기를 권한다.

생각한 내용을 실제로 확인해볼 기회가 바로 프로젝트를 직접 만들어보는 것이며, 그래서 회사에서 팀원을 구할 때 프로젝트의 경험 여부가 중요한 판단 요소가 되기도 한다. 하지만 경험이 없는 아마추어들은 자신의 생각을 어떻게 진행해야 하는지 가늠하기 어렵고 그리고 정답이 정해져 있는 문제가 아니기 때문에 어떻게 게임의 내용을 전개하고 정리할지 궁금해한다. 따라서 이 챕터에서는 프로젝트를 실제로 진행한 이들이 게임을 만들기 위해 어떻게 생각을 전개했고, 구현하고자 하는 내용을 어떻게 정리했는지를 소개하겠다. 게임의 전체 모습을 전부 다루기에는 양이 너무 방대하기 때문에 게임의 일부분만을 소개한다. 이것으로 게임 디자이너들이 어떻게 작업하는지를 조금이나마 알게 되기를 희망한다.

☑ 맵 구성 요소와 분위기에 대한 고민(박소현: 프로젝트 〈괴도앙팡〉)

처음부터 규칙과 레벨 디자인이 상대적으로 중요한 퍼즐 장르를 만들고 싶었다. 당시 〈모뉴먼트 밸리〉[1]라는 게임을 하고 있었는데 2D를 3D처럼 보이도록 하는 착시를 이용하는 게임 방식이 꽤 흥미로웠지만, 이 게임은

---

1 _ 〈모뉴먼트 밸리〉: Ustwo Games에서 개발해 2014년 출시한 모바일 게임이자 2014년 애플 디자인 어워드 수상작으로 지형을 회전하면서 길을 찾아 목적지에 도달해야 하는 게임이다.

리소스 제작 비용이 많이 들고 맵마다 정형화된 규칙이 있어 원하는 방향성과는 조금 달랐다. 비슷한 착시를 이용한 퍼즐 게임을 찾다가 친구가 추천해준 〈앨리와 맥스〉 게임의 영상을 보게 되었다. 애피타이저 게임즈에서 개발한 이 게임의 경우 3D로 맵을 구성한 후 카메라 기법으로 착시 시스템을 만들어냈고, 맵이 블록으로 구성되어 있어 규칙을 인지하기 편했다. 리소스도 최소화할 수 있고, 짧은 시간 내에 스테이지를 여러 개 만들기도 적합해 보여서 카메라 기법을 응용한 시스템 방식을 참고하기로 했다. 기존 착시 게임 장르에서 많이 사용되는 어드벤처 형식에서 벗어나, 규칙성을 강화하여 조합 퍼즐[2]을 푸는 듯한 느낌을 주는 게임을 만들고자 고민한 결과, 턴turn 방식으로 진행하여 최소 이동 횟수에 의의를 두고, 맵과 플레이어 캐릭터의 위치, 맵의 시점을 돌리는 것에 신중하게 만들어, 플레이어가 조금 더 많이 고민하는 게임으로 방향성을 결정했다.

2D에서는 PC를 이동하고 3D에서 맵을 바꿔 지형을 변경하는 착시 시스템이 플레이의 핵심이었는데, 나름 도전적인 시스템이었으므로 구현이 가능한지 확인이 필요했다. 운이 좋아서 같이 프로그래밍 수업을 듣는 친구에게 참고 영상을 보여주고 구현 가능성과 어떻게 시스템을 설계해야 하는지 등을 의논할 수 있었고, '이건 할 수 있겠다'는 확신을 갖고 구체적으로 게임 컨셉을 잡기 시작했다. 문제를 푼다는 퍼즐 성격을 강화하고 맵 전체를 활용하기 위해 장식적인 블록을 없앴으며, 이동 횟수에 대한 제한

---

2 _ 조합 퍼즐(Twisty Puzzle): 트위스트 퍼즐로도 불린다. 회전하여 비슷한 색이나 모양을 맞추는 퍼즐로 3×3×3의 정육면체 루빅스 큐브가 가장 유명하다.

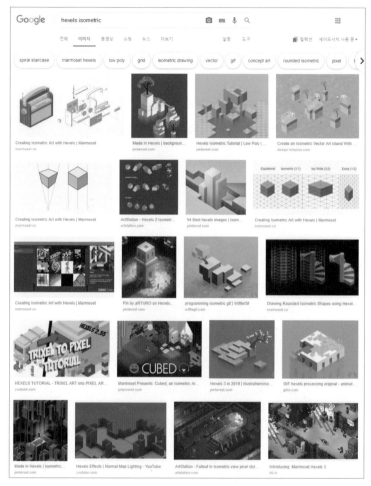

▲ 구글에서 'hexels isometric'으로 검색하면 나오는 이미지들

을 걸지 않았다. 너무 제약이 없으면 그 또한 지루할 수 있어서 얼마나 짧은 거리로 퍼즐을 푸느냐에 따라 레벨 성공 등급을 넣기로 했다. 기존의 많은 착시 퍼즐 게임에서는 규칙적으로 움직이는 지형과 몬스터 등의 시간을 맞추는 것을 허들 요소로 넣는다. 이는 퍼즐을 풀기 위해 생각하는 것과

별개로 순발력을 요구하므로 조작에 능숙한 사람들에게 유리하다. 하지만 나는 시간에 맞춰 조작하는 것에 구애받지 않는 게임 경험을 원했다. 그래서 시점을 회전하고, PC를 직접 움직이지 않는 3D 시점 회전 직후 2D 시점이 되었을 때 게임 실패 판정이 나도록 구성했다. PC나 NPC가 스스로 움직이지 않아도 플레이어의 예측과 행동에 의해서 게임의 성공과 실패가 정해지는 것이다.

게임에서 가장 눈에 띄는 그래픽 역시 같은 장르의 게임을 참고하여 수월하게 방향성을 잡았다. 맵 전체가 퍼즐인 점을 고려해, 세부적인 장식을 줄이고 가벼운 분위기의 블록형 그래픽Pixel Art 컨셉을 생각했다. 다만 아트 제작에 필요한 배경 설정에 대한 팀원 간 의견이 분분했다. 나는 게임 컨셉을 잡을 때는 배경을 설정하는 일이 그리 중요하다고 생각하지 않아서 막연하게 '괴도'라는 설정만 만들어두었다. 즉, '괴도가 물건을 훔치기 위해 가장 효율적인 경로를 찾아야 한다' 정도였다. 하지만 심미적으로 예쁜 결과물이 나올 수 있는 다른 시나리오가 있으면 바꿔야겠다고도 생각하고 있었고, 이는 아트 팀원들을 모은 후에 결정하려고 했다. 이후 팀원들과 함께 논의하고 여러 의견이 나오기도 했지만, 개연성을 만들기 무난하고 게임 컨셉에 적용하기도 괜찮다고 생각해 최종적으로 '괴도' 설정을 사용하게 되었다. 시나리오가 있고 그 안에서 게임을 디자인하는 것이 아니라 해도 간단한 게임의 배경에 대한 생각이 있어야 그 안에서 어울리는 아트 컨셉이 나올 수 있으며, 아티스트들의 작업이 원활히 진행될 수 있다는 것을 깨달았다.

● 게임 분위기의 결정

규모가 큰 게임이라면 당연히 처음부터 게임에 대한 세계관이나 시나리오를 갖고 게임 개발을 시작할 것이다. 하지만 규모가 작고 스토리 중심이 아니라면 배경에서 무슨 이야기를 할지 크게 고민하지 않는 경우도 많다. 예를 들어 정해진 시간에 얼마나 많은 수의 적을 잡게 할 것인지에 따라 스테이지를 진행하는 게임이라면, 게임의 목적은 적을 어떻게 잡을 수 있는지에 대한 방법적인 고민일 것이다. 이때는 배경의 분위기가 숲이건, 던전이건, 도시건, 플레이에는 큰 영향이 없으므로 초기에 컨셉을 잡지 않기도 한다. 기본적인 플레이에 대해 구상할 때 배경의 설정은 크게 염두에 두지 않을 수도 있다. 실제로 플레이에 영향을 미치는 내용이 아니고 시각적 표현을 위한 주제가 필요한 것이므로 이런 부분은 아티스트들이 원하는 대로 작업할 수 있게 하는 것이 좋을 수도 있다. 물론 플레이에 직접적으로 영향을 미치지 않으니 생각하지 않아도 된다는 게 아니라, 차후에 변경이 되어도 상관없으므로 구체적으로 생각할 수 있고 실제 작업할 사람이 결정해도 된다는 의미다. 하지만 무엇이든 할 수 있다는 것은 무엇을 할지 선택의 기준을 잡기 어려우므로 생각의 시작이 될 수 있는 바탕을 만들어주는 것이 좋다.

게임 플레이에 대해 구체적으로 알고 있는 게임 디자이너들이 그래픽에 대한 컨셉을 시작하는 경우는 많다. 그래픽에 대한 컨셉은 단순히 시각적인 분위기만을 말하는 것이 아니라, 무엇이 시각적으로 표현되어야 하는지도 포함한다. 배경 설정에 대해 구체적으로 잡아놓으면 게임 규칙을 만들기에도 유리하다. 게임의 요소를 하나씩 개별로 고민하는 것보다 전체 진행에 대해서 맥락을 잡아놓으면, 추가적인 아이디어나 추가된 게임 요소들을 기존 시스템과 잘 어울리게 넣을 수 있다. 게임 디자인은 하나의 요소를 만드는 게 아니라 전체적인 게임의 흐름을 잡는 것임을 염두에 두어야 한다.

☑ 이동 규칙과 맵 구성 요소 디자인(박소현: 프로젝트 〈괴도앙팡〉)

〈괴도앙팡〉의 가장 핵심 규칙은 PC의 이동과 착시 효과에 따른 판정이다. 간단하고 조작이 쉬우면서 직관적이고 활용 가치가 높은 규칙의 게임을 만들고 싶었기 때문에 상세하게 규칙을 세우고 예외 상황에 대해 파악할 필요가 있었다. 3D-2D 착시 규칙을 상상의 시뮬레이션으로는 도저히 잘 쓸 자신이 없어서, 3D에서 직접 배치해보며 여러 상황을 만들고 그 상황에서 어떤 판정을 내릴지 결정했다.

---

1. 2D 시점에서 보이는 블록만 이동 입력이 가능하다.

2. PC가 이동할 수 있는 블록의 조건

- 2D 시점에서 보이는 블록
- PC가 있는 블록에서 1큐브 이내의 좌우(좌우 하단, 좌우 상단) 블록

3. PC와 블록이 겹쳤을 때

- PC가 보이는 경우: 겹친 블록으로 이동이 불가능
- PC가 안 보이는 경우: 이동 입력 불가. PC가 보이도록 시점 변환 후 이동 입력 가능

이렇게 글로 규칙을 적으면 매우 간단한 듯하지만, 직접 배치해보면 어떻게 처리해야 할지 고민해야 하는 상황이 종종 생긴다. 그리고 읽는 사람도 별로 와닿지 않을 것 같아서 이해가 쉽도록 그림을 추가했다.

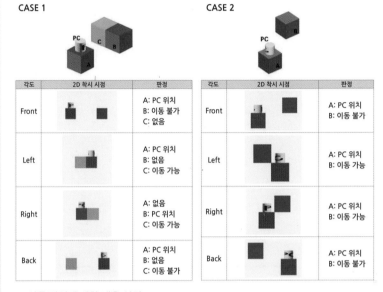

▲ 이동 판정에 대한 내용 설명

기본적인 이동, 맵 구성, NPC 등 기본 요소들에 대해 정리하고 맵툴을 구현한 후에 요소들을 배치해서 모바일로 띄워보니, 맵이 커지면 화면에서 잘려 보이지 않는 문제가 생겼다. 카메라를 좀 더 뒤로 빼서 시야 범위를 넓히는 것도 방법이었지만, 너무 큰 맵은 캐릭터가 보이지 않는 문제가 있어서 카메라의 줌zoom을 이용하는 것은 좋은 해결책이 아니었다. 맵에 들어가야 할 요소들에 대한 것은 잊어버리고 최적으로 보이는 맵의 크기는 (x) × (y) × (z), 각각 7칸이었다. 7×7×7 크기에서 할 수 있는 플레이는 매우 제한적이었다. 수량으로는 343칸이지만 착시 효과를 위해서는 공간에 여백을 두는 것이 필수적이었고, 실제 플레이 화면은 2D이기 때문에 49칸이 한계였다. 즉, 맵을 회전시키면서 볼 수 있는 각 4면의 49칸 모습에 배치해야 했다.

맵의 크기가 제한되자 규칙 활용도 제한되고 플레이할 수 있는 경험도 적어서 나중에는 반복적인 플레이가 될 것 같았다. 그래서 공간을 좀 더 활용할 수 있도록 구역을 나누기로 했다. 한 스테이지에 구역을 나누면 공간을 더 쓸 수 있으니 제공할 경험도 좀 더 다양하게 넣을 수 있고, 순서를 바꾸는 등 활용할 여지도 많아지고 스테이지를 좀 더 다양하게 구성할 수 있을 것이었다. 구역 간에는 서로 걸어서 이동할 수 없고 포털을 타고 오갈 수 있도록 했다. 수업 시간에 포털에 관한 시스템을 배웠던 것이 생각나서

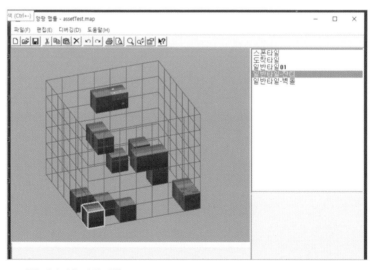

▲ 레벨 디자인을 위한 맵툴

넣었는데, 역시 수업은 열심히 들어야 한다는 사실을 다시금 깨달았다. 맵의 구성에서 구역이나 포털 등 새로운 요소들이 추가되자 용어 등으로 헷갈려 하는 팀원이 있어서 용어를 정리하고 개념에 대해 설명하는 문서를 만들기도 했다.

가장 적은 이동 횟수로 목표 지점에 도달하는 것이 게임의 목적이니 이동 횟수 세는 것을 좀 더 어렵게 만들어야 할 필요성이 있었다. 적은 이동의 핵심은 착시 시스템을 이용해서 이동을 적게 하는 것인데, 여기에 좀 더

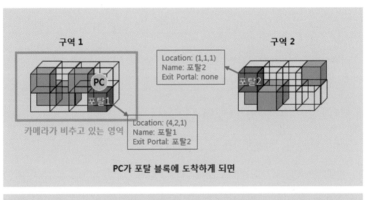

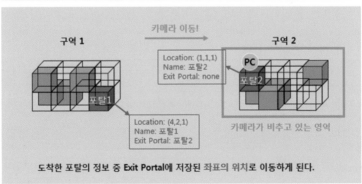

▲ 포털 이동에 대한 설명

고민할 거리를 주고 싶어서 성공 조건을 하나 더 만들었다. 맵에 목표 아이템이 있으면 모든 목표 아이템을 획득하고 목적지, 다시 말해서 골 블록 Goal Block에 도달해야 맵 탈출이 성공하는 조건이었다. 골 블록만 보고 최적의 경로를 따라가면 목표 아이템을 획득할 수 없고 성공할 수 없다. 플레이어는 목표 아이템을 획득하면서 골 블록에 도착하는 최단 거리를 고민해야 하는 것이다.

맵의 추가 요소

맵을 회전하는 동안 NPC는 움직이지 않기 때문에 조심하면 부딪히지 않을 수 있다는 약점이 있었다. 몇 명에게 플레이를 시켜보니 게임을 몇 번만 해보고도 이를 금방 간파했다. 마음에 들지 않았던 나는 NPC에게도 규칙을 줘야겠다고 생각했다. 나는 위기가 있어서 그걸 해결하기 위해 플레이어가 고민하는 방식의 게임을 선호했다. 초기 NPC 관련 아이디어 중에 여력이 되지 않아서 넣지 못한 경찰견 NPC가 있었는데, 새로운 규칙을 경찰견에게 적용하기로 했다. 그래서 안심할 수 있었던, PC를 이동시키는 2D 화면에서 위기를 주기로 했다. 타이밍을 이용한 함정은 게임의 방향성이었던 '컨트롤에 무관하게 플레이할 수 있는 퍼즐 게임'에 어긋났다. 따라서 플레이어가 예측해서 사망을 피할 수 있도록 PC를 이동할 때, 덩달아 정해진 방향으로 한 칸 이동하는 경찰견 NPC를 만들었다. PC가 움직일 때 경찰견도 움직이기 때문에 경찰견을 마주치지 않으려면 경찰견의 다음 이동을 생각하며 PC를 움직여야 한다. 경찰견의 위치는 PC와 똑같이 착시 효과를 적용받는다. 경찰견이 움직이면 2D 시점에서는 정확하게 어떤

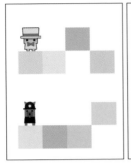

PC가 1블록 이동함

특수 NPC도 1블록 이동함

점프 or 착지 시에도
1블록 이동으로 판단

그러므로 이 경우에도
특수 NPC가 1블록 이동

길이 없을 때

이동 방향 →

← 이동 방향

특수 NPC는 좌우의 이동만 가능하다.
이동하다가 길이 막히면

방향을 전환해서 이동한다.

길이 막혔을 때

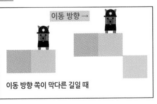

이동 방향 →

이동 방향 →

이동 방향 앞에 블록이 막고 있을 때

이동 방향 쪽이 막다른 길일 때

▲ 경찰견의 이동 규칙

좌표에 있는지 알 수 없고, 경찰견 기준에서 이동 방향은 유지되므로 맵의 시점을 돌렸을 때 시점을 돌리기 전의 경찰견 이동 방향까지 고려해야 한다. PC가 이동할 때뿐만 아니라 시점을 돌리기 위해 맵을 회전할 때도 조심해야 하는데, 규칙이 너무 어려우면 인지하기가 어려우므로 너무 난해하지는 않도록 점프는 할 수 없고 좌우로만 반복적으로 움직이도록 만들었다. 이 정도만으로도 이미 착시 시스템과 좌우 움직임의 변수가 꽤 많아서 활용하기에 괜찮았다. 테스트하면서 나도 꽤 많이 죽었는데 그 과정이 만족스러웠다. 내가 생각해도 좀 멋진 아이디어였다.

출시를 준비하면서 게임 규모를 키우기 위해 스테이지를 추가로 제작해야 했다. 게임이 진행될수록 새로운 경험을 줘야 하기도 했고, 새로운 지형 요소가 생기면 규칙을 새롭게 활용할 수도 있었다. 그래서 상대적으로 활용 가치가 높고 구현이 쉬운 블록을 추가로 개발했는데, 그것이 HP 블록이었다. HP 블록의 특성으로 인해 PC가 밟을 수 있는 지형이 하나 사라지면 PC가 이동할 수 있는 범위나 착시 효과로 시점을 돌렸을 때도 변화를 줄 수 있었다. 그렇게 〈괴도앙팡〉의 플레이가 더 풍부해졌다.

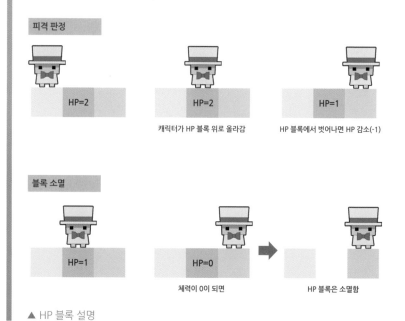

▲ HP 블록 설명

☑ 액션 전투 디자인(김다훈: 프로젝트 〈나이트베리〉)

예전부터 액션 게임을 좋아했지만 단기간에 괜찮은 액션 게임을 개발하기는 어렵다고 판단했다. 그래서 처음엔 턴turn제 게임으로 구상했는데 프로토타입을 제작한 후 팀원들의 의견을 반영해서 실시간 전투로 방향을 전환했다. 그래도 키워드는 '전략적인 액션 게임'이었다. 반년 전부터 구상했던 큰 틀을 변경하고 다시 처음부터 구상하고 싶지 않았기 때문이다. 보편적으로 턴제 게임에선 전사, 마법사, 도적 등의 다양한 클래스class가 등장하는데, 클래스 간의 조합으로 전략이 있는 전투가 가능하다. 어떤 캐릭터는 공격력이 강하지만 방어력이 낮고, 어떤 캐릭터는 방어력은 강하지만 공격력이 낮아 상황에 따라 좀 더 유리한 캐릭터가 전투를 이끌어나가는 것이 보편적인 파티 플레이의 전투 공식이다. 이런 부분을 하나의 캐릭터에 적용해서 몬스터의 전투 패턴에 따라 PC의 조작이 변하고, 전투가 단조로운 패턴의 반복이 아니라 좀 더 다양한 상황을 만들게 되며, 캐릭터의 전투 액션도 더 역동적으로 보일 수 있을 것이다. 나중에 프로젝트를 발표할 때 보는 재미를 위한 영상미를 갖추려면 캐릭터의 다양한 모습이 있는 편이 유리하니 괜찮은 선택이다. 하나의 캐릭터로 둘 이상의 전투 패턴을 보여주는 것이 〈나이트베리〉의 전투 컨셉이었다.

캐릭터의 모드를 바꿔가면서 플레이할 수 있게 스왑 모드를 만들었다. 각각의 모드에 맞는 상대도 필요했다. 상대가 다양해야 전투가 재미있기 때문에 몬스터도 여러 종류가 필요했기에 일반normal, 엘리트elite, 보스boss의 등급으로 만들고, 스왑 모드를 활용할 수 있게 만들었다. 스왑으로

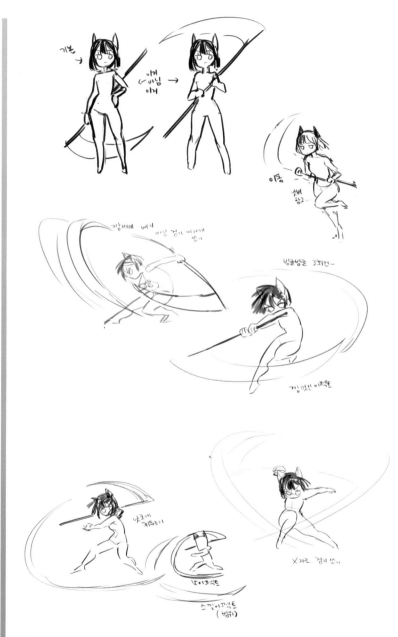

▲ 딜러 스킬 모션에 대한 컨셉(2D 아티스트: 엄수영)

바꿀 수 있는 모드는 둘로 잡았는데, 방어가 중심이 되고 체력이 높은 방어형 탱커 모드, 그리고 높은 공격력을 가진 공격형 딜러 모드로 서로 극단적인 전투 형태였다. 탱커 모드는 방패를 주로 사용하며 막기를 통해 상대의 공격을 무력화시키고, 적절한 타이밍에 공격을 막으면 방패로 반격 count attack해서 피해를 줄 수 있다. 딜러 모드는 낫을 사용해서 광역 공격을 하고 일대다의 전투가 가능하며 순간이동의 능력을 주었다. 좀 더 극단적인 상황을 보여주기 위해 두 가지 모드의 전투 패턴을 상반되게 설정한 것이다.

PC의 전투 컨셉이 정해지니, 이젠 상대할 몬스터에 대한 전투 컨셉이 필요했다. 재미있는 전투를 위해서는 상대가 잘 싸워줘야 한다. 액션 영화의 동작들이 멋있는 이유는 주인공들의 동작이 멋있기도 하지만, 맞아주는 배우들의 피격 동작들이 화려하기 때문에 더욱 멋있어 보이는 법이다. 가장 중요한 대상은 역시 보스이다. 나는 탱커 모드와 딜러 모드를 적절히 사용할 수 있는 전투를 고려했다. 우선 〈다크 소울〉[3], 〈블러드 본〉[4]에서 보스의 모습을 참고했다. 〈다크 소울〉의 경우, 보스 몬스터들이 굉장히 다양한 패턴을 가지고 있다. 특히 플레이어가 적절한 회피 순간을 잡기 어렵게 만드는 요소가 많은데, 이런 부분을 대부분 속임수 동작으로 만들어냈다. 행동 전에 준비 동작을 해서 공격 자세로 캐릭터를 압박하고, 마

---

3 _ 〈다크 소울〉: 프롬 소프트웨어에서 개발한 콘솔용 액션 롤플레잉 게임. 거대한 보스와의 전투가 유명하다.
4 _ 〈블러드 본〉: 프롬 소프트웨어에서 개발한 콘솔용 액션 롤플레잉 게임. 〈다크 소울 1〉을 개발한 디렉터 미야자키 히데타카가 개발했다.

▲ 탱커 스킬 모션에 대한 컨셉(2D 아티스트: 엄수영)

무리 동작에 허점을 노출시켜 캐릭터가 쉽게 공격할 수 있는 패턴에 익숙하게 만든다. 하지만 같은 준비 동작을 갖고 있어도 공격 자세가 미묘하게 다른 두 가지 스킬을 만들었다. 허점을 노출하는 공격과 곧이어 다른 공격으로 이어지는 서로 다른 공격 자세의 차이를 인지하지 않으면, 허점을 기대하고 공격했다가 큰 피해를 받을 수 있다. 플레이어는 몬스터의 공격 자세를 세심히 보고 공격을 들어가야 할지, 피해야 할지를 판단해야 한다. 게임에서 목숨을 걸고 하듯이 플레이어가 긴장할 수 있는 전투를 만들고 싶었다.

외형과 전투 컨셉의 균형

게임 디자이너는 전투에 대한 컨셉을 잡고, 아티스트는 보스 외형의 컨셉을 잡았다. 실 작업자가 세부적인 사항을 결정해야 좀 더 예상한 모습에 가까운 결과물이 나올 수 있기 때문이었다. 아티스트가 외형의 기준을 잡기 위해서는 어떤 전투를 할지 이해해야 전투에 어울리는 외형을 만들 수 있으므로 전투 컨셉에 대한 논의를 함께했다.

프로젝트를 시작하면서 잡았던 설정 중에 '오염되는 고대의 숲'이라는 모티브가 있었는데, 아티스트가 이 설정을 마음에 들어 했다. 그래서 이 설정을 그대로 쓰기로 하고 숲을 오염시키는 자를 보스로 설정했다. 보스의 성별은 전투나 설정상 큰 영향이 없으므로 캐릭터 원화가의 의향으로 여성으로 결정했다. 그렇게 우리의 보스는 '숲의 봉인을 해제하고 힘을 얻으려 흑마법을 사용하는 마녀'가 되었다. 그런데 여기서 문제가 생겼다. PC

는 방어 중심의 탱커 모드와 공격 중심의 딜러 모드를 바꿔가면서 전투를 해야 하는데, 그러기 위해서는 원거리보다 근접 전투가 필요했다. 원거리 공격은 피할 수 있는 다양한 방법이 있지만, 근거리 공격은 거리의 제한으로 피하는 데 제약이 있으니 강하게 앞에서 막는 탱커 모드의 효용성이 생기는 것이다. 하지만 보스가 '흑마법'을 쓴다고 결정하니, 왠지 마법사는 원거리 전투를 해야 할 것 같았다. 마법은 물리 공격보다 공격 범위에서 좀 더 자유롭고, 그렇다면 굳이 위험부담이 큰 근거리보다 원거리 공격을 하는 편이 좀 더 보편적이고 자연스러웠다. 근접 공격을 피하거나 받아칠 수 있는 카운터 전투를 만들어야 하는데 서로의 전투 패턴이 맞지 않는 것이다. 물론 보스를 물리와 마법에 모두 강하게 만들 수도 있겠지만 외형에서 물리력이 강한 느낌을 준다면 마법사 같은 느낌이 나지 않을 것이고, 마법

▲ 보스 캐릭터의 삼면도(3D 아티스트: 엄수영)

사 외형이라면 강한 물리력으로 근접전을 하는 게 어색할 것이다. 보스의 설정을 게임 내에서 전투 외의 방법으로 설명하기에는 플레이 시간이 너무 짧았고, 그렇게 큰 규모로 만들 수도 없었다. 궁여지책으로 무기에서 강한 물리력의 느낌을 줄 수 있도록 창과 지팡이가 합쳐진 형태로 진행하기로 했다. 큰 지팡이를 강하게 휘두르는 것에서 위압감 있는 보스의 모습을 연출할 수 있고, 전투 형태는 창을 중심으로 진행되므로 물리적인 느낌을 줄 수 있을 것이다. 이를 바탕으로 전투 패턴을 세부적으로 디자인했다.

보스의 움직임과 전투의 컨셉

보스의 실질적인 움직임을 디자인하기 위해 가장 널리 알려진 FSM으로 제작하기로 했다. 솔직히 말하면 당시에 FSM 외에는 아는 방법이 없기도 했다. FSM은 'Finite-State Machine'의 약자로 번역하면 '유한 상태 기계'라고 한다. 실제로 '유한 상태 기계'라고 말하는 걸 들어본 적은 없고 대부분 FSM이라고 칭한다. 프로그래머가 아닌 게임 디자이너의 시각으로 쉽게 설명한다면 한 번에 하나의 상태만을 갖고 있으며 사건event에 따라 상태가 변하는 것을 말한다. 이런 상태는 미리 계산해두어야 하고 무한하게 만들 수 없으므로 '유한한 상태'를 가진 기계가 된다. 예를 들어 온라인 게임에서 마을 밖으로 나가면 몬스터를 볼 수 있다. 많은 경우 안전지대인 마을 주변에 위험한 몬스터를 배치할 수 없기 때문에 마을 주변의 몬스터는 단순한 움직임과 전투 패턴을 가지고 있다. PC가 다가가기 전에는 특정 구역만 맴돌며 움직이다가 접근하면 PC를 발견하고 소리를 지르거나 공격 자세를 취하면서 전투 준비를 한다. 그리고 PC가 다가가든 몬스터가 다가오든, 거리가 가까워지면 공격을 하는데 이런 식으로 동작하는 것이 FSM이다. 구역에서 맴돌고 있을 때는 비전투 상태 혹은 일반 상태이고, PC를 발견하는 이벤트가 발생하자 전투 상태로 바뀐다. 일반 상태일 때 할 수 있는 행동이 다르고 전투 상태일 때 할 수 있는 행동이 다르다. 말하자면 일반 상태일 때는 전투용 스킬을 쓸 수 없고, 전투 상태로 바꿔야 전투용 스킬을 쓸 수 있다. 그래서 상태별로 무슨 행동을 할지 고민하고, 상태를 바꾸는 이벤트를 무엇으로 잡을 것인지를 정해야 한다. 가장 간단하게 만들 수 있는 방식인 거리 확인, 몬스터의 체력HP 확인 조건을 토대로 만들기로 하고, 보기 편하게 도표로 정리한 후 세분화를 시작했다.

전투를 디자인할 때 가장 중요하게 생각한 부분은 탱커 모드와 딜러 모

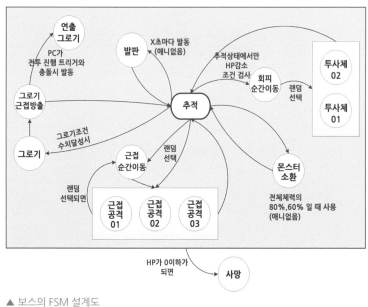

▲ 보스의 FSM 설계도

드를 적절히 바꿔가며 싸울 수 있도록 하는 것이었다. 보스를 상대할 때 강점이 될 수 있는 탱커 모드를 살릴 전투 패턴이 필요했다. 빠른 조작으로 방패를 막으면서 적의 공격을 받아내는 반격이 가능한데, 이 과정에서 보스가 무력화되어 5초 정도 무릎을 꿇고 그로기groggy 상태가 되었다. 근접 전투는 더 위험하지만 공격을 막아내면서 반격을 할 수 있고, 보스가 무력화되면 그동안의 긴장감이 완화되면서 자유롭게 공격할 수 있을 것이다. 그로기 상태를 기본 전투 구성으로 잡고 근거리와 원거리 스킬 그리고 특수 스킬을 만들기로 결정했다.

근접 전투의 경우 탱커 모드와 딜러 모드에 제한을 두지 않고 회피 타이밍에 대한 재미를 만드는 것이 목표였다. 탱커 모드에는 '막기', '구르기'가 있고, 딜러 모드에는 '블링크'라고 이름 붙인 단거리 순간이동 스킬이 있다. 그래서 타이밍만 잘 잡으면 공격의 피해를 최소화하거나 피해를 입지 않을 수 있었다. 보스 움직임은 〈다크 소울〉의 전투 느낌을 만들기 위해 준비 동작을 최대한 비슷하게 하고, '근접 공격 03번'의 공격 자세가 '근접 공격 01번'보다 빨라지도록 애니메이터에게 요청했다. 하지만 실제로 구현해보니 생각보다 피하기도 쉽고 긴장감이 살지 않았다. 애니메이션의 재생 속도 비율을 계속 조절했지만 원하는 느낌은 쉽사리 나오지 않았다. 보스의 공격 동작이 쉽게 눈에 익어, 언제 피하고 언제 공격하는 것이 좋은지 너무 빨리 익숙해지는 문제도 있었다. 그래서 익숙한 상황을 깨기 위해 특수 스킬인 '근접 순간이동'을 이용해서 보스가 피할 수 있도록 하고 나타나는 시점을 조절해서 PC가 예측해서 반응하기 어렵게 만들었다.

테스트 결과는 대성공이었다. 딜러 모드에서 특정 스킬을 쓰면 보스의 공격을 잘 피할 수 있지만, 딜러 모드는 HP가 지속적으로 감소하는 약점이 있기에 탱커 모드로 다시 돌아와야 했다. 탱커 모드로 플레이할 경우, '막기'를 하는 순간 보스가 사라지고 뒤에서 나타나 캐릭터를 때리곤 했다. 이로 인해 기존에 발생했던, 반격하지 않아도 미리 공격을 대비해 '막기'를 하는 단조로운 전투를 바꿔버릴 수 있었다. 근접 전투에서 보스가 '근접 순간이동'으로 PC와의 거리를 벌리면 또 다른 전투의 양상이 전개된다. 원거리 전투 역시 계속해서 플레이어의 전투 흐름을 변경하는 것이 목표였다. 그래서 보스가 장단점이 서로 다른 투사체를 같은 모션에서 발동하도록 해서 플레이어의 빠른 판단을 요구했다. 탱커 모드가 필요한 '투사체 01번'은 구체 형태로 느리게 날아가지만 피할 수 없으므로 PC는 반드시 탱커 모드가 되어야 했다. 또 다른 '투사체 02번'은 날카로운 형태로 빠르게 날아가도록 했다. '투사체 02번'은 탱커 모드로 막아도 되지만 딜러 모드로 피할 수도 있으므로 플레이어는 투사체의 모양을 보고 다음 전략을 구상할 수 있었다.

여기까지 구현하고 테스트를 해보니, 조작에 익숙해지면 모든 공격 스킬을 피하고 빠르게 붙어 보스를 쉽게 처치할 수 있었다. 그래서 난이도를 조금 더 올리고 전투의 호흡을 조절하기 위해 원거리 스킬을 2개 더 추가했다. '발판' 스킬은 바닥에 연출이 그려지고 몇 초 뒤에 폭발하는 불기둥이 생성되어 유저가 끊임없이 움직이게 하려는 의도였다. 일부러 동작과 상관없이 발동되게 해서 다른 스킬과 섞이면 까다로워지도록 만들었다.

구분		세부 설명	유리한 모드
근접 공격 01	설명	준비 동작이 빠르고 넓게 두 번 지팡이를 휘둘러 공격	상관 없음
	의도	앞으로 회피 사용 / 근접 공격 03번과 준비 동작 거의 동일 / 페이크 패턴	
근접 공격 02	설명	준비 동작이 느리지만 순식간에 지팡이로 찌르기 공격	상관 없음
	의도	옆으로 회피 사용 / 준비 동작을 보고 최대한 공격 타이밍에 맞춰야 회피가 가능하게 제작	
근접 공격 03	설명	준비 동작이 근접 공격 01번과 비슷하며 지팡이로 위에서 힘껏 내리치는 공격	상관 없음
	의도	옆으로 회피 사용 / 근접 공격 01번과 준비 동작 거의 동일 / 페이크 패턴	
근접 순간이동	설명	근접 공격 시 모션을 반만 보여주고 캐릭터 뒤에서 나타나 나머지 모션을 실행하며 피해를 입히는 공격 패턴	탱커 모드
	의도	근접 공격 패턴에 익숙해지는 것을 방지하고 근접 전투의 패턴을 확률적으로 흐트러뜨리는 것이 목표	
그로기 근접 방출	설명	그로기 상태에서 전투 상태로 돌아가기 이전에 캐릭터를 멀리 몰아내는 패턴	상관 없음
	의도	실제 전투 템포로 다시 돌아가게 하려고 넣은 패턴	
그로기 상태	설명	보스에게 그로기 수치가 존재하고 탱커, 딜러에게 피해를 입히면 해당 수치가 쌓임	탱커 모드
	의도	전투의 성공을 수치화해서 일정 수치를 누적했을 시 그동안 긴장감을 없애고 자유롭게 공격할 수 있도록 조절하는 패턴 / 탱커 모드의 카운터 어택 시 높은 그로기 수치 누적 가능	
투사체 01 (타겟팅)	설명	구 모양의 어둠 구체가 느린 속도로 캐릭터를 추적하여 피해를 입히는 공격	탱커 모드
	의도	느린 속도로 날아오지만 어떤 회피 스킬로도 피할 수가 없기에 탱커 모드 막기를 쓰도록 강제함. 투사체 02번과는 다르게 엇박자 타이밍을 요구하고자 하는 의도	
투사체 02 (논타겟팅)	설명	뾰족한 어둠 화살 투사체가 빠른 속도로 캐릭터에게 날아가 피해를 입히는 공격	딜러 모드
	의도	회피는 가능하나 조금만 방심해도 맞을 만한 속도로 제작 / 사실 발판 패턴과 비슷하게 해당 판정이 보이면 계속해서 움직이게 만들고 싶었던 의도	
발판	설명	바닥에 균열이 생기고 약 2초 뒤에 폭발 기둥 생성	딜러 모드
	의도	보스가 가지고 있는 모든 패턴과 연계되고 모션과 상관없이 지정된 시간마다 발동하여 유저에게 긴장감을 주기 위한 패턴	
회피 순간이동	설명	보스가 보고 있는 방향을 기점으로 지정한 거리만큼 뒤로 거리를 벌리는 패턴	
	의도	컨트롤이 너무 좋아서 대미지를 너무 많이 입혀도 전투가 쉽게 끝나지 않도록 제어하기 위한 생존 패턴	
몬스터 소환	설명	보스의 HP 소모 조건을 체크하여 일반 몬스터, 엘리트 몬스터를 대량으로 소환하는 공격 패턴	딜러 모드 + 탱커 모드 활용
	의도	탱커 모드의 약점인 좁은 공격 범위를 노린 패턴 / 이것으로 인해 딜러 모드로 바꾸는 것을 강제 / 딜러로 변경 시 체력이 적어져서 신중하게 소환된 몬스터를 처치해야 다시 탱커로 안정적으로 전투가 가능	

▲ 보스의 스킬 목록과 설명

다른 하나는 '회피 순간이동'인데, 기존의 '근접 순간이동'을 변형한 것으로 캐릭터와의 거리를 벌리려는 목적이다. '회피 순간이동'은 현재의 체력을 기준으로 특정 상태일 때 큰 피해를 입으면 무조건 스킬을 사용한다. 조작이 능숙해도 전투 시간이 어느 정도 걸리게 하려고 만들었다. 이렇게 투사체 2개 스킬과 '발판', '회피 순간이동' 스킬을 통해 원거리 전투의 기반을 다졌다. 적절하게 조화된 패턴을 토대로 근접 전투와 다르게 유저가 거리를 좁히는 또 다른 전투 양상이 만들어질 수 있어서 좋았다. 그리고 추가로 전투의 흐름을 바꿀 수 있는 '몬스터 소환' 스킬을 추가했다. 몬스터들이 조합되면 전투에서 이기기 까다로워진다. 누군가가 회복을 시키고, 누군가는 쉽게 때릴 수 없는 조건을 갖고 있어서 전투가 꽤 어려워지기 때문이다. 이 과정에서 보스와 다른 몬스터와의 패턴이 섞이면 플레이어가 실수할 확률이 늘어나고, 전투에 실패할 수 있었다. 이런 패턴을 통해 플레이어는 탱커와 딜러 모드를 계속 변경하며 긴장되는 순간을 만들고, 상황에 따라 대응해야 하는 패턴의 양이 늘어나면서 다양한 상황의 한계를 극복해야 할 것이다.

전투의 형태 다음에 작업했던 건 밸런스였다. 보스와의 전투가 어색하지 않으면서 적절하게 모드를 바꿔야 하는 전투이므로 전투 시간을 기준으로 밸런스를 잡기로 하고, 능력치를 토대로 전투의 기준점과 해당 패턴의 발동 조건, 발동 시간, 애니메이션 속도 등을 제어했다. 전투의 감성적인 부분을 잦은 테스트로 확인하면서 필요한 데이터를 변경할 수 있도록 프로그래머가 구현했다. 전투 기준점은 가능한 한 간단하게 잡기 위해 보스의 능력치를 생명력, 공격력, 공격속도, 이동속도까지 4개로 했다. 기본은 생명력으로 밸런싱을 하고, 공격력이나 공격속도, 이동속도는 차후에 추가될 2페이즈 패턴을 생각하고 추가했다. 보스의 생명력만을 기준으로 캐릭터가 탱커와 딜러를 통해 얼마나 공격해야 죽일 수 있는지 간단히 계산하고 테스트를 통해 생명력을 결정했다. 전투의 감성적 기준점은 '보스전 플레이 타임을 기점으로 모드를 얼마나 변경하게 할 것인가?'로 탱커 모드를 30%, 딜러 모드를 70% 사용하게 했다. 처음에는 50대 50으로 하려고 했는데 테스트 후, 많은 이들이 감각적이고 빠른 공격을 할 수 있는 딜러 모드에 강한 매력을 느꼈고, 내 생각에도 대부분의 한국 플레이어들은 공격 중심의 빠르고 화려한 딜러를 좋아할 것 같았다. 그래서 탱커와 딜러의 30대 70의 비율을 맞추기 위해 보스의 근거리 및 원거리 패턴을 조절했다.

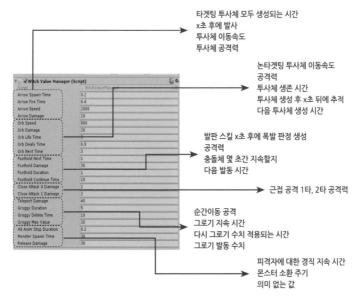

▲ 보스의 스킬 파라미터

근접 전투에서 가장 중요하게 생각했던 요소는 '마녀가 PC를 공격할 때 얼마나 잘 피하게 할 것인가'였다. 이를 위해 애니메이션 재생 비율과 순간이동 공격의 등장 시점을 잡았다. 초반에는 시간을 빠르게 해서 전투가 꽤 어려웠다. 그래서 조금 여유롭게 조절하고, 순간이동 시 사라질 때와 등장할 때의 적절한 시간은 여러 번의 테스트와 전투 템포가 변경되는 부분이 유쾌하지 않다는 팀원들의 피드백을 받아, 사라진 후 느리게 등장해서 피할 수 있는 시간을 확보했다. 이렇게 수정하고 테스트를 다시 하자 탱커 모드의 반격 성공률이 눈에 띄게 올라갔다. 반격의 성공률이 올라가자 보스의 그로기 상태가 더 자주 발생하고, 딜러 모드일 때 공격할 기회가 더 많아지니 딜러 모드와 탱커 모드가 의도한 대로 되었다.

원거리 전투에서는 연출 이펙트를 보고 피할 수 있는 시간을 얼마나 제공할 것인가가 중요했다. 그 시간 동안 탱커 모드로 막을 것인지, 딜러 모드로 피하면서 공격할 것인지 결정해야 한다. 타깃을 잡고 사용하는 스킬인 '투사체 01번'은 연출이 보이고 PC를 향해 출발하는 시간이 매우 짧았다. '발판' 스킬이 없다면 여유롭게 피할 수 있지만 지정된 시간마다 '발판' 스킬이 발동되면서 '발판' 스킬 효과와 '투사체 01번' 스킬을 동시에 맞는 경우가 꽤 많이 발생해서 투사체의 이동속도가 빠르면 너무 어렵기에, 연출은 빠르게 나타나지만 PC에게 다가가는 속도를 느리게 했다. 여러 스킬의 효과가 동시에 발현되는 경우가 최대한 적게 나오게 하려고 탱커 모드의 이동속도를 기준으로 투사체의 이동속도를 1/2로 조절하니, '투사체 01번'의 공격을 탱커 모드로 막아도 '발판' 스킬이 겹쳐 어려운 상황은 많이 줄어들게 되었다. '투사체 02번' 스킬은 논타겟팅 스킬[5]로 보스의 머리를 기준으로 천천히 5개의 연출이 생기고, 5개가 모두 나타나면 두 발씩 투사체가 PC를 향해 날아가는 공격 스킬이다. 2개씩 두 번 날아가고 남은 1개는 앞의 투사체보다 늦게 발사되지만, 속도는 더 빠르고 방패로 막아도 피해를 보게 만들어서 보스에게 접근하는 것을 유도했다. 이 스킬의 의도는 가만히 있지 말고 계속 움직이도록 하는 것이었다.

● 전투 디자인의 고민

게임에서 전투는 가장 핵심적인 컨텐츠다. 조작은 게임에서 핵심적인 요소이며, 플레이어의 조작에 대한 반응으로 가장 큰 쾌감을 줄 수 있는 요소도 전투일 것이다. 상대적으로 단순한 반응만 하는 지형지물에 대한 반응보다는 반응이 있는 전투가 좀 더 게임에 몰입하게 하고 조작에 쾌감을 준다. 모든 디자인 요소가 그렇듯 전투에서도 가장 중요한 것은 역시 컨셉이다. 어떤 전투를 만들 것인가. 간단하게는 공격 중심인가 방어 중심인가부터, 공격하는 즐거움을 강하게 할 것인가, 상대의 반응에 따라 적당한 공격을 하는 반격의 재미를 줄 것인가, 혹은 몬스터의 전투는 단지 방해 요소일 뿐이고 핵심적인 전략은 다른 요소들을 이용하게 할 것인가 등 전투의 맥락을 잡아야 한다. 그다음에 구현하고자 하는 모습을 위해서 어떤 요소가 필요한지 분해해서 각 요소를 어떻게 연결하고 어떻게 묶어야 하는지를 정리한다.

---

5 _ 논타겟팅 스킬(non-targeting skill): 타깃을 잡지 않고 플레이어가 거리나 방향을 가늠해서 사용해야 하는 스킬로 액션 게임에서 주로 사용한다.

전투를 만들기 위해서는 크게 세 가지가 필요하다. 첫째는 전투의 컨셉이고, 둘째는 조작이며, 셋째는 밸런스다. 요즘은 모바일 게임으로 자동 전투도 많아졌지만 역시 전투의 재미는 조작에 있지 않을까. 내가 입력하는 대로 캐릭터가 반응하고 캐릭터의 움직임에 따라 지형지물이나 몬스터 등의 주변 상황이 반응하면서, 유리한 결과를 이끌어내는 것이다. 게임 캐릭터는 플레이어의 조작으로 움직이므로 플레이어를 대변하는 것이고, 플레이어는 캐릭터에게 감정적으로 동조한다.

만약 멋진 영상을 보여주는 전투를 만들고 싶다면 영상을 위한 시각적 효과들을 잘 알아야 한다. 공격과 피격 연출들, 캐릭터들의 움직임 등이 시각적으로 어떤 움직임과 어떤 형태를 주어야 하는지 고민해야 한다. 이제 게임은 보편적인 놀이 문화가 되었고 게임 내에서 보여지는 시각적 기호들도 플레이어들에게는 익숙하다. 그 익숙함을 어떻게 활용하고 어떻게 변형할 것인지에 대한 주관이 필요하다.

☑ 컨셉의 구체화 (이재호: 프로젝트 〈캣칭〉)

컨셉이라는 단어는 굉장히 포괄적으로 사용되는 단어다. 작게는 게임의 핵심 아이디어를 나타내고, 크게는 게임 그 자체이기도 하다. 그래서 처음에 컨셉 문서를 작성할 때 무엇을 어떻게 써야 할지 막막했다. 내가 처음 프로젝트를 진행할 때만 해도 컨셉은 아이디어 정도의 아주 작은 의미로 생각했고, 시장에 없는 새로운 아이디어를 내는 것이라고 생각했다. 그 때문에 당시의 컨셉 문서는 게임 디자인 문서라고 말하기에 민망한 수준의 아이디어 노트가 전부였다. 당시의 문서를 보면 '보이지 않는 퍼즐 블록이 하늘에서 떨어진다', '같은 색의 블록이 일렬로 3개가 되면 터진다', '달에서 토끼들이 떨어진 운석을 청소한다' 등과 함께 다른 퍼즐 게임들의 스크린숏 2~3개가 전부였다. 가장 중요한 디자인 의도조차 '퍼즐 블록이 바닥에 내려올 때까지 보이지 않으면 재미있을 것이다', '블록이 가려진 채 내려오는 퍼즐 게임이 없으므로 차별성을 가진다'라는 것이었고, 이걸 바탕으로 개발이 진행되었다.

결과적으로 말하자면 프로젝트는 성공이었다. 교내 장학 프로그램에 선발되었고, 게임쇼인 지스타에 게임을 전시하는 기회도 얻을 수 있었다. 하지만 함께 프로젝트를 진행한 친구들은 이후 선뜻 나와 함께 또 다른 프로젝트를 하고 싶다고 이야기하지 않았다. 어찌 보면 당연한 결과였는데, 내가 한 일은 누구라도 할 수 있는 수준이라 팀원들은 '이 정도는 내가 해도 되겠다'와 같은 생각을 했을 것이다. 내가 생각했던 것을 '디자인 의도'라고 말할 수는 없었지만, 그럼에도 프로젝트가 성공한 것은 첫 번째로 디자인 의도를 따로 명시하지 않아도 알 수 있을 정도로 게임 플레이가 직관적이고 익숙하다는 점, 잦은 플레이 테스트로 난이도를 조절해서 재미있는 밸런스를 찾은 점 등의 이유로 볼 수 있다. 고생한 팀원들 덕분임은 말할 것도 없고, 게임의 규모가 작아서 가능했다. 이후, 나는 컨셉 문서를 어떤 내용으로 채워야 하는지를 고민했고 이는 현재 진행형이기도 하다.

프로젝트 〈캣칭〉은 레스토랑을 어지르며 도망치는 악동과 이를 막는

▲ 게임의 무대가 되는 레스토랑

레스토랑 주인이 되어 추격전을 진행하는 게임이다. 어렸을 때 술래잡기를 하며 뛰놀던 재미를 이 게임에서 구현하고 싶었고, 이것이 〈캣칭〉의 플레이 이유였다. 테이블을 엎어버리는 등의 액션은 어릴 적 술래를 놀리는 행동을 극대화한 것이었다. 단순히 공간을 어지르는 것이 아니라 술래를 놀리는 게 목적이다 보니 이런 동작들은 술래가 볼 수 있어야 의미가 있어서 한정된 공간에서 시야를 가리지 않고 일어나야 했다. 개발 과정에서 가림막partition이 필요하다는 아트팀의 요청이 있었지만, 게임의 핵심 재미가 서로를 약 올리는 것이었으므로 다른 방안으로 합의해서 건너편을 볼 수 있는 형태를 추가했다.

다음엔 게임의 규칙rule을 정했다. 게임의 기본 뼈대는 액션과 승패 조건이다. 어떤 액션을 하게 할지, 그 액션으로 어떤 조건을 만족했을 때 승리나 패배를 하게 할지, 왜 그렇게 해야 하는지에 대한 흐름이 있어야 한다. 그래야 액션의 동기와 보상을 정할 수 있다. 〈캣칭〉에서 도망자의 액션은 레스토랑을 어지럽히는 것이다. 어지럽히는 액션이 주가 되고, 술래의 승리를 방해하는 약 올리는 동작으로 쾌감을 줘서 지속적으로 어지럽히는 플레이를 유도한다. 레스토랑을 엉망으로 만들면 승리하도록 디자인했다. 추격전이라는 게임의 컨셉과 어지럽힌다는 액션을 정하고, 이를 살리기 위해 얄미운 악동 캐릭터를 만들었다. 캐릭터의 외형은 쥐와 고양이의 특징을 담아 디자인해서 서로 쫓고 쫓기는 관계임을 은연중에 나타냈다. 컨셉을 정할 때 딱히 순서는 상관이 없지만, 그래픽의 분위기가 먼저 정해지

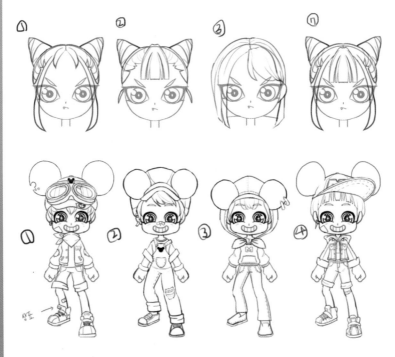

▲ 추격자와 악동 도망자의 컨셉 디자인(2D 아티스트: 곽연정)

면 팀원을 구하거나 게임의 재미와 그래픽의 분위기가 어울리는지 확인하는 데 유리하다.

다음 장에서도 언급하겠지만 위의 아이디어들은 결코 혼자 생각해내거나 기획한 것이 아니다. 팀원들의 의견에 영감을 받아 기획하는 경우도 있고, 팀원의 좋은 아이디어를 그대로 사용하는 경우도 있다. 가장 중요한 것은 게임의 방향성에 맞는 결정을 하는 것이다. 처음에 정한 '왜?'가 있으면 무엇을 고민해야 하고 어떻게 답을 찾을 수 있는지를 알 수 있다.

☑ 게임 디자이너 간의 협업 Ⅰ(김다훈: 프로젝트 〈나이트베리〉)

게임 디자이너 두 명의 만남으로 팀이 만들어지면서 게임 디자이너들끼리 어떻게 협업해야 좋을지에 대한 고민이 필요했다. 이전에 선배들로부터 게임 디자이너가 여러 명이면 좋지 않다는 말을 들었다. 학생 프로젝트의 특성상 기간과 자원의 한계로 게임의 규모에 제한이 있을 수밖에 없는데 능숙하지 않다 보니 구현에 대한 고민보다 아이디어만 넘칠 수 있었다. 또 주장이 강한 사람들끼리 만나면 서로 생각이 충돌하고 자신의 의견만 고집하면서 문제가 해결되지 않고 프로젝트가 진행되지 않는 경우가 많다고 했다.

하지만 우리는 좋은 조합이 될 수 있을 거라고 생각했다. 서로의 장단점을 알기 때문에 단점을 보완할 수 있었고, 관점이 달라서 협업이 잘 되면 좋은 결과가 나올 수 있을 것이었다. 형은 아이디어만 내는 사람이 아니라 개발도 할 수 있는 사람이었고, 특정 장르에 대한 시각이 뛰어났다. 게임을 디자인할 때는 구현 내용을 설계하고 섬세하게 내용을 조율할 수 있어야 하는데, 이런 부분에서 형은 좋은 게임 디자이너였다. 학생팀으로 14명은 상당히 큰 규모였다. 이 많은 인원을 관리하면서 게임 디자인까지 하는 것은 무리이므로, 내가 주로 프로젝트 관리를 하고 형이 게임 디자인의 중심을 잡기로 했다. 이렇게 우리 팀은 프로젝트 관리자와 리드 게임 디자이너가 분리되었다.

여기까지는 괜찮은 결정이었다. 하지만 작업 파트에 대한 경계가 모호한 것은 실수였다. 흔히 게임 디자인은 시스템과 레벨(혹은 컨텐츠)로 나뉜다는 말을 많이 하는데, 나는 짜인 규칙대로 진행하는 것을 중요하게 여겼다. 그래서 초기에는 리드 디자이너가 레벨 디자인과 게임 플레이의 전반적인 것을, 나는 시스템과 UI를 담당하기로 규칙을 정했다. 그런데 기본 시스템이 나오기 전에 레벨 디자인 작업을 하기가 어려워서 시스템 업무를 다시 나눴다. 몬스터 디자인은 내가 하고, 리드 디자이너는 PC를 하기로 했다. 초반에는 문서 리뷰도 하면서 잘 진행되었는데, PC 디자인을 디자인한다는 것은 결국 PC의 전투를 디자인한다는 것이고, 전투를 디자인할 때 몬스터를 분리해서 생각할 수 없었다. 그러다 보니 소모적인 일이 종종 발생했다. PC가 탱커 모드일 때 '돌진' 스킬을 사용하는데, 나는 이 스킬로 인해 보스 몬스터가 사용하는 패턴이 너무 쉽게 파훼 당할 수 있다고 생각했다. 하지만 리드 디자이너는 '돌진'으로 거리를 좁히거나 스킬을 회피하는 것 또한 게임의 재미 중 하나라고 판단해서 우리는 그 내용에 대해 오랫

동안 논쟁했다. 우리가 각자 전투에 대해 생각하는 그림이 조금 달랐던 것이다. 개발하는 과정에서 다양한 부분을 고민하고 결정하게 되는데, 게임 디자인을 위한 아이디어는 틀리고 맞는 문제가 아니다 보니 무엇이 더 좋고 나쁜지 판단하기 어렵다. 전체를 볼 수 있는 이가 중심을 잡고 그걸 기준으로 진행했다면 좀 더 협의하기에 좋았을 것이다.

개발 기간이 길어지면서 리드 디자이너의 업무에 대한 비중이 커지는 것도 문제였다. 물론 나도 나름대로 프로젝트 관리를 위해 치열하게 작업을 했기 때문에 시간이 여유롭진 않았지만, 리드 디자이너의 업무량은 나보다 훨씬 더 많아졌다. 작업자 간의 업무량을 똑같이 분배한다는 것은 불가능하지만, 전투의 내용을 정리하면서 레벨 디자인까지 하기 어려웠다. 개발이 진행됨에 따라 작업의 비중이 조금씩 달라지는데 전체 일정을 고려하지 못하고 업무를 분배한 것은 나의 실수였다.

☑ 게임 디자이너 간의 협업 Ⅱ(이재호: 프로젝트 〈캣칭〉)

이제까지 여러 번의 프로젝트를 진행하면서 팀에 게임 디자이너가 두 명인 경우는 여러 번 경험했다. 처음에는 디자이너로서 내가 뭘 해야 하는지조차 잘 몰라서 작업을 나누는 것부터 서로의 의견이나 아이디어를 채택하는 것까지 많은 부분에서 고민했다. 처음 진행한 프로젝트에서 서로의 의견을 존중한답시고 내놓는 아이디어를 모두 받아들여 섞다가 디자인 의도가 희미해진 적도 있었고, 서로 낸 의견의 문제점들을 하루 종일 이야기했지만 건진 건 하나도 없어 시간만 낭비한 기분이 든 적도 있었다. 이렇게 실수를 여러 번 하고서야 서로의 영역을 확실하게 구분하는 것이 중요함을 깨달았고, 졸업 프로젝트에서 이 깨달음을 활용할 수 있었다.

처음에는 게임 디자인을 혼자 담당할 생각이었다. 규모가 작은 프로젝트에선 혼자 작업하는 편이 속도가 더 빠르고 마음도 편하다는 깨달음을 얻었기 때문이다. 하지만 친구의 팀이 산산조각이 나고, 열 명이 넘는 팀원들을 관리하면서 생각보다 시간을 많이 뺏겼던 나는 친구를 우리 팀으로 불렀다. 그렇게 우리 팀의 게임 디자이너는 둘이 되었다. 이전에 작업 영역을 확실하게 나누지 않아 다툰 기억이 있어서, 이번에는 게임 디자이너가 둘이 되는 것이 확정되자마자 영역을 확실히 나누자고 생각했다. 당시 우리 팀은 프로토타입이 구현되어 있었고, 기본 컨셉과 시스템을 내가 진행했기 때문에 자연스럽게 내가 리드 디자이너의 역할을 맡으면서 컨셉을 잡고, 친구에겐 진행이 많이 되지 않은 후반 작업인 레벨 디자인과 UI, 연출, 사운드 등의 작업을 부탁했다. 레벨 디자인에 관련해서 나는 생각한 방향성만 알려주었다. 함께 논의하는 과정은 있었지만 필요한 세부적인 결정은 일임했다. 맵 구성에 필요한 오브젝트를 디자인하고, 배치된 오브젝트의 종류와 개수에 따라 게임 시간을 예측해서 오브젝트의 데이터값을 결정하며, 배치할 오브젝트의 종류와 수와 간격을 결정하는 등 전반적인 레벨 디자인에 관련된 작업을 모두 담당했다.

작업은 원활하게 진행되었다. 서로에게 아이디어나 의견을 구하는 일은 많았지만, 결정은 각자 담당한 사람이 했기 때문에 혼선이 생기지 않았

	고양이	쥐
이동속도(m/s)	4	3
전력질주 속도(m/s)	5	5.2
DPS	33	
체력		100
마나	100	100
초당 전력질주 소비 마나	11	33
마나 회복량	5	5
전력질주 시간	9.1초	3.1초

전력질주 단축거리	9.1M
전력질주 단축거리	6.82M
쥐전력-고전력*3.4	0.62M
3번	

공격하여 잡는데 걸리는 시간	4초		최대 이동범위	50

34

1번째 게임	쥐1	쥐2	쥐3	쥐4	쥐5
쥐와 고양이의 사이의 거리	34	10	20	43	31
결과	34	10	20	43	31
총 결과	38초	14초	24초	47초	35초

2번째 게임	쥐1	쥐2	쥐3	쥐4	쥐5
쥐와 고양이의 사이의 거리	21	45	33	20	10
결과	21	45	33	20	10
총 결과	25초	49초	37초	24초	14초

3번째 게임	쥐1	쥐2	쥐3	쥐4	쥐5
쥐와 고양이의 사이의 거리	50	9	43	23	9
결과	50	9	43	23	9
총 결과	54초	13초	47초	27초	13초

4번째 게임	쥐1	쥐2	쥐3	쥐4	쥐5
쥐와 고양이의 사이의 거리	8	10	41	32	10
결과	8	10	41	32	10
총 결과	12초	14초	45초	36초	14초

5번째 게임	쥐1	쥐2	쥐3	쥐4	쥐5
쥐와 고양이의 사이의 거리	22	10	11	42	21
결과	22	10	11	42	21
총 결과	26초	14초	15초	46초	25초

	1번째	2번째	3번째	4번째	5번째	총합
판당 게임 시간	158초	149초	154초	121초	126초	708초
						11분48초

변경

1번째 게임 (쥐1~쥐5): 50, 20, 34, 33, 41

2번째 게임 (쥐1~쥐5): 25, 41, 39, 21, 31

3번째 게임 (쥐1~쥐5): 50, 13, 31, 26, 32

4번째 게임 (쥐1~쥐5): 35, 47, 37, 36, 45

5번째 게임 (쥐1~쥐5): 37, 12, 21, 17, 18

▲ 레벨 디자인을 위해 플레이 예상 시간을 계산한 도표

다. 필요에 따라 대화로 서로를 설득하는 경우도 있었다. 리드 디자이너의 입장에서 게임 의도와 맞지 않는 부분은 수정을 요청하기도 했는데, 이럴 때마다 서로의 의도를 확인하며 더 좋은 방향을 선택할 수 있었다. 기존의 경험에서 배운 것들을 살려 업무 영역을 나눴던 것은 좋은 결정이었고, 각자의 작업 스타일도 잘 맞아서 두 명의 게임 디자이너가 협업하는 좋은 예를 경험할 수 있었다.

07 커뮤니케이션 방법

● 커뮤니케이션의 중요성

팀 개발 시 최고의 가치는 커뮤니케이션이다. 커뮤니케이션은 효율적으로 의사소통을 하는 방법이며, 의사소통이 잘 되는 팀은 개발 효율이 높아진다. 좋은 커뮤니케이션의 기본은 서로 협업하려는 마음이 있는 것이며, 이해와 배려가 필요하다. 하지만 개인의 사려로 모든 문제를 해결할 순 없다. 커뮤니케이션도 일종의 프로세스이며 문제가 발생했을 때 해결할 수 있는 상호 합의된 규칙이 필요하다. 각각의 작업 영역과 협업에 대한 규칙을 만들어서 미리 이야기해놓지 않으면 막연한 개인의 생각들이 서로 맞지 않을 때 충돌이 일어나거나, 팀원에게 섭섭한 마음을 느끼게 되면서 작업에도 영향을 주게 된다. 대부분의 아마추어팀은 개발 기간이 짧기 때문에 장기적으로 시행착오를 거치며 팀워크를 맞추기가 어렵다. 따라서 이를 고려하고 서로가 당연히 알 것이라고 생각하는 부분도 직접 확인하며 진행하는 것이 좋다.

☑ 파트 간 협업 규칙 (김다훈)

여러 명의 사람들이 각자 알아서 자기 일을 한다는 건 상상 속에서나 가능할 것이다. 개개인이 알아서 작업하면서 매끄럽게 프로젝트가 진행되기를 바라는 건 복권이 당첨되기를 기다리는 마음과 비슷하다. 나는 처음부터 '알아서'라는 것을 믿지 않고 각자가 어떻게 작업할지 규칙을 만들어야겠다고 생각했다. 게임 디자이너나 프로젝트 관리자가 모든 것을 결정할 수는 없다. 아니, 누구라도 혼자서 모든 것을 결정하기란 무리일 것이다. 결정하는 사람은 그에 대한 책임감과 압박감을 갖게 되고, 시간이 지나면서 중압감이 늘어나 좋지 않은 결정을 할 가능성이 크다. 결정에 대한 책임이 없는 사람의 의견에는 상대적으로 힘이 실리지 않을 수 있고, 점차 의견을 내지 않거나 혹은 무책임한 의견을 던져 결정권자를 더 힘들게 할 수도 있다. 어떤 상황이건 좋은 상황은 아니다. 팀 작업의 가치는 같이 프로젝트를 진행하는 것에 있다. 팀이 있다는 건 여러 명의 일손이 늘어나는 것이 아니라 의견을 듣고 같이 논의할 수 있으며 서로의 단점을 보완해줄 수 있는 환경이 된다는 의미인데, 굳이 그런 장점을 이용하지 않을 이유가 없다.

그래서 긱 파드 간의 결징 권한을 비롯한 여러 규칙을 만들있다. 게임 디자이너들은 게임 플레이에 관한 것을 결정한다. 전투 컨셉, 전투 시스템에 대한 상세한 규칙과 구조 등이 여기에 해당된다. 프로그래머들은 구현 방법에 대한 권한을 갖는다. 어떻게 구현하는 것이 가장 효율적이고 현실적인지는 실제로 구현해야 하는 프로그래머들이 가장 잘 알 것이다. 아무리 멋진 아이디어를 내놓아도 프로그래머가 구현할 수 없다면 실현할 수 없는 아이디어다. 아티스트들은 전반적인 시각적 요소들을 결정한다. 전체적인 아트 컨셉을 비롯해 캐릭터의 외형적인 부분 등도 모두 아티스트들이 결정한다. 아트 파트의 리드 역할을 맡는 아트디렉터AD가 강한 권한을 갖게 하는 것이 목표였는데, 그렇게 해야 게임의 시각적 분위기를 통일할 수 있으며 그게 아트디렉터의 역할이라고 생각했기 때문이다. 아티스트들의 결과물에 대한 아트디렉터의 피드백은 이를 위한 것이므로 모든 아티스트에게 아트디렉터의 말에 집중해달라고 자주 이야기했다.

아트 파트는 크게 배경과 캐릭터로 나눴다. 캐릭터는 전투 디자인의 영향을 많이 받으므로 게임 디자이너들과 많은 이야기를 진행할 수밖에 없었다. 전투의 컨셉과 전투에서 어떤 부분이 강하게 보여야 하는지 등에 대한 이야기는 디자이너들과 이야기하지만, 외형적 분위기와 구체적인 생김새 등은 아트디렉터와 논의해서 결정하도록 했다. 우리가 만드는 게임은 지형지물을 이용하거나 공간의 제약을 받는 전투를 고려하지 않았기 때문에 배경 작업을 하는 이들과는 특별히 논의할 내용이 없었다. 전투 내용에 구애받지 않고 이동에 문제가 없는 평이한 구조를 기본으로 넓이와 연결 구간의 요구에 대해서만 이야기하고, 전체 분위기를 포함해서 거의 모든 부분을 아트디렉터 주도로 진행했다.

보스 디자인을 할 때, 리드 게임 디자이너는 PC의 플레이를 맡기로 하고 나는 보스의 전투를 담당했다. 초기에는 캐릭터 제작을 위해 리드 게임 디자이너를 비롯해 2D 및 3D 아티스트들과 보스의 설정에 관해서 많은 이야기를 나눴다. 보스의 외형이나 무기의 형태 등은 2D 아티스트의 의견으로 결정했다. 보스 몬스터와 다른 몬스터 간의 크기 비율, 몬스터와 무기의 비율 등은 3D 아티스트의 의견을 많이 반영했다. 전투에 대한 구체적인 컨셉이 나온 후에는 애니메이션 연출과 관련된 논의를 진행하면서, 원하는 보스의 속도감과 전투 컨셉, 패턴을 알려주면 아티스트가 구체적인 애니메이션을 잡았다. 전투 연출 작업 시에는 '보스의 동작을 보고 플레이어가 다음 공격이 근접 1인지, 근접 2인지를 알 수 있어야 한다'고 의도를 설명하고 '스킬의 준비 동작은 길게 만들고 공격이 시작되는 동작은 빠르게' 만들어달라고 기능적인 부분을 이야기하면, 필요한 내용을 파악해서 아티스트가 적절한 연출을 만들어주었다.

스킬 중에서 PC의 발 아래에 균열을 생성하고, 2초 뒤에 불기둥이 폭발하면서 데미지를 주는 스킬이 있었다. 발판의 연출이 나타난 후 언제 불기둥이 폭발하는 것이 좋을지 테스트가 필요해서 발판용 연출과 불기둥용 연출을 나눠서 제작해달라고 요청했다. 이펙트 아티스트는 해당 연출들이 몇 초가 나오는지를 궁금해했지만, 밸런스를 잡아야 알 수 있었기 때문에 확실한 답을 줄 수 없었다. 이와 관련해서 둘의 연출을 하나로 만들어야 하는지, 나눠서 만들어야 하는지 서로 의견이 분분했다. 초기에는 밸런스를 위해서 나눠서 작업해야 했고, 시각적으로 완성도를 높이기 위해서는 하나로 작업하

▲ 〈나이트베리〉의 보스 몬스터,
마녀(3D 아티스트: 민선영)

▶ 〈나이트베리〉 보스 몬스터의 컨셉 아트
(컨셉 아티스트: 엄수영)

는 것이 좋았으므로 서로의 이해가 상충했다. 그래서 초기에는 임시 데이터

인 더미 리소스를 사용하고, 마무리 단계에서 정식 리소스를 사용했다. 연

출의 색감 등에 대해서 나는 일절 관여하지 않았고 아트디렉터가 결정했다.

☑ 결과물에 대한 불만 표현 (박소현)

작업한 결과물이 게임의 방향성과 맞지 않거나, 서로의 작업물에 대해 조율이 필요한 경우가 있다. 이럴 때는 작업 과정 중에 해당 작업자에게 이야기하거나 혹은 결과물에 대해 논의하는 자리에서 자신의 생각을 구체적으로 이야기하고, 작업 방향에 대해서 서로 이해할 수 있도록 설명해주면 좋은데 그렇지 않아 유쾌하지 않았던 적이 있었다. 학교에서 프로젝트를 진행할 때는 중간중간 영상과 함께 발표하는 과정이 있다. 한 학기에 두세 번 진행하는데, 단순히 교수님들에게 중간 과정을 보고하기 위해서가 아니다. 다른 프로젝트를 진행하는 동기들의 발표를 보면서 진행 과정을 공유하고, 좋은 결과물을 보면서 자극을 받기도 한다. 관련 영상을 만들어야 하고 발표 준비도 해야 하지만, 게임 개발 일정이 빠듯한 데다 발표용 영상에 들어갈 리소스 작업을 하면서 영상 편집도 해야 해서 팀원 모두가 바쁘고 정신이 없어진다.

발표를 위해 팀원 A와 내가 주로 영상을 만들기로 하고, 팀원 A가 그중 편집 작업을 담당했다. 그 과정에서 중간중간 필요한 부분을 다른 팀원에게 요청하기도 했다. 게임 플레이의 모습을 보여줘야 했지만, 그러기엔 핵심 요소가 다 구현되지 않아 완성도가 현저히 떨어지는 상태라서 도저히 영상에 넣을 수가 없었다. 그래서 현재 상태의 단점을 가리기 위해 흥미 위주의 영상을 만들었다. 구현된 동작이 PC가 주먹으로 상대를 때리는 것밖에 없었기에 그 동작을 잘 연결해서 노래에 맞춰 마치 춤을 추는 것처럼 보이도록 했고, 영상 자체는 꽤 재미있어서 우리는 모두 즐겁게 작업했다.

발표 당일, 웃긴 영상 덕분에 관람자들의 반응도 좋았다. 하지만 현실은 가혹한 법. 게임 플레이를 보여줘야 했는데, 핵심이 없으니 교수님들의 평은 좋지 않았다. 이후 아트디렉터가 회의 자리에서 팀원 A에게 '내가 작업한 것은 아니지만 영상을 장난으로 만들어서 내가 혼났다'라며 이의를 제기했고, 팀원 A는 '의견을 받을 때는 아무 말 하지 않다가 이제 불만을 토로하냐'며 반발했다. 다들 바쁜 와중이었지만 영상 작업 과정을 공유하고 의견도 모아가며 만든 것이었기에 다른 팀원들도 팀원 A의 의견에 동의를 표했다. 그러자 아트디렉터는 '나만 나쁜 사람이 된 거 아니냐'라고 말하며 언짢아했다.

이후, 아트디렉터는 눈에 띄게 팀원들과 어울리지 않았다. 결과물에 대한 피드백도 하지 않았고 말도 거의 하지 않았다. 그리고 개인 사정으로 팀에서 빠지게 되었는데, 나가면서 나에게 그동안의 불만을 이야기했다. '지난번의 영상 관련 회의에서 팀원 A가 나를 나쁜 사람으로 만들어서 의견을 낼 수가 없었다'라고 했다. 게다가 본인이 아트 리소스에 대한 의견을 내면서 이런 부분을 더 고쳐달라고 하면, 다른 아티스트들도 부정적인 태도를 보여서 같은 팀으로 일하기가 어려웠다고 했다. 하지만 다른 아티스트들에게 물어보니 그들도 아트디렉터의 부정적인 피드백 때문에 힘들었다고 했다. '왜 이렇게 했어'라고 이야기하면서도 그러면 어떻게 작업해야 하는지 수정할 내용에 대해서 구체적으로 말해주지 않았다. 기분 나쁜 표현들로 피드백을 하니 작업자들은 점차 중간 과정을 보여주고 싶지 않게 되었고 결국 서로 작업물을 공유하지 않게 되었다고 한다. 그런 일이 반복되면서 더 이상 아트디렉터의 피드백도 받지 않게 되었던 것이다.

☑ 독단적인 결정

프로젝트 초반, 게임의 컨셉을 잡는 부분부터 난항이 있었다. 당시 컨셉이 명확하게 정해지진 않았지만, 포트폴리오를 만들기 좋다는 이유로 일단 액션 게임을 개발하기로 했었다. 기본적인 전투는 논타겟팅 방식으로 구현하기로 결정하고, 프로그래머가 전투를 구현하는 중이었다. 전투 관련 내용을 상의할 때 나는 당연히 지난번에 결정된 '논타겟팅' 방식을 전제로 이야기했다. 그런데 프로그래머가 자신은 '타겟팅' 방식으로 구현하고 있다고 했다. 프로그래머는 "다른 게임 디자이너랑 이야기해봤는데, 타겟팅 방식이 액션을 살리기에 더 좋겠더라고. 그래서 그렇게 하기로 했어"라고 말했다. 물론 여기에서 말하는 '다른 게임 디자이너'는 우리 팀이 아니었다. 우리 팀에서 게임 디자이너는 나밖에 없었으니까.

맘이 상했던 나는 왜 그걸 독단적으로 결정했냐며 무엇이 더 좋아서 바꾼 것인지를 물었다. 프로그래머는 어떤 게임을 플레이해봤는데, 타겟팅 방식이 더 타격감이 산다고 말하면서 직접 플레이를 해보라고 말했다. 나는 밤을 새워서 그 게임을 해봤다. 물론 그 게임의 타격감은 훌륭했다. 콘솔 게임이었으며, 숙련된 게임 개발자 80명이 2년 동안 개발했고, 전 세계적으로 4천만 장 이상 팔린 명성 있는 게임이었으니까. 당연히 우리가 그 게임 같은 타격감을 만들 수는 없었다. 다시 프로그래머와 이야기했다. 이 정도 타격감은 우리가 만들기엔 무리가 많으며, 논타겟팅으로 개발하면 공격을 피하는 과정에서 플레이어의 조작이 필요해서 액션의 느낌을 좀 더 살릴 수 있으니 논타겟팅으로 개발하는 것이 어떻겠냐고. 하지만 프로그래머는 논타겟팅 구현이 더 어렵다고 말해서 결국 타겟팅 방식으로 구현하기로 했다. 우리가 구현할 수 있는 범위에서 개발해야 하니 구현이 어렵다면 어쩔 수 없긴 하다. 하지만 그렇다면 처음에 전투의 구조에 대해서 논의할 때 왜 그런 이야기를 하지 않았으며, 구현 과정에서 어려움을 발견했을 때 왜 나와 상의하지 않았는지 알 수 없었다.

다른 문제도 있었는데, 같이 논의해서 일정표를 만들었지만 지키지 않거나, 작업 순서를 자기 마음대로 변경하고 미리 이야기하지 않아서 협업 과정 중 디자인 의도가 전혀 반영되지 못했다. 개발 순서를 회의를 통해 결정했는데 실제로는 전혀 다른 순서로 개발하고 있기도 했다. 제안한 내용에 대해서 회의 시간에 별다른 말이 없어서 합의했다고 생각했는데 뒤늦게서야 자신은 합의하지 않았다고 이야기하기도 했다.

● 합의된 결과에 대한 불만

아마추어들은 수익보다 취업을 위한 준비단계로 게임을 개발하는 경우가 많은데, 그러다 보니 게임 그 자체가 목적이 되기보다 게임 내의 내 결과물이 목적이 되는 경우가 많다. 취업을 위한 작업 결과물에만 신경을 쓰게 되거나, 나의 실력 향상을 위한 도전으로 게임 개발에 임하면서 팀원들 간 마찰이 심화되는 일이 생긴다. 때로는 나의 결과물을 위해 다른 팀원들이 희생해주기를 바라기도 한다. 최선의 결과물로 게임이 나오려면 프로젝트 관리자는 개인들의 욕구를 어느 정도는 조율해줘야 한다. 물론 팀원들도 그에 대해 서로 이해해야 한다. 개인의 욕심보다는 팀으로서의 결과물에 대해서 명심하고 서로를 배려해야 할 것이다.

☑ 팀원들의 신뢰(이재호)

원활한 커뮤니케이션은 좋은 감정에서 시작한다고 생각하기에 팀원들에게 좋은 사람이 되려고 노력했다. 우선 첫인상부터 신경을 썼다. 팀원들과 처음 만나는 자리에서 신중하게 말하고자 했고 복장이나 자세 또한 단정하게 했다. 첫인상을 좋게 가져가는 것의 효율이 굉장히 높다고 생각하기 때문이었다. 개인적으로 신뢰를 받을 수 있다면 첫인상을 위해 시간을 투자하는 건 매우 값싼 대가라고 생각한다. 당연히 첫인상만 신경 쓴 것은 아니었다. 팀원들이 의지할 수 있는 사람이 되기 위해 노력했는데, 내가 생각하는 이상적인 팀장의 모습이 그랬기 때문이었다. 커뮤니케이션 전문가도 아니었고 따로 공부한 것도 아니었기에 그저 '내가 팀원이라면 이런 팀장을 만나면 좋겠다'라고 생각하는 것들을 하나씩 해나갔다. 공과 사를 명확하게 구분했고, 팀원들의 의견을 대부분 귀담아들었다. 남는 것 하나 없지만 사비를 들여 맛난 것도 같이 사 먹었다. 내가 원하던 이상적인 팀장은 불편하지 않고 친근하면서도 팀장으로서 필요한 결정을 딱딱 내리는 사람이었는데, 잘했는지는 모르겠지만 그런 팀장이 되기 위해 노력했다. 노력의 결과로 내가 얻은 것은 팀원들의 신뢰였다.

물론 처음부터 그랬던 건 아니다. 개발 초기에 게임 디자인을 전반적으로 수정한 적이 있었다. 게임이 재미있는지 잘 모르겠다는 이야기가 나왔고 당시 만든 프로토타입으로는 의도한 재미를 확인하기에 구현이 부족한 상태였다. 다 함께 테스트를 끝낸 뒤 나눈 회의에서 나는 팀원들이 게임의 재미에 대해 걱정하는 것을 느낄 수 있었다. 나는 재미를 확인하기 위해 시간이 더 필요하다고 생각했지만, 팀원들이 납득하지 못하는 게임을 억지로 끌고 갈 수는 없었다. 그것은 내가 생각하는 이상적인 방식이 아니었다. 결국 내 주장을 포기하고 다시 컨셉을 잡는 쪽을 선택했는데, 만약 그때 팀원들이 나를 더 신뢰해주었다면 그 게임을 더 진행시켜 결과를 볼 수 있었을 것이란 생각이 든다.

실제로 프로젝트를 진행하며 많은 신뢰가 쌓인 후반에는 양상이 좀 달라졌다. 게임의 목표와 승리 조건을 바꾸는 큰 작업을 해야 할 필요성을 느껴 팀원들에게 이야기를 꺼냈을 때였다. 팀원들이 나를 믿고 큰 규모의 변경 작업 진행에 따라와 주었다. 나를 전적으로 믿어줬기에 설득을 위해 사용해야 할 시간을 아껴 개발을 진행할 수 있었고, 중간에 기능과 리소스를 모두 바꾸는 사건이 있었음에도 처음에 예상한 일정에 근접하게 작업을 마무리할 수 있었다. 이처럼 단단하게 쌓인 신뢰는 시간을 아껴주기도 하고 스트레스를 줄여주기도 한다. 하지만 신뢰라는 것은 그냥 쌓이지 않으므로 늘 노력하고 더 희생해야 했다.

● 커뮤니케이션의 필요성

좋은 커뮤니케이션은 게임 개발에 필요한 비용을 줄여준다. 서로의 결정을 존중하기 때문에 설득하는 데 들여야 할 시간도 줄고, 서로의 감정적인 소비도 줄어들어서 더 편한 마음으로 개발에 전념할 수 있다. 부정적인 시각도 줄여주고 긍정적인 면과 가능성을 더 찾아주기도 한다. 이런 신뢰 비용을 위해서 많은 조직들은 여러 가지 방법을 연구한다. 개발의 프로세스를 만드는 것도 이런 과정의 일부이다.

☑ 의견을 들을 수 있는 또 다른 창구 (이재호)

의도한 것은 아니었지만 프로젝트 〈캣칭〉을 진행할 당시, 우리 팀에는 팀장인 나뿐만 아니라 의견을 수렴하는 인원이 하나 더 있었다. 우리 팀의 아트디렉터였는데 굉장히 활발하게 팀원들과 소통했다. 내가 그래픽 분야에 모르는 부분이 많고 그래픽 팀원들이 많다 보니 아트디렉터와 의견을 많이 나누었고 작업 방향과 일정 등을 함께 관리했다. 둘이 대화하다 보면 팀원들이 아트디렉터에게 하지 못했던 이야기를 나에게 하거나, 나에게 하지 못한 이야기를 아트디렉터에게 많이 했다는 것을 알게 되었다. 낯부끄러워서 앞에서 하지 못한 칭찬도 있었고, 문제가 있다고 생각하지만 열심히 노력하는 것을 알기에 앞에서 하지 못한 이야기도 있었다. 의견을 수렴하는 귀가 2개이니 더 다양한 의견을 들을 수 있었고, 객관적인 입장에서 서로에게 이야기해줄 수도 있었다. 이런 것들은 팀을 끌고 나가는 데 원동력이 되기도 했고, 문제들을 미리 바로잡아 팀 내에 불만이 쌓이는 걸 방지하는 데에도 많은 도움이 되었다. 그리고 무엇보다 서로의 입장을 잘 이해해주었기에 정신적으로 의지가 되는 점이 가장 좋았다. 역시나 가장 중요한 것은 본인의 정신이기 때문이다.

소통하는 방식에서도 두 가지의 창구를 열어놓았다. 회의나 작업실에서 나누는 대화 이외에도 정기적으로 개인 면담을 한 것이다. 이런 번거로운 일을 한 이유는 팀원들 앞에서 이야기를 잘 못 하는 소극적인 팀원의 의견을 듣고자 함이었고, 동시에 앞에서는 말하지 못한 팀 내의 다툼이나 불만을 듣기 위함이었다. 뭘 그렇게까지 하냐고 여길 수도 있지만 다툼 때문에 팀이 깨지는 선례를 많이 보았고, 조심해서 나쁠 것은 없다고 생각했다. 우리 팀은 굉장히 분위기가 좋은 편에 속했지만, 작업하다 보면 말 못 할 불만이 쌓이는 경우가 있는데 몇몇 불만은 면담을 통해 수렴하고 또 해결할 수 있었다. 나는 개인 면담이 우리 팀의 좋은 분위기를 유지하는 데 한 몫했다고 생각한다.

☑ 외부 피드백에 대처하는 우리의 자세(김다훈)

학생들의 개발에서 교수님의 피드백은 위험하면서도 달콤하다. 개발을 경험해보고 상용화까지 해보신 교수님들은 사실상 업계 선배님이다. 그런 전문가들이 우리의 프로젝트를 보면서 피드백을 해주시면 엄청난 게임을 만들 수 있을 것만 같다. 하지만 현실은 냉정해서 어떤 팀은 상승세를 타고 더 멋진 결과물을 만들어내기도 하지만, 어떤 팀은 아래로 곤두박질치며 붕괴되기도 한다. 마치 거대한 폭풍을 만난 배처럼.

학교에서 진행한 프로젝트였기에 2주 간격으로 팀의 진행 상황을 보고했다. 개발 과정에 대해 간단하게 발표하면 교수님들이 의견을 말씀해주셨다. 한 팀이 아니라 여러 팀이 발표하는 자리이고 각 팀의 진행 상황이 달라서 게임이 아니라 별도의 발표 자료를 만들어야 했다. 초반에는 실제로 구현된 부분이 없어서 방향성과 핵심 규칙 등에 대해 설명하기도 했다. 나에게는 고통의 시간이자 반성하게 되는 시간이었다.

우리 게임은 조작만이 아닌 전략적 요소도 있는 액션 게임을 만드는 것이 목표였다. 그래서 PC가 탱커 모드와 딜러 모드로 변경하는 것이 핵심 컨셉이었다. 하지만 모드를 강제로 변경하게 하는 건 재미가 없으니, 특정 상황일 때 반드시 모드를 바꿔야 하는 것이 아니라 모드를 바꿨을 때 좀 더 효율적인 전투를 할 수 있게 만드는 것이 의도였다. 가위바위보 게임에서 상대가 가위를 낸다는 것을 알면 나는 선택의 여지가 없이 반드시 주먹을 내야 하는 것처럼 구성하면 강제적으로 모드를 바뀌게 할 수는 있겠지만 전략적인 면이 없어질 것이다. 상대가 가위를 냈을 때 내가 주먹을 내는 것이 좋을지, 보를 내는 것이 좋을지를 생각해서 플레이어가 하나를 선택하는 것. 여기에서 전략성이 생긴다고 보았다. 어떤 것이 더 유리할지 플레이어가 생각하고 자신이 생각하기에 최선의 답을 찾는 것이다. 조금 더 유리하고 조금 더 어려울 수는 있어도, 둘 다 틀린 답은 아닌 전투. 강제적으로 모드를 바뀌게 하면 한 번의 실수로도 죽을 수 있는 전투를 만들어야 하는데, 이것은 너무 빡빡하고 피로감을 높일 공산이 컸다.

이런 전투의 컨셉에 대해서 발표하자 교수님께서 '탱커 모드만으로도 보스를 죽일 수 있을 것 같다'라고 하셔서 나는 '하나의 모드만으로 전투를 한다면 불가능하진 않지만, 비효율적으로 될 것이고 힘든 전투가 될 것'

이라고 설명했다. 그러자 그것도 모드 변형을 강제하는 것이 아니냐는 피드백을 주시며 플레이어가 자연스럽게 납득하고 스왑을 할 목적성이 필요하다고 말씀하셨다. 어떤 목적성을 의미하시는 것인지 예시라도 말씀해주시면 좋았을 텐데, 그 외 다른 설명은 없었다. 전투의 상황이 어려워지거나 더 유리한 상황을 만들기 위해서 스킬을 사용하는 것이 아닌가. 여기에 좀 더 극단적으로 상황을 바꾸고 PC의 모드를 바꾸는 것은 왜 강제적으로 모드를 바꾸는 것이 될까. 이에 대해 이해하지 못했고, 따라서 답도 찾지 못한 채 고민만 하면서 다음 단계로 넘어가지 못해 개발 시간을 허비하게 되었다. 그리고 발표 자리에서 교수님이 만족할 만한 답을 내놓지 못한 나는 다른 팀원들에게 흔들리는 모습으로 비춰졌고, 이후 팀 분위기가 많이 위축되고 활기가 사라지게 되었다.

PC는 아티스트의 선호에 따라 소녀 캐릭터로 만들었다. 모델링과 애니메이션 작업을 하고 PC의 대기 자세를 발표했을 때 매우 많은 지적을 받았고 많은 혼란을 겪었다. 탱커 모드와 딜러 모드가 있고, 각각의 모드에

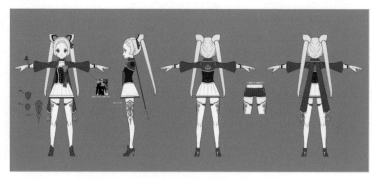

▲ 플레이어 캐릭터인 베리의 삼면도 초안(2D 아티스트: 엄수영)

는 전투 타입에 어울리는 동작들이 필요했다. 탱커 모드는 전사형 캐릭터

에게 많이 사용하는 '당돌하고 불의를 보면 참지 못하는 성격'으로 설정했

▲ A 교수님의 의견에 따라 수정한 결과물

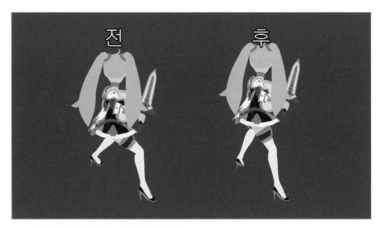

▲ B 교수님의 의견에 따라 수정한 결과물

다. 이를 기반으로 대기, 이동, 기본 공격의 세 가지 동작이 필요했다.

전사다움을 강조하고 싶었기에 파티의 전방에서 싸우는 전사에 어울리도록 단단하고 투박한 동작으로 대기 동작을 만들었다. 그런데 여기에 대한 교수님들의 피드백이 갈렸다. A 교수님은 소녀 캐릭터의 귀여운 모습을 강조하는 것이 좋지 않겠느냐고 하셨고, B 교수님은 전투하는 캐릭터이니 당장 전투에 돌입할 수 있을 듯한 동작이 어울린다고 하셨다. 하나의 캐릭터 대기 모션에서 교수님들의 의견이 갈리자 우리는 혼란을 겪었다. 동작을 소녀답게 바꾸면 전투와 어울리지 않는다고 피드백을 받았고, 다시 만들어가면 반대의 피드백을 받았다. 이 과정에서 애니메이터는 8개의 동작을 새로 만들어야 했고 우리는 처음의 예상과는 달리 거의 한 달을 이 작업에 매달려야 했다.

☑ 외부 피드백 활용하기 (이재호)

개발하는 과정에서 정말 사소한 "캐릭터가 너무 예뻐요"부터 시작해서 "게임이 재미있어요" 같은 단순한 칭찬들도 팀 외부에서 들리면 팀원들의 의욕에 큰 영향을 미치고 많은 도움이 되기도 한다. 그런 면에서 학교라는 작업 공간은 다양한 외부인들의 의견을 듣기에 굉장히 좋은 장소였다. 바로 옆 팀의 친구부터 QA팀, 그리고 교수님까지 다양한 의견들을 수집할 수 있었다.

〈캣칭〉 프로젝트를 진행하는 동안 기술적인 부분에서 외부의 도움을

▲ 피드백 전 게임 화면

▲ 피드백 후 게임 화면

굉장히 많이 받았다. 아트 팀원 중에서 엔진을 다룰 줄 아는 팀원이 없었기

에 다른 팀에서 라이팅lighting 관련 작업을 하는 팀원을 빌려와 피드백을

받으며 작업을 진행했다. 모르는 부분은 하나하나 기초부터 배우기도 하

고, 정리본 같은 것을 공유받기도 했다. 일종의 배움의 나눔이었는데 교수

님께 수업으로 듣는 것만큼 체계적이지는 않아도 속성강의로 다양한 지식과 팁을 얻을 수 있었다.

색감에서도 좋은 피드백을 받을 수 있었다. 우리 팀은 3D 배경 제작의 경험이 많이 부족한 편이라 확실한 참고자료가 필요했다. 영화 〈라따뚜이〉의 식당을 모티브 삼아 배경을 제작하자, 명확한 모티브 없이 막연한 생각으로 제작했던 이전 주의 작업과는 비교가 되지 않을 정도로 보기 좋아졌다. 하지만 칭찬을 기대했던 것과 달리 교수님은 배경의 많은 문제점들을 지적해주셨다. 먼저 색채 간의 대비가 너무 심하다는 점이었다. 하얀색과 검은색, 그리고 채도 높은 빨간색과 노란색이 섞여 있는 배경은 캐릭터에 집중해야 하는 게임에는 어울리지 않다고 하셨다. 배경이 예쁘게 만들어진 것에만 만족스러워하고 있었는데, 우리가 다름 아닌 '게임'의 배경을 만들고 있음을 간과했던 것이다.

교수님은 게임 캐릭터와 배경에 따로따로 사용되는 채도나 명도들을 정할 필요가 있다고 하셨다. 나중에 실제 게임 회사에서는 캐릭터나 배경에 사용할 수 있는 채도나 명도에 대한 가이드라인을 잡아두고 작업한다는 사실을 알게 되었다. 우리 팀도 배경의 전체적인 톤을 죽이는 작업을 비롯해, 연출이나 UI가 더 잘 보이기 위해 사용하는 색 등을 구분하기 시작했다. 이미 업계에서는 기본적으로 사용하고 있는 시스템들에 대해서 모르는 부분이 많이 있었고, 이런 정리된 노하우들을 얻을 때마다 게임의 수준을 끌어올릴 수 있었다.

▲ 피드백 전: 캐릭터가 배경에 묻혀 잘 보이지 않는다.

▲ 피드백 후: 캐릭터가 훨씬 더 잘 보인다.

　　외부 피드백의 다른 장점 중 하나는 객관적인 시선이라고 생각한다. 물론 피드백하는 사람은 자신의 주관적인 생각을 말하는 것이겠지만, 해당 게임을 개발한 인력이 아니므로 개발자들은 너무 익숙해서 넘어가는 것들을 지적해줄 수 있는 객관적인 시선이 담긴 피드백을 제시하게 된다. 이런 객관적인 시선에 의해 들어온 피드백은 팀 내부에서 무언가를 주장할 때 좋은 뒷받침이 되어준다. 예를 들어 내가 캐릭터를 추가하는 것이 급하다고 이야기할 때 게임을 해본 외부인이 "캐릭터가 너무 없는데?"라고 함께 말해준다면, 다른 팀원들도 캐릭터를 추가해야 한다는 제안을 저항 없이 받아들이게 된다.

〈캣칭〉을 개발하면서도 외부 피드백으로 커뮤니케이션을 좀 더 편하게 했던 기억이 있다. 한창 기획을 갈아치워 힘든 상황이었다. 새로운 기획을 검증하기 위해 만든 프로토타입을 다른 팀의 팀원들이 와서 해본 뒤 재미있다고 해줬고 이어진 발표까지 긍정적인 반응으로 이어지자, 그 뒤로 팀 내부에서 게임이 재미없다거나 재미있는지 잘 모르겠다는 이야기를 들을 수 없었다. 교수님이 발표 중 박수를 치며 재미있을 거라고 해주셨고 발표 후에도 따로 찾아와 이제 이것을 잘 살리기만 하면 된다고 칭찬한 결과, 팀원들의 머릿속에서 이 게임이 재미있다는 생각은 확신으로 변한 듯했다. 백날 재미있을 것이라고 혼자 열심히 설득하던 저번 기획과는 너무도 다른 반응이었다. 외부 피드백의 객관적인 시선은 긍정적인 부분을 극대화하는 것 말고도 부정적인 작업에 대한 저항도 줄일 수 있다. 프로젝트 〈캣칭〉에서 테이블과 의자는 가장 많이 보게 되는 오브젝트인 만큼 신경을 많이 써야 해서 작업한 팀원에게 몇 번이고 재작업과 수정을 요청했다. 작업이 반복될 때마다 작업자는 점점 작업 의지를 잃어갔고, 결국 더는 테이블과 의자를 건드리기 싫다고 말했다. 그러던 중 다른 팀의 작업자가 했던 "어, 이거 좀 이상하지 않아?"라는 한마디가 결국 다시 작업자의 손을 움직였다. 차마 팀원에게 다시 작업하라고 이야기하기 미안했던 차에 외부 피드백의 힘을 빌려 다시 작업해야 함을 인식시킬 수 있었다. 이외에도 게임 목표를 바꾸는 큰 변화가 있을 때도 '교수님도 전에 이와 같은 점을 지적했다'고 이야기하면서 변경해야 하는 이유를 설득하는 데 힘을 실었던 적도 있었다.

설득력도 설득력이지만 외부 피드백을 활용하면 감정적인 부분에서의 영향이 적어서 좋았다. 내가 문제가 있다고 생각하는 것과 다른 사람이 봐도 문제가 있는 것은, 문제를 지적당한 사람의 입장에서 봤을 때 제법 차이가 있다. 책임 소재를 넘기는 것이라고 생각할 수도 있지만, 그와는 조금 다르다고 생각한다. 어차피 이야기를 꺼낸 사람은 책임에서 자유롭지 못하다. 더욱이 미움받기를 좋아할 사람은 없을 것이다. 그것이 함께 일해야 할 팀원이라면 더더욱 그렇다. 할 이야기라면 해야 하지만 좀 더 부드럽게 전달하거나 객관적인 시선을 함께 전달하는 것으로 팀원과 척을 지지 않고 의사를 전달할 수 있다면 훨씬 좋은 방법이라고 생각한다. 외부 피드백은 이런 부분에서 참 많은 도움이 된다.

외부 피드백 중에는 공식적인 표창이나 상장을 받는 일도 포함된다. 교수님들이나 다른 팀에 있는 친구들로부터 받는 피드백과는 또 다르다. 좀 더 뭔가 대단한 일을 한 것 같은 느낌을 받는다. 졸업 작품을 지스타에 전시하는 동안, 우리 팀의 게임이 단독으로 인터뷰한 기사가 나간 적 있었다. 이것 외에도 출시 제의 명함을 받기도 했는데 우리 팀에게는 그야말로 행복한 경험이었다. 굉장히 뿌듯하고 사기가 충전되는 기분이었다. 아마 나뿐만 아니라 모든 팀원들에게 행복한 기억으로 남았을 것이다. 우리에겐

과분한 일이었지만 그동안의 고생과 노력을 보답받는 듯했고, 광대와 입꼬리가 올라가 내려오지 않는 경험은 오랜만이었다. 이런 기억은 단순히 프로젝트 〈캣칭〉을 더 잘해야겠다는 생각을 넘어서, 앞으로 더 재미있고 더 좋은 작품을 만들고 싶다고 생각하는 동기가 되어주었다.

☑ 피드백을 대하는 자세

당연하게도 외부 피드백에는 긍정적인 부분만 있는 것은 아니다. 내 생각과는 정반대되는 피드백이 수집될 수도 있고, 단순히 기분 나쁜 메시지 또한 존재할 수 있다. 팀 내부 사정을 모르는 사람인 만큼 더 가차 없이 결과만을 보고 피드백을 준다. 가장 까다로운 상황은 영향력 있는 사람의 외부 피드백이 내 의견과 엇갈리는 경우이다. 이 경우 외부 피드백의 의견이 더 타당하다고 생각하는 팀원들을 설득 또는 이해시켜야 하고, 시간이 없다면 두 의견 중 하나를 강제적으로 선택해야 되는 상황이 오기도 한다. 프로젝트 〈캣칭〉의 현재 모습도 충분히 만족스럽지만, 교수님의 재미있는지 모르겠다는 피드백에 엎어진 기존 생각을 포기하지 않고 진행했다면 충분히 재미있는 작품이 나올 수 있었을 거라고 생각한다. 당시에 할 수 있는 최선의 결정이었지만 아쉬움이 남았다. 내가 팀원들을 더 잘 설득하거나 팀원들이 나에 대한 신뢰가 더 높았다면 포기하지 않고도 좋은 결과를 봤을 것이라는 생각이 들었기 때문이다. 이처럼 강력한 영향력을 가진 대상의 피드백은 제어하기 힘들뿐더러 제어하기 위해 많은 시간이나 감정을 소모해야 한다. 외부 피드백에 굳건하게 대응하는 방법도 있지만, 객관적인 시선을 무시하고 주관적인 의견으로만 이끌어나가는 것처럼 보일 수도

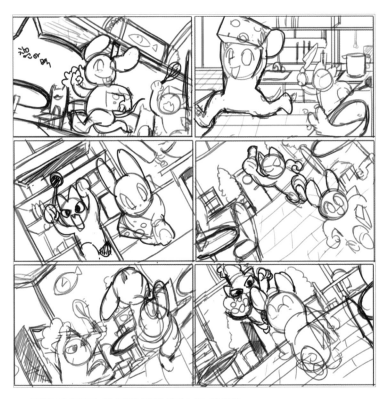

▲ 〈캣칭〉의 플레이 시나리오 (컨셉 아티스트: 이기쁨)

있다. 결국 외부적인 피드백의 영향을 무시하기는 힘들다는 것인데, 팀장으로서나 게임 디자이너로서나 팀 내부의 결정에서 팀 외부 피드백의 영향력이 더 큰 것은 조금 껄끄러운 일이며 씁쓸한 감정이 들게 하기도 한다. 결국 결정에 대한 책임을 지는 사람은 외부 인력이 아닌 내부의 책임자이기 때문이다.

뭐든 그렇지만 외부 피드백도 활용하기 나름일 것이다. 개인적으로는 외부 피드백으로 인해 얻은 것이 많았기에 외부 피드백을 받을 수 있는 환경이나 여력이 된다면 활용하기를 추천한다. 하지만 내가 팀 프로젝트를 하며 가장 상처받았던 때가 팀원들이 나의 의견보다 외부 피드백의 의견을 따랐을 때라는 점을 잊지 않았으면 한다. 외부 피드백은 더 많은 것들을 가능하게 해주고 놓치고 있는 것을 볼 수 있도록 도와주기도 하지만, 결국 제어하지 못한다면 의도와는 다른 방향으로도 큰 파급력을 가져올 수 있음을 염두에 두고 활용한다면 더 좋은 결과가 나올 것으로 생각한다.

STEP 3

08 프로젝트 진행 중
선택의 순간들

프로젝트를 시작할 때는 큰 기대와 희망을 품지만 현실은 항상 생각대로 흘러가지 않는다. 하지만 많은 이들이 행운을 기대하고, 계획한 일들이 희망적으로 진행될 것이라 믿으면서 의욕 넘치게 일정을 계획한다. 일이 진행되면 항상 크고 작은 문제가 생기기 마련이고, 이에 대해 예상하고 준비하지 않으면 충분히 해결할 수 있는 문제들임에도 수습되지 않을 수 있으며, 개발자의 의욕은 사라진다. 희망을 품는 것은 좋지만 여러 명이 함께 작업할 때는 항상 최악의 상황을 예상하고 대비해야 한다.

● 게임의 컨셉은 구체적일수록 좋다
어떤 게임을 만들 것인지 결정되어야 실질적으로 프로젝트가 시작된다고 말할 수 있다. 무엇을 할지 결정되지 않았다면, 비록 팀이 구성되고 사람들이 모여 있어도 프로젝트가 시작되었다고 말하기 어렵다. 목적이 없거나 목적이 확실하지 않으면 사람들은 쉽게 떠나갈 수 있다. 목적은 사람들을 묶어주는 구심점이 되지만, 구체적으로 설정되지 않은 목적은 서로 간의 오해를 불러일으키기도 한다. 게임이 구심점이 되기 위해서는 모두가 목표하는 게임의 내용에 대해서 같은 생각을 하고 있어야 한다. 여기에서 게임의 컨셉이 힘을 발휘한다. 게임은 완성되기 전에는 그 형태를 짐작하기 어렵다. 그럴 때 컨셉이 사람들에게 완성된 게임의 형태를 그릴 수 있도록 해주고, 공통의 목표를 부여하여 같은 지향점을 갖도록 해준다. 컨셉을 어떻게 정해야 하는지, 어떤 형태로 표현해야 하는지 정해진 건 없다. 사람들이 어떤 플레이를 하는 게임인지 상상할 수 있도록 구체적으로 표현할 수만 있다면 어떤 형태이건 상관없다.

간혹 컨셉을 '아름다운 서정이 돋보이는 게임' 등 홍보 문구에서나 쓰일 법한 막연한 문장으로 표현하는 경우가 있다. 그러나 컨셉은 외부인들에게 게임의 이미지를 설명하기 위함이 아닌, 개발팀 내에서 서로의 생각을 묶어주기 위한 것임을 기억하자. 짧고 간결하게 표현하는 것이 중요한 게 아니라 게임의 내용을 구체적으로 설명할 수 있는 것이 더 중요하다. 게임의 내용이 구체적이고 게임이 다듬어질수록 문장은 간결해지기 마련이다. 초기에 사람들의 생각이 명확하지 않을 때 막연한 문장을 던지면 각자 다른 생각을 하게 될 수도 있고, 이 과정에서 오해가 쌓일 수도 있게 한다. 컨셉을 구체적으로 잡는다는 것은 플레이어가 어떤 행동(어떤 조작)을 하게 할 것이며, 어떤 과정에서 도전의 의욕과 성공의 성취감을 주게 할 것인가를 정리하는 것이다.

게임을 개발한다는 것은 정해진 일정에 맞춰서 각자가 해야 할 일을 완료하는 것만을 말하지 않는다. 개발 과정에는 팀 구성원들의 생각을 모으고 각자가 생각하는 최선의 결과물을 만들어낼 수 있도록 논의하고 협의하는 과정이 포함되어 있다. 좋은 컨셉은 각 팀원들이 스스로 무엇을 해야 할지 짐작할 수 있게 하며, 그 내용들이 통일되게 해주는 것이다. 각자가 해야 할 일들에 대해서 구체화할 수 있어도 모두가 다른 배경을 생각한다면 이것은 좋은 컨셉이라고 하기 어렵다.

● 항상 새로운 것만이 좋은 건 아니다

하지만 우리 모두 알고 있듯이, 컨셉을 잡는다는 것은 쉬운 일이 아니다. 막연한 내용을 구체화하는 과정은 쉽지 않다. 구체적으로 설계했을 때 기존의 다른 게임들과 비교해 차별화를 가지면서 우리 팀만의 매력을 갖게 하는 일은 어렵다. 아이디어를 수집하고 컨셉을 정리하는 과정을 개발 일정에 넣지 말라고 이야기하는 이유가 바로 이것이다. 좋은 생각이 언제 떠오를지 예측하기란 불가능하다. 당장 내일 아침에 세수하면서 그럴듯한 생각이 떠오를 수도 있고, 온갖 자료를 한 달 동안 찾아봐도 좋은 생각이 잡히지 않을 수도 있다. 좋은 생각을 잡는다는 것은 영감이 필요한 일이다. 하지만 시간은 나의 마음과는 무관하게 흘러간다. 만약 팀원이 이미 모인 상태라면 컨셉이 정리되기 이전에는 팀원들의 불안감만 가중될 것이다. 만약 개발 완료 기한이 정해져 있다면 속절없이 시간만 보내고 있을 수도 있다.

　우리는 항상 '좋은 컨셉'에 대해서 이야기한다. 혹은 '나쁜 컨셉'에 대해서도 이야기한다. 하지만 우리가 절대 하지 않는 이야기가 있다. 바로 '평범한' 컨셉이다. 평범한 컨셉은 새로운 맛은 없을지 몰라도 우리에게 익숙한 모습일 수 있다. 여기에서 중요한 건 컨셉이 '있다'는 것이다. 컨셉이 없는 것보다는 평범한 컨셉이라도 있는 게 중요하다. 무엇을 할지가 결정되면 시간에 대한 계획을 세울 수 있다. 1년 이내의 일정이라면 게임의 컨셉은 최소한 전체 기간의 1/5 이전에는 정해져야 한다. 12개월이 전체 기간이라면 2개월 이내에는 게임의 컨셉이 결정되고 프로토타이핑도 어느 정도 끝나야 한다. 만약 6개월 동안 게임을 만든다면 1개월 이내에는 게임의 컨셉이 결정되어야 한다. 만약 게임 개발 일정이 5개월이라면? 2주 이내에는 컨셉이 결정되어야 한다. 그래야 게임의 기본 구조를 만들 수 있고, 게임이라는 형태를 만들 수 있는 시간적 여유가 생긴다. 처음부터 어떤 게임을 만들겠다고 결정한 다음에 프로젝트가 시작되었다면 괜찮지만, 팀원들이 먼저 모인 다음에 게임의 컨셉을 결정한다면 우선은 팀원들의 아이디어를 모아서 그중 어떤 것을 선택할지 고민하게 될 것이다. 그리고 그런 고민들을 정리해서 프로토타입을 만들어봤을 때, 기대한 대로 나오면 다행이지만 기대한 대로 나오지 않는 경우도 있을 수 있다.

만약 컨셉을 완성해야 하는 시간이 다가오고 있는데 게임의 컨셉이 결정되지 않았다면 기존의 게임 중 하나를 선택해서 모작하는 것도 나쁘지 않은 선택이다. 출시 목적이 아니라면 기존의 게임을 카피해서 만들어보는 것도 괜찮다. 아마 게임 개발자들이라면 '역 기획서'라는 말을 들어봤을 텐데, 기존에 나와 있는 게임 중 하나를 선택해서 그에 대한 설계 문서를 작성하는 방법이다. 게임 프로젝트를 진행하는 것도 이와 비슷할 수 있다. 시간이 부족한데 무슨 게임을 만들지 고민만 하면서 시간을 까먹는 것보다는 기존의 게임을 하나 참조해서 그 게임을 만들기 위해서는 무엇이 필요한지를 고민하고, 실제로 필요한 내용과 우리 팀이 만들 수 있는 내용들에 대한 절충안을 찾아서 우선 구현해보는 것이다.

기본적인 형태를 구현하고 나면 추가로 무엇을 덧붙여야 할지도 구체적으로 생각날 수 있다. 비록 참고하는 게임이 있다고 해도 그 게임과 동일한 결과물을 만드는 것은 거의 불가능하다. 그 과정에서 팀원들 간의 개성이 들어갈 수 있고, 현재의 상황에 맞춰서 다른 방향으로 게임의 내용이 정해질 수도 있다. 그러면 전혀 다른 결과물이 나오게 된다. 중요한 것은 이것이다. 뭘 만들지 고민하면서 시간을 까먹는 것보다는 무언가를 만들어야 한다. 우선은 게임을 개발해보고 싶어서 팀을 만든 것이 아닌가.

● 기간별 전체 일정에 대한 가이드를 잡아라

학교나 학원 등 수업의 일환으로 프로젝트를 하는 경우에는 대부분 마감 날짜가 정해져 있다. 여기에 대해 너무 억울해하지 않았으면 좋겠다. 왜냐하면 상용화 게임 개발에도 마감 날짜는 어느 정도 정해져 있으니까. 일부 게임 개발사들은 마감 날짜를 정하지 않아서 개발자들이 원하는 결과가 나올 때까지 개발할 수도 있겠지만, 대부분의 현실은 그렇지 않다. 개발에 대한 마감 날짜는 어느 정도 정해져 있고, 그에 맞춰서 모든 자원들이 배분된다. 마감이 없는 계획이란 무계획과도 같으며 목표 없이 항해하는 배와도 같다. 마감이 출시 날짜를 의미하는 것은 아니지만 무언가를 마무리하는 날짜는 필요하다. 언제까지 생각하는 게임의 형태를 만들어놓을지, 그 결과를 보고 차후에 무엇을 더 다듬고 어떤 부분을 더 추가할지, 그리고 그 이후에 출시할지 안 할지를 결정할 수도 있지만 어쨌거나 마감이라는 날짜는 존재한다.

아마추어를 위한 개발팀도 마찬가지다. 강제적으로 마감이 정해져 있지 않더라도, 그러니까 취미로 개발을 하고픈 팀이라도 마감 날짜를 반드시 정해야 한다. 기간에 대한 계획은 가장 명확하게 보이는 내용이며 시간이 흐름에 따라 무엇을 해야 하는지를 정리하는 것은 프로젝트의 진행을 다듬는 데 큰 도움이 된다. 전체의 기간에 대해서 대략적으로 정하고, 비록 장담할 수는 없을지라도 그 기간 안에 어디까지 구현할지를 정한다. 기준이 일정이 되어도 좋고 개발 내용이 되는 것도 좋다. 중요한 것은 무언가의 기준이 필요하다는 것이다. 어떤 게임을 만들 것인지 명확하게 알고 있다면 게임 내용의 기준을 잡을 수도 있겠지만, 대부분의 아마추어 개발팀의 경우는 게임의 세부적인 내용을 잡기 어렵고 원하는 결과를 얻기 위해서 무엇을 해야 할지 정리하기도 어렵다. 그러니 가장 분명하고 명확한 시간을 기준으로 잡는 것이 좀 더 편리하며, 다른 팀원들도 그에 대해서 명확하게 인지할 수 있다. 능력 대비 기간에 대해서 작업량을 산정하면 현실적으로 일정 기간 내에 얼마나 만들 수 있을지를 확인할 수도 있다. 즉, 현실 감각을 깨달을 수 있는 것이다. 우리는 짧은 시간에 생각보다 많은 것을 할 수 없다.

대략적인 마감 날짜를 잡고, 마감일까지 어디까지 개발할지 일정을 잡는다. 이것은 일차적으로는 팀원들에게 목표를 설정해줄 수 있으며, 팀원들이 어디까지 할 수 있는지 객관적으로 확인할 수 있는 기준이 될 수 있다. 프로젝트를 경험해본다는 것에는 포괄적인 의미가 있다. 게임이 완성되기 위해서 세부적으로 어떤 작업 과정이 필요한지 경험해보는 의미도 있지만, 현실적인 일정을 인지하는 것도 중요한 경험이다. 대부분 경험이 없는 사람들은 자신들의 능력을 과신하고 환상적인 일정을 잡는다. 하지만 생각보다 작업 시간은 오래 걸린다. 게다가 작업만 하면 될 것 같지만 작업을 위해 준비하고, 세부적인 사항에 대한 계획을 세우며, 작업 순서를 조율하는 과정에서도 많은 시간이 소요된다. 개발에 반드시 필요한 시간들이지만 눈에 보이지 않는 시간들이 존재하는 것이다. 경험이 없는 사람들은 이에 대한 대비책이 약할 수밖에 없으므로, 그에 대한 여유 시간을 만들어놓는 것도 필요하다.

해야 할 일의 목록을 만들고, 그 일들이 얼마나 걸릴지를 수량화해서 계획을 세우자. 나와야 할 결과물을 기준으로 작업에 얼마나 시간이 걸릴지 예상해도 좋고, 예상 작업 시간을 기준으로 언제까지 끊어서 가겠다고 계획해도 좋다. 계획한 시간과 실제 걸린 시간이 맞지 않으면 다음에 계획을 세울 때 그걸 감안해서 다시 계획을 세우면 된다. 이런 과정이 반복되면 자신의 작업 시간을 객관적으로 들여다볼 수 있다. 시간에 대한 기준을 잡아놓으면 무리하게 작업하고 있는 것인지, 너무 여유를 갖고 작업하는 것인지도 알 수 있고, 시간 계획을 연습함으로써 작업 시간에 대한 현실적인 감각을 익힐 수도 있다.

● **무리한 일정을 짜지 마라**

굳이 이야기하지 않아도 우리는 모두 무리한 일정을 짜면 안 된다는 사실을 알고 있다. 하지만 실제로는 많은 팀들이 무리한 계획을 세우는데, 마치 무리한 일정과 효율적이고 밀도 높은 일정에 대한 차이를 구별하지 못하는 것처럼 보이기도 한다.

무리한 일정을 짜지 않는 기본적인 방법은 현실적인 작업 시간을 파악하는 것이다. 전체 작업 일정이 대략 3~4개월이고 팀 구성원들이 모두 젊은 청춘이라 체력에 무리가 없다고 판단된다면, 열심히 해보자고 의기투합해서 긴 시간 동안 개발에 매달릴 수 있도록 조금은 빡빡하게 일정을 짜야겠다고 생각할 수도 있다. 당연히 예상되는 수순이지만 이런 경우 체력이 무너지면 계획은 쉽게 무너지고, 전체 일정이 무너지면 계획대로 결과물이 나오지 않게 된다. 사람이 집중해서 일할 수 있는 시간은 한계가 있고, 아무리 빡빡하게 일정을 잡는다고 해도 일주일 이상 비상근무crunch time, 크런치모드 체제를 유지하기란 무리이다. 전체적인 모습이 결정되고 마지막 마무리 단계에서 제한적으로 하는 것이라면 몰라도, 처음부터 장시간 동안 개발에 매달리게 한다면 오히려 집중력 저하로 효율이 떨어질 것이다.

하지만 이 말은 체력을 관리하고 컨디션 조절을 하면서 프로젝트를 진행하기 위해 무리한 일정을 짜지 말라는 의미는 아니다. 무리한 일정이란 A 작업이 끝나고 나면 B 작업을 진행하는 데 여유 시간을 두지 않는 것을 말한다. 그러다 만약 A 작업이 문제가 생겨서 늦어지거나 마무리가 되지 않는다면 연쇄적으로 다음 작업에도 문제가 발생한다. 하나의 단계가 끝나게 될 때는 이미 개발된 내용에 대해 충분한 테스트가 이루어져야 무리 없이 다음 단계의 작업으로 연결될 수 있다. 이런 테스트를 위한 시간과 문제가 발생할 경우, 문제를 해결할 시간을 미리 준비해놓지 않으면 결과물이 엉성해진다. 또한 계획과는 다르게 늦어지는 개발 일정에 마음이 조급해지기 마련이다. 마음의 여유를 잃어버리면 점점 더 많은 문제가 발생하는 악순환이 생긴다. 이렇게 중간중간에 나온 결과물을 점검하고 문제 해결을 위한 여유 기간을 미리 고려해야 하며 일정을 계획할 때 기계처럼 결과물이 나올 것을 기대해선 안 된다.

대부분의 작업이 연계되어 이루어지므로 하나의 작업이 끝나야 다음 작업이 시작하도록 파이프라인을 잡아놓곤 한다. 하지만 이것은 앞 단계에서 문제가 발생하면 연쇄적으로 문제가 발생되도록 만드는 환경이다. 그래서 실제 결과물은 서로 연계가 되도록 하지만, 개인 작업은 각자 작업할 수 있도록 환경을 갖추어야 한다. 이를 위해 더미 데이터를 적극적으로 활용하는 것이 좋다. 데이터건, 리소스건, 구현을 위한 것을 준비해놓고 실제 적용은 각 작업자가 신중하게 자신의 작업 호흡에 맞춰서 할 수 있게 하면 좀 더 여유로운 마음을 가지고 개발을 진행할 수 있다.

아마추어 개발자들은 아직 개발에 대한 풍부한 경험이 없으므로 개발 과정에서 무슨 일이 발생할지 예측할 수 없다. 그러니 다시 말하지만 절대 무리하게 일정을 계획해선 안 된다. 예상하지 못한 문제가 발생하면 개인의 시간을 투자해서 문제를 해결해야 하는데, 사람은 잠을 안 자고 살 수 없으며 밤을 새워서 급한 일을 처리하는 것도 한계가 있다. 절대 체력을 태워서 작업할 수는 없다. 일정은 여유 있게 잡되 버리는 시간이 없도록 하는 것도 중요하다. 추상적인 고민이 필요한 문제나 작업 기간을 산출할 수 없는 문제들은 일정에 넣지 않는다. 이 말은 초기에 계획을 세울 때 무엇을 할지 명확하게 정리하고 시작해야 한다는 걸 의미한다.

● 모두가 동시에 프로젝트에 매달려야 하는 것은 아니다
작업 내용을 골고루 분배하는 것은 중요하다. 팀원들의 개인 능력은 모

두가 동등하진 않지만, 작업량의 분배는 동등하게 집행되어야 한다. 이 것의 중요성을 간과하게 되면 작업 의욕이 있고 실력이 좋은 팀원일수록 일이 몰리게 되는 현상이 발생한다. 작업 의욕이 넘치니 남들보다 좀 더 많은 일을 하는 것은 큰 문제가 아닌 것처럼 보일 수도 있다. 하지만 많은 작업은 필연적으로 높은 체력을 요구하게 되는데 체력이 떨어지면 정신적으로도 쉽게 지친다. 처음에는 의욕적으로 일을 시작했을지 몰라도, 나는 수면시간을 줄여가며 작업하고 있는데 옆의 다른 팀원은 시간이 남아 개인 작업을 하고 있다면 짜증이 나는 것은 어쩔 수 없다. 혹은 의욕적으로 일을 맡겠다고 했던 누군가에게 만약 무슨 일이 생긴 다면 뒷감당이 어려울 수 있다.

작은 규모의 아마추어팀들은 팀원 하나하나에게 의존도가 높을 수 밖에 없다. 또한 작업을 잘 분배해서 버려지는 시간이 없도록 밀도 있게 계획을 세우고 싶어 한다. 그래서 많은 일을 해결할 수 있는 팀원에게 일이 가중되는 경우가 생긴다. 같은 시간에 더 많은 결과물을 만들 수 있기 때문이다. 하지만 작업 분배에서 균형이 맞지 않으면 자칫 팀원 간에 불화를 만들 수 있고 팀원의 의욕 저하로 이어질 수도 있다. 작업의 분배는 중요하다. 팀원들의 개인 능력이 모두가 동등하지 않더라도 작업의 분배는 가능한 동등하게 집행하는 것이 좋다.

개인의 작업이 끝났을 때, 남는 시간에 대해서도 관대해질 필요가 있다. 나는 열심히 작업하고 있는데 옆의 팀원은 다른 일을 하고 있다면 아마 불만이 생길 수도 있을 것이다. 만약 일의 분배가 불공평해서 나에게 더 많은 일이 분배되었고 옆의 팀원에게는 짧게 끝나는 작업만 할당되었다면, 이것은 작업 분배의 문제이지 팀원이 놀고 있는 것이 문제는 아니다. 만약 작업이 골고루 분배되었는데도 옆의 팀원이 일을 끝내고 개인 작업을 하거나 쉬고 있다면, 그는 자신의 컨디션을 관리하고 있는 것이다. 때로는 몰아쳐서 일하고 휴식을 취하는 걸 좋아하는 이도 있고, 전체적으로 꾸준하게 작업하는 것을 선호하는 이도 있는 법이다.

물론 결과물이 탐탁지 않은데 엉성한 결과물을 내놓고 더 이상 작업을 하지 않는다면 불만이 생기는 것은 어쩔 수 없다. 이런 경우에는 '좀 더 질 quality 을 올려봐'라고 막연하게 작업을 촉구하기보다는 '점프하고 다음 스테이지로 넘어가는 부분이 조금 지루한데 이쪽에 오브젝트를 더 배치해보는 건 어떨까'라고 구체적으로 아쉬운 부분에 대해서 말해주어야 한다. 그편이 서로에 대한 오해 없이 소통하기에 좋을 것이다. 만약 개인적으로 작업이 끊기는 것에 대해 불안함을 느낀다면 한두 단계 뒤를 내다보고 미리 무엇을 준비해두어야 할지 살피는 것도 좋은 방법이다.

● 테스트할 수 있는 환경을 가능한 빨리 만들어라

좋은 게임은 많은 테스트가 만든다. 이걸 부인하는 게임 개발자는 없을 것이다. 테스트는 많이 할수록 좋다. 그래서 테스트가 가능한 환경을 최대한 빨리 만드는 것이 중요하다. 테스트가 가능한 환경을 만든다는 것은 단계마다 조작이 가능한 게임을 직접 만든다는 의미이고, 플레이어에게 어떻게 다가가는지를 추상적인 느낌이 아니라 구체적으로 인지할 수 있음을 의미한다. 그리고 한 가지 더 중요한 목적이 있는데, 단계별로 얼마나 안정적으로 구현되고 있는지를 지속적으로 점검하면서 진행할 수 있다.

전체적으로 미숙하더라도 플레이할 수 있는 결과물을 단계별로 내놓는다면 좀 더 효율적인 작업 진행이 가능할 수 있다. 팀원들이 게임을 계속 플레이해보면서 장단점이나 부족한 점을 구체적으로 인식할 수 있기 때문이다. 또한 팀원 외의 사람들에게도 플레이를 시켜볼 수 있어서 내부적인 시각이 아닌, 다른 관점의 평가를 지속적으로 들을 수 있는 환경이 만들어진다. 이것은 단순히 버그를 수정하는 등의 기계적인 테스트만을 의미하지 않는다.

가장 중요한 것은 안정적인 구조를 만들 수 있다는 점이다. 테스트가 가능한 환경이란 구현된 부분이 어느 정도 안정화되어 실행되는 것을 전제한다. 이는 최종 단계에서 예측할 수 없는 문제가 터지는 것을 조금이나마 방지해준다. 문제가 발생했을 때 너무 복잡한 구조나 너무 많은 기능이 연결되어 있다면 원인을 찾는 데에도 많은 시간이 걸릴 수밖에 없다. 그러므로 처음부터 문제를 파악하고 이를 위한 테스트를 완료해놓는 것이 장기적으로 시간을 낭비하지 않는 방법이다.

경험이 많지 않다면 상상했던 내용과 실제로 구현된 게임 모습의 차이가 클 수 있다. 현실을 계속 인지하면서 가능성 있는 구현 계획을 세우고 게임을 발전시켜간다면 같은 시간 대비 좋은 결과물을 얻을 수 있을 것이다.

● 개인의 포트폴리오를 위해 프로젝트를 하는 것이 아니다

회사 업무가 아닌 개인 작업으로 팀 프로젝트를 한다면 팀의 목적과 개인의 목적이 다른 경우가 발생할 수 있다. 회사의 최우선적 목표는 '출시'일 것이다. 게임을 출시하고 많은 플레이어를 모아서 매출이 생기도록 하거나, 좋은 평을 듣는 것이 프로젝트의 목표이다. 하지만 아마추어 프로젝트는 다르다. 만약 취업 이전에 개발자 지망생으로서 팀 프로젝트를 진행한다면 취업에 도움이 되는 결과를 얻을 수 있기를 기대할 것이다. 혹은 개발 경험이 있지만 취미로 지인들과 팀 프로젝트를 한다면 다른 목표가 있을 것이다. 그동안 해보지 못한 새로운 장르의 게임을 만들어본다거나, 새로운 기술을 이용한 게임을 개발한다거나 하는 등등. 혹은 회사와는 다른 목적의 상용화를 목적으로 개인 프로젝트를 진행할 수도 있다. 팀의 프로젝트 목표와 개인의 목표가 항상 일치하는 것은 아니다. 게임으로 돈을 벌겠다는 목표가 아니라면, 게임 그 자체의 목표보다는 개인별 목표가 생기는 것이 자연스럽다. 개인에게 효용성이 있는 목표를 갖게 될 것이다. 대표적인 것이 개인의 포트폴리오이다.

하지만 개인의 목적이 팀의 목적보다 우선되는 상황을 경계해야 한다. 개인 작업을 위해 자기 분야에서 최상의 결과물을 기대한다면 게임 프로젝트에 참여하는 것은 때로는 도움이 되지 않을 수 있다. 게임을 개발하는 것에서 최우선 목표는 게임 그 자체다. 그리고 게임을 개발하는 과정에서 자기 작업의 결과물과 최선의 게임을 위해서 작업한 시간이 자신의 포트폴리오가 되어줄 것이다. 게임에서 보여주지 못한 실력은 별도의 내용으로 정리해서 자신의 포트폴리오로 정리하는 방법을 추천한다. 따라서 처음 팀을 구성할 때, 서로 솔직하게 자신이 바라는 바를 이야기하는 것도 팀의 정체성과 목표를 명확하게 하는 데 도움이 된다.

09

프로젝트를 관리하며
깨달은 것들

이번 장에서는 프로젝트를 관리했던 관리자들이 프로젝트를 경험하면서 느꼈던 것들과, 앞으로 아마추어로서 프로젝트를 진행하게 될 사람들에게 해주고 싶은 이야기들을 다룬다. 프로젝트를 관리하는 방법에 대한 많은 조언과 방법들이 있지만, 대부분은 정석에 가까운 이상적인 내용들이다. 하지만 모든 경우에 들어맞는 조언이란 없고 예외 없는 법칙도 없듯이, 때에 따라서는 이상적인 방법이 최선이 아닐 수도 있다. 이번 장에서는 좀 더 현실적인 상황에 대해 이야기하며, 때로는 문제점을 피하는 것도 대안임을 알려줌과 동시에 대부분이 알고 있지만 간과하고 넘어가는 부분에 대해서도 살펴보겠다.

규모가 큰 팀이라면 개개인의 능력을 뒷받침해주는 개발 프로세스가 존재하겠지만, 작은 규모의 팀에서는 실력자 한두 명의 능력으로 프로젝트가 진행되는 경우도 많다. 큰 규모의 팀이건, 작은 규모의 팀이건, 게임의 핵심 가치를 위해 그리고 게임을 구현하기 위해서 반드시 필요한 능력들이 있다. 이를 실행할 수 있는 팀원이 없다면 절대 원하는 게임을 만들 수 없을 것이다. 그러니 만들고자 하는 게임에 필요한 능력을 가진 팀원이 있다면 반드시 잡아야 한다. 그러기 위해서는 그가 팀 프로젝트를 진행하면서 무엇을 원하는지를 파악할 필요가 있다. 예를 들어 구상하고 있는 게임을 만들기 위해서는 화려한 액션 애니메이션을 만들 수 있는 애니메이터가 필요한데, 그가 생각한 게임과 우리가 만들고자 하는 게임의 방향성이 다르거나 프로젝트에 기대하는 방향이 다르다면 어떨까? 당연히 서로 의견이 충돌하고 개발 의욕이 나지 않게 될 수도 있다.

서로의 생각을 이해하고 프로젝트에서 추구하는 바가 같다면, 그는 실력을 최고로 발휘해서 게임의 핵심 가치를 만들어줄 것이다. 누군가의 열정과 멋진 결과물들은 다른 팀원들에게도 강한 동기를 부여해서 함께 좋은 게임을 만들어보고자 노력하고 열정을 불태울 수 있는 환경을 만들어주기도 한다. 때로는 백 마디 말보다 하나의 결과가 더 많은 말을 한다.

● 실력이 좋은 이가 좋은 팀원이 되는 것은 아니다

좋은 실력은 좋은 결과물을 만들 수 있는 능력이다. 그래서 우리는 팀원을 선택할 때 그가 좋은 실력을 갖고 있는지를 최우선의 조건으로 꼽는다. 즉, 팀을 꾸릴 때 누구의 실력이 좋은지를 고민하고 팀원으로 영입할지 아닐지를 고민한다. 하지만 실력이 좋은 이가 좋은 팀원이 된다는 것을 보증하는 것이 아님을 명심해야 한다. 팀으로 하나의 프로젝트를 같이 진행하기 위해서는 좋은 실력 외에도 필요한 여러 요소가 있다. 예를 들면 공동의 목표를 위해 서로 같이 노력하며 다른 이들을 배려하는 모습 같은 것 말이다. 아쉬운 현실이지만, 때로는 출중한 실력을 가진 이들이 다른 이들과 잦은 의견 충돌을 일으키는 경우를 자주 볼 수 있다. 자신의 작업을 팀원들이 따라오지 못한다고 생각할 수도 있고, 좀 더 좋은 결과물을 낼 수 있는데 협조하지 않는다고 생각할 수도 있다. 스스로 옳다고 믿기 때문에 자신의 주장을 굽히지 않고 팀원들과 잦은 문제를 일으킨다면 누구를 팀에서 내보낼지 진지하게 고민하게 될 것이다. 이때 실력이 항상 최우선의 기준이 될 수는 없다. 팀 작업은 여럿이서 함께 게임을 개발하는 일이며, 팀 작업의 가치를 이해하지 못하는 이가 최선의 결과물을 낼 수 있을 리 없기 때문이다.

● 누구라도 실수할 수 있다

팀 작업을 시작하면 자신을 포함하여 모든 사람들에게 기대하는 것이 생긴다. 처음에 계획한 결과물이 제시간에 나오리란 기대부터, 게임 개발 과정에서 멋진 생각이 떠오르게 된다거나, 작업에 집중하면서 나의 평소 실력을 넘어서는 결과물이 나온다거나, 혹시라도 내가 만든 게임이 남들이 보기에 꽤 근사한 모습이지 않을까 하는 희망찬 기대를 마음 한편에 품고 시작한다.

하지만 현실은 원래 기대와는 다른 방향으로 진행되는 법이고, 내가 예상치 못한 행운이 오는 경우보다 내가 미처 인지하지 못하는 실수가 더 많이 나타나는 법이다. 특히 경험이 적어서 쉽게 예측할 수 있는 문제점을 파악하지 못하고 넘어가기도 하고, 서로 잘해보겠다는 마음으로 조급하게 일을 처리하다가 실수가 발생하기도 한다. 실수는 누구나 할 수 있다. 실수하는 것은 잘못이 아니다. 다만 팀 작업에서 문제가 발생했을 때 개인에게 책임을 돌리는 일은 바람직하지 않다. 서로의 실수를 확인할 수 있도록 절차를 마련하고, 개발 과정에서 문제가 발생하지 않았는지 서로서로 확인하는 과정이 필요하다. 다른 팀원이 나의 실수나 잘못을 알려줄 때도 잘못을 지적하는 것보다는 더 좋은 게임을 위해 세심하게 살피고 있음을 이해하자.

● 멘토의 조언은 유용하지만, 해답을 찾을 수는 없다

프로젝트를 진행하다 보면 예상하지 못한 여러 사건이 발생한다. 해결 방법을 찾기 위해서 고민하지만 마땅한 답을 찾을 수 없을 때, 혹은 몇 가지 선택지가 있지만 어떤 선택지가 최선의 선택인지 고민이 될 때는 주변의 경험자들을 찾아가 물어보는 게 도움이 된다. 누군가에게 물어보거나 조언을 구하는 것이 자신의 실력이 부족함을 인정하는 것 같아서 싫다고 말하는 이들도 있는데, 절대 그렇지 않다. 다른 이들의 의견을 듣는 것은 결국 나의 시각을 넓혀주고 다른 관점으로 사건을 돌아볼 수 있게 해준다. 또한 그들의 경험을 간접적으로 내가 들을 수 있는 것이니 긍정적인 방법이다. 경험이 많은 이들도 기꺼이 다른 이들에게 의견을 묻는다.

하지만 명심할 것은 조언을 구한다는 게 답을 구하는 것은 아니라는 점이다. 그들은 아무래도 팀원들만큼 이 프로젝트에 대해서 깊이 고민하지 않았고 전체를 보고 있지 않다. 전체를 보고 있지 않기 때문에 정확한 조언을 해주기 어렵고, 책임을 지는 위치가 아니기에 할 수 있는 이야기에도 한계가 있을 수밖에 없다. 우리의 프로젝트이고 우리가 책임져야 하는 결과물이다. 조언을 얻는 것은 선택을 위한 도움을 얻고자 함이지 답을 얻고자 함이 아니다. 결정은 스스로 해야 한다.

● 팀 프로젝트는 협업의 가치로 진행된다

여러 명이 팀을 꾸려서 함께 프로젝트를 진행하는 것. 이 일의 여러 가치 중 하나는 '팀 작업'에 있다고 생각한다. 단지 게임을 만드는 과정을 경험하는 것만이 아니다. 생각과 의견이 다른 여러 명이 모여서 다른 의견들을 이해하고, 서로의 생각을 조율하면서 하나의 완성된 가치를 만들어가는 과정이다. 여기에서 가장 중요한 것은 사람이다.

가끔은 함께 프로젝트를 진행하면서 개인에게 실망하는 점들이 생기게 마련이다. 같이 프로젝트를 진행해보지 않았다면 그들에게 어떤 버릇(?)이 있는지 알기 어렵다. 예를 들어 항상 결과물에 대해서 투덜거린다거나, 마감을 2주 남겨두고 잠적하는 성향이 있다거나 하는 것들 말이다. 때로는 유쾌하진 않아도 치명적이지 않은 행동들도 있지만, 프로젝트를 진행하면서 같은 팀의 개발자들에게 부정적인 영향을 미치고, 그로 인해 팀원들의 사기가 떨어져 작업 효율이 낮아지게 하거나 서로를 불신하게 만드는 경우도 있다. 협업을 위해서 회의하고 서로의 의견을 주고받는 과정은 대단히 중요하다. 개인 작업보다 팀 작업이 유리한 이유 중 하나는 여러 사람으로부터 피드백을 받을 수 있다는 점이다. 개인 작업은 좀 더 빠른 의사 결정이 가능하고, 할 수 있는 일과 그렇지 않은 일에 대해서 명확하게 인지할 수 있어 효율적인 면이 있다. 팀 작업은 함께 최선의 결과물을 내기 위해서 서로 노력해나간다면, 개인이 혼자서는 생각하지 못했던 부분들에 대한 확인이 가능해지고 그로 인해 높은 시너지가 발생할 수 있게 된다는 점에서 유리하다.

● 모두가 보는 앞에서 결정하고 기록을 남겨라

아마추어의 개발에서 때로는 작업 시간이 개인별로 다를 수도 있다. 이런 경우 몇 명의 논의로 내용이 결정되거나 진행이 변경되기도 한다. 이것은 서로에 대한 오해를 불러일으키거나 팀의 소속감을 해치는 결과를 초래하기도 한다.

무언가를 논의하거나 결정할 때는 가급적 팀원들에게 계획을 공지하고 관계자들과 함께 논의해서 결정하도록 한다. 직접적인 관계자가 아니더라도 무엇이 논의되고 있는지 아는 것만으로도 개발 과정에 관심을 가질 수 있고, 추가적으로 좋은 의견을 낼 수 있는 환경이 조성된다. 물론 논의 사항을 알리기 위해서는 계획이 미리 서 있어야 한다. 일이 즉흥적으로 진행된다면 팀 구성원들이 쫓아오기 어렵고 함께 개발한다는 느낌을 받을 수 없어 소속감도 떨어질 것이다. 그러니 결정된 사항은 반드시 문서로 남겨서 다른 사람들과 공유하고, 언제든지 문서를 통해 그 당시 결정된 내용들을 확인할 수 있도록 하자. 문서의 형식은 중요하지 않지만, 필요한 내용이 담겨 있는 문서는 중요하다. 회의록 등에 간단하게라도 기록을 남기고, 내용이 바뀌면 문서에도 내용을 갱신해서 모두 확인할 수 있도록 한다면 팀이 어디를 향해 가고 있는지에 대한 이정표가 되어줄 것이다. 가끔은 다음에 뭘 해야 할지 방황할 때 지침이 되는 문서를 보는 것이 도움이 되기도 한다.

● 인원이 늘어나면 이득이 커질 수 있다

인원을 늘려서 얻는 이득은 생각보다 크다. 인원이 많으면 다양한 의견이 모일 수 있고, 개개인의 작업에 대한 부하가 적어진다. 혼자서 고민하는 것보다 여럿이 고민하는 것에는 분명 장점이 있다. 물론 스스로 귀가 얇아서 다른 사람들의 의견에 잘 흔들린다고 생각한다면 언제 사람들의 이야기를 듣고, 언제 혼자서 고민하며 결정할지를 스스로 알아야 한다. 나의 작업 방식과 장단점을 모르면서 다른 사람들과 협업하기는 어렵다. 인원이 늘어나면 소통 비용이 커지고 협력하기 위한 과정도 늘어나므로 짧은 기간에 계획한 게임 프로젝트에서 가볍게 움직이지 못한다고 생각할 수도 있다. 하지만 인원이 늘어난다는 것은 팀의 자원이 풍부해짐을 의미한다. 이것은 강력한 힘이 되어준다. 물론 인원이 늘어나면 팀 관리 비용도 증가할 수밖에 없는데, 의견이 많아지고 개인의 결과물도 늘어나므로 효율적으로 관리하지 않으면 서로의 의견 조율에 시간이 많이 걸린다. 또한 각자의 작업물도 늘어나게 되어 관리가 부족하면 자칫 리소스들이 산만하게 사용될 수 있다. 그래서 관리의 규칙을 정리해 팀원들과 공유하여 작업 순서가 익숙해지도록 하는 것이 좋다.

팀이 커지면 팀원들의 의견을 수렴하는 시간도 길어지는데, 때로는 의견만 늘어나고 실질적인 작업이 진행되지 않기도 한다. 회의의 목적을 명확히 해서 원하는 의견이나 결정을 들을 수 있도록 하고, 서로의 작업물이 한눈에 보이도록 공유하면 팀원 간의 신뢰를 쌓을 수 있다. 단, 인원이 늘어난다고 게임의 규모가 커져야 하는 것은 아님을 명심하자.

● 팀원을 영입할 때, 서로의 방향성을 반드시 확인해라

아마추어 프로젝트를 진행할 때는 필요한 팀원을 모두 구한 뒤 작업을 시작하는 경우가 가장 흔하지만, 때로는 작업이 진행되면서 추가 인원을 충원해야 하는 경우도 생긴다. 예상보다 게임 규모가 커지면서 작업량이 늘었거나, 기존의 팀원이 불가피한 상황으로 더 이상 참여할 수 없게 되었을 때 등 여러 가지 이유로 새로 팀원을 구할 일이 발생한다. 팀원을 구할 때 가장 기본적으로 보는 부분은 실력이다. 프로젝트에 필요한 실력을 갖추고 있어야 충원하는 의미가 있으니까. 하지만 그것 외에도 꼭 봐야 하는 것이 있는데, 개발자의 성향과 프로젝트의 성향이 잘 맞느냐 하는 점이다.

프로젝트가 진행 중이라면 이미 초반의 방향성은 어느 정도 정해졌고 세부적인 내용을 채우거나, 혹은 그것도 이미 다 결정되어 구현화를 하고 있는 단계일 것이다. 그 때문에 뒤늦게 합류하는 구성원들의 의견을 반영할 수 있는 시기가 지나 있는 경우가 많다. 많은 개발자들은 자신의 의견을 적극적으로 논의하고 그것이 게임에 반영되기를 기대하겠지만 서로의 의견을 모으는 것에도 시기가 있다. 항상 의견을 듣고 반영할 수는 없다. 구인할 당시에는 서로 조급한 마음으로 합류하지만, 진행 과정에서 생각한 것과 다르면 불만이 생길 수 있다. 그러니 반드시 서로 원하는 바나 지향점을 확인하고 어디까지 절충할 수 있는지 논의한 후 시작하기를 권한다.

● 지금 이 프로젝트가 최후의 프로젝트는 아니다

처음 팀 작업을 참여하게 되는 이들에게서 발견되는 현상이 있다. 바로 자신의 열정을 프로젝트에 모두 쏟아붓는 것이다. 물론 이것을 나쁘다고 할 순 없다. 적절하게 사용되기만 한다면 열정은 훌륭한 자원이 된다. 하지만 잘못 사용하게 되면 때로는 독이 될 수도 있다.

첫 프로젝트라는 것은 내가 머릿속으로 상상만 하던 것을 처음으로 실행해볼 수 있는 기회가 되기도 한다. 이때 열정이 넘치는 이들은 이것이 마치 자신의 최초이자 최후의 프로젝트가 되는 것처럼 행동한다. 생각했던 많은 요소를 다 집어넣고 싶어 한다거나, 가능한 것보다 더 큰 규모의 게임을 생각한다. 기간이 길지 않아서 이 정도는 약간 무리하게 계획을 세워도 할 수 있을 것 같은 느낌도 든다. 이런 열정은 적절하게 주어지면 팀에 활력을 주고 팀원의 열정을 깨울 수도 있지만, 너무 과열되면 다른 이들에게 부담을 줄 수 있다. 다른 팀원들이 자신보다 열정적으로 작업하지 않는다는 사실을 인식하면 섭섭함을 느낄 수도 있다. 이는 당연히 좋은 결과로 연결되지 않는다.

앞으로 할 수 있는 게임 프로젝트는 무수히 많을 것이다. 지금 원하는 결과가 나오지 않더라도 앞으로 또 다른 기회가 있다. 아마추어의 개발 프로젝트는 결과보다는 과정이 더 가치 있을 수도 있는 법이다. 현재에 너무 조급해하지 말고 명확한 목표 하나를 선정한 후 행동하기를 권한다.

● **무언가 잊은 것 같으면 잊은 게 맞다**

뭔가 잊어버린 것 같은 기분이 드는데 그게 뭔지 잘 모를 때가 있다. 우리 모두에게 육감이 있고, 인간의 직감은 때로 날카롭다. 뭔가 잊어버린 기분이 든다면 그건 십중팔구 실제로 뭔가를 잊어버린 게 맞을 것이다. 찜찜함은 미래를 예견하는 내 경험의 데이터베이스로 발현되어 미래를 예견하는 신탁이다. 믿어라.

이럴 때는 남은 작업에서 뭐가 필요한지 숙고하고 하나하나 확인해 보자. 남은 작업을 살펴보면서 현 상황을 직시할 수도 있고, 머릿속 생각을 정리해주기 때문에 상황이 더 명쾌하게 보일 수도 있다. 알 수 없는 불안감이 정리되기도 한다. 때로는 이미 과거의 내가 해결한 문제인데 너무 오래 고민한 나머지 해결되지 않았다고 생각하고 계속 불안함에 쫓기고 있는 것일 수도 있다. 혹은 반대로 지난 과정에서 깔끔하게 정리가 되지 않았는데 미래의 나에게 맡기고 무시하는 경우도 있다. 이런 문제는 앞으로도 터질 수 있다. 언젠가는 터질 문제이기 때문에 오히려 해결할 시간만 잃어버린 셈이 될 것이다. 확인하고 수습하고 정리해서 넘겨버리거나, 문제가 발생할 여지가 있는 부분을 제거해서 더 이상 문제를 일으키지 않도록 하는 것도 방법이다. 막연한 불안감은 명확한 계획과 실행으로 해결할 수 있다.

● **관리자로서의 일이 힘들 땐 술이 도움이 될 수도 있다**

프로젝트를 관리하는 것은 매우매우 힘든 일이다. 프로젝트 관리자의 결과물은 프로젝트 그 자체이지만, 이것은 팀 전체의 결과물이기도 하므로 쉽게 개인의 노력은 지워진다. 아무리 좋은 실력을 가진 개발자들만 모아놓아도 각자 개인 작업만 한다면 절대 게임은 나올 수 없다. 따라서 누군가가 전체를 보고 서로의 연결고리를 맞춰주기 때문에 작업이 진행되고 어떤 형태이건 게임이 나오는 것이다. 하지만 개인의 결과물이 보이지 않아서 다른 개발자들은 프로젝트 관리자가 무슨 일을 하는지 쉽게 간과한다. 팀원들이 모두 경험이 많은 이들이라면 프로젝트를 관리하는 일이 얼마나 어렵고 중요한 일인지 알고 있다. 그래서 관리자가 지치지 않고 의욕을 잃지 않도록 서로서로 격려하는 것을 잊지 않는다. 하지만 경험이 없는 아마추어들, 특히 이 게임을 시장에 내놓는 것이 목적이 아닌 경험이나 취업의 발판으로 삼으려는 개발자들이 모인 팀에서 프로젝트 관리자의 노력은 쉽게 무시된다.

팀원들이 자신의 노력을 알아주지 않고, 마음이 지치고 힘들 때는 자신만을 위한 시간을 가지도록 하자. 팀원들의 사기에 신경 쓰는 만큼이나 나의 기분을 돌보는 것도 필요하다. 아쉬운 결과물이 예상되는 프로젝트를 보고 있으면 일분일초가 아깝겠지만, 내가 지치면 결과는 성공도 실패도 아닌 그냥 '취소'가 될 것이다. 비록 결과가 만족스럽지 않더라도 마지막까지 속도를 유지하고 포기하지 않아야 나름대로 의미 있는 경험과 결과를 얻을 수 있다. 그러니, 힘들 때 술 한잔 마실 수 있는 시간적 여유는 비워두도록 하자.

● 건강을 잃는 건 모든 것을 잃는 것이다

아마추어들의 프로젝트는 게임을 만드는 것 자체가 그들에게 보상이 될 뿐, 다른 물질적인 보상을 받기는 어려운 것이 현실이다. 그래서 참여하는 팀원들의 열의가 중요하며 그들은 때론 물불 가리지 않고 프로젝트에 몰입하기도 한다. 프로젝트를 진행하면서 잠깐이라도 비는 시간이 생겨서 작업을 하지 않으면 불안하고, 남들이 혹은 다른 팀이 밤을 새우면서 작업하는 모습을 보면 함께 밤을 새워야 할 것만 같다. 전체 기간이 길지 않으니 쉬지 않고 무언가를 해야 할 것 같고, 그 정도는 할 수 있을 것 같기도 하다.

프로젝트 진행이 힘들고 많은 시간을 투자해야 하는 일임은 사실이다. 아마추어들이 투자할 수 있는 건 체력밖에 없다 보니, 잠도 줄이고 먹는 시간도 줄여서 작업해야 한다는 압박에 시달리기도 한다. 하지만 건강은 소중하다. 너무 힘들게 프로젝트를 진행해서 체력이건 마음이건 힘들어지면 프로젝트가 끝나가면서 점차 지치게 된다. 체력이 떨어지면 예전에는 관대하게 넘기던 부분도 신경 쓰이게 된다. 마무리를 잘 짓는 것이 중요한데 지친 나머지 뒷정리가 제대로 되지 않고 불만스러운 상태로 프로젝트가 종료될 수도 있다. 건강은 단순히 나의 체력만을 의미하지 않는다. 체력이 받쳐줌으로써 나의 정신에 여유가 생기고 팀원들과 협력할 수 있는 여유도 생긴다. 건강한 신체에 건강한 정신이 깃든다는 옛말을 무시하지 말자.

● 프로젝트 관리자는 놀지 않는다

일찍 퇴근하지 마라. 팀원은 당신이 일을 안 하는 줄 안다. 이런 이야기를 해야 한다는 건 슬프지만, 프로젝트 관리자가 무슨 일을 하는지 모르는 이들일수록 더욱더 그렇다. 프로젝트 관리자가 무슨 일을 하는지 다른 팀원들은 잘 모를 수 있다. 특히 아마추어팀이라면 그럴 가능성이 굉장히 크다. 이것은 누구의 잘못이라고 할 수는 없는데, 우리 모두 경험이 부족하기 때문이다. 그러니 그럴 수는 있다. 하지만 만약 팀원 중 하나가 관리자인 나에게 그렇게 이야기한다면 무척 슬플 것이다.

관리자로서 하는 일들을 가능하면 사람들에게 알려주고, 내가 하는 일들을 기록해서 흔적을 남겨라. 이것은 다른 이들에게 무언가 하고 있다는 것을 보여주기도 하지만, 내가 하는 일을 기록하지 않으면 쉽게 잊어버릴 수도 있기 때문에 나를 위해서도 좋다. 혼자 고민하고, 혼자 결정하고, 남들이 몰라준다고 섭섭해하지 말자는 것이다. 이건 사실 프로젝트 관리자만이 아니라 모든 팀원들에게도 해당될 수 있는데, 내가 아는 분야가 아니라면 잘 모를 수 있다. 그러니 주기적인 회의를 통해 각자가 무슨 일을 했는지 공유하면서 환기해주면 좋다. 시간이 많이 걸린다고 생각할 수도 있겠지만, 이것도 일종의 소통 비용이고 팀원 간의 신뢰를 쌓을 수 있는 방법 중 하나이다. 신뢰를 잃어버리면 그 이후 위험은 더 크게 발생할 것이다.

● 프로젝트 관리자는 한 번쯤 할 만한 경험이다

아마추어팀에게 프로젝트 관리는 어려운 역할이다. 팀을 조직적으로 운영하기 위해서 필요한 역할이 프로젝트 관리자인 만큼 아마추어팀에서는 환경이 받쳐주지 않는 경우도 많고, 눈앞에 보이는 직접적인 결과물이 없다는 이유로 개발 경험이 적은 이들에게는 중요성이 간과되기도 한다. 관리만 할 수 있는 환경이 되는 소규모 팀은 거의 없기 때문에 개발의 실무적인 일도 병행하면서 진행해야 하는 어려움도 존재한다. 그럼에도 프로젝트 관리자는 한 번쯤 해볼 만한 경험이다.

프로젝트가 진행되도록 관리하는 역할을 맡는다는 것은 게임 개발 전체의 과정을 훑어볼 수 있는 기회이며, 개인의 작업 외에도 얼마나 많은 일들이 이루어지고 있는지 눈으로 볼 수 있는 기회이기도 하다. 모든 파트와 논의하면서 일정을 계획하고, 리드 게임 디자이너와 논의하며 게임의 방향성에 맞게 구현이 되도록 하기 위해서는 무엇이 먼저 작업이 되어야 하는지를 파악할 수 있어야 한다.

게임을 개발한다는 것은 다수의 인원이 모인 하나의 유기체를 운영하는 일과도 같다. 개개인이 서로 다른 생각을 하고, 서로 다른 작업을 한다. 하지만 우리 모두는 하나의 게임을 만들기 위해서 노력하고 있으며, 프로젝트 관리자는 이런 개개인을 하나로 연결해주는 중요한 구심점 역할을 해준다. 내가 개인적으로 해결할 수 없는 문제들이 발생하면 힘들 때도 있겠지만, 나의 노력으로 여러 사람이 연결되어 게임을 만드는 과정을 경험하는 것도 상당히 짜릿한 경험이 될 수 있다.

프로젝트 관리자는 기회가 된다면 한 번쯤 해볼 만한 경험이다.

프로젝트에 관련된 용어 설명

게임 개발에 관련된 방법은 기본적으로 소프트웨어 개발의 방법론을 따른다. 여기서 말하는 게임은 물론 비디오 게임, 혹은 디지털 게임이라고 부르는 게임이다. 이 책에서 다루는 게임의 범위도 디지털 기기에서 실행되는 비디오 게임을 말하며 게임이 실행되는 환경은 데스크톱 컴퓨터일 수도, 모바일 기기일 수도, 콘솔이라고도 부르는 게임을 위한 전용 기기일 수도 있지만, 공통점은 모두 소프트웨어로 구현된다는 것이다. 그래서 게임의 개발 방법은 소프트웨어의 개발 방법과 비슷한 방향으로 진행되는데, 기능 중심의 다른 소프트웨어들과 다르게 명시적으로 확인하기 어려운 부분들이 존재하면서 기능 외적인 부분들도 확인하면서 진행해야 한다.

■ 폭포수 개발 방법(Waterfall model)

폭포수 개발 방법은 고전적인 개발 방법이라고도 할 수 있다. 순차적으로 개발을 진행하면서 이전의 단계가 완료된 후에 다음 단계를 진행하는 개발의 흐름이 폭포수처럼 아래로 향하는 것처럼 보여서 폭포수 모델이라고 부른다. 1970년에 쓰인 윈스턴 W. 로이스의 논문 [Royce, W. W. (1987, March). Managing the development of large software systems: concepts and techniques.]에서 폭포수 개발의 개념이 처음 논의되었다고 알려져 있다(윈스턴 W. 로이스가 폭포수라는 단어를 사용한 것은 아니다).

폭포수 모델에서는 순차적으로 개발 단계가 진행되는데, 가장 먼저 필요한 요구사항을 정리하고, 요구사항에 맞게 소프트웨어를 설계하며, 설계 내용대로 구현한 후 테스트와 디버깅을 실시한다. 순차적으로 개발이 진행된다는 것은 앞 단계가 완료되기 이전에는 다음 단계로 진행되지 않는다는 뜻이고 다음 단계로 진행되었다면 다시 되돌아오지 않는다는, 선형

적인 방법이라는 의미이다. 그러므로 처음 단계에서 필요한 요구사항에 대한 내용이 세부적으로 파악되어야 하고, 본격적인 구현이 들어가기 이전에 모든 가능성에 대해서 검토한 후에 구현이 진행된다. 만약 선행 단계에서 놓친 문제점이 발생한다면 뒤로 진행될수록 더 큰 문제점으로 발전되기 때문에 계획된 일정에 맞춰서 개발하기 어려울 수 있다.

사전에 유사한 프로젝트들을 개발한 경험이 풍부하고 기능 중심이면서 구조가 상대적으로 단순한 게임이었다면, 프로젝트의 진행 상황을 명확하게 파악할 수 있다는 관리 측면에서는 장점이 존재한다. 하지만 게임 개발이라는 특수한 환경에서는 폭포수 모델의 단점들이 부각된다. 게임은 재미를 위한 엔터테인먼트적 컨텐츠로, 계획대로 기능이 동작해도 재미있는 게임이 될 수 있다고 보장하기 어렵다. 기능 외적으로 감성적인 부분들이 존재하고 때로는 구현 과정에서 새로운 기능이 요구되거나 추가적인 컨텐츠가 연결되어야 하는 경우도 생긴다. 그만큼 처음부터 모든 것을 모두 파

약하고 진행하기 어려운 면이 있다. 초기에 완벽에 가깝게 구조 설계를 할 수 있다면 안정적으로 개발할 수 있겠지만, 예측하지 못했던 문제들이 구현 후에 발견되거나, 예상한 대로 기능이 동작해도 플레이의 느낌 등이 생각과 다를 경우 수정에 비용이 많이 들 수 있다는 점들이 문제가 될 수 있다.

물론 폭포수 개발 방법도 단점들을 보완하여, 다양하게 변형된 여러 모델이 존재한다.

■ 애자일 개발 방법론 (Agile software development)

애자일 개발 방법론은 소프트웨어 개발 방법 중 하나로 단계별로 기능을 구현하면서 발견되는 문제점을 개선하면서 진행하는 경량식 개발 방법이다. 애자일 방법론은 폭포수 모델의 단점들을 보완한 개발법이라고 할 수 있는데, 폭포수 모델이 전체를 한 번에 계획하고 선형적으로 진행되는 방법이라면, 애자일 방법론은 부분적으로 기능을 구현하고 테스트하면서 기대와 다르거나 기대한 대로 구현은 되었지만 초기에 발견되지 않은 문제점들을 수정 및 보완하면서 유연하게 대처할 수 있는 방법이다. 설계 단계가 완료되고 구현에 들어갔지만, 구현 후 테스트 단계에서 문제가 발생하거나 좀 더 나은 개선안이 나온다면 다시 이전 단계로 돌아가서 설계를 다시 하는 등 개발 순서도 유동적으로 진행된다. 그러므로 문제점이 초기에 발견될 가능성이 높으며 문제점이 더 커지기 전에 빠른 대처가 가능하다.

폭포수 모델은 계획에 의해서 진행되기 때문에 문서의 중요성이 큰 반면에, 애자일 개발 방법은 작은 단위로 구현하면서 실행되는 결과로 검증하면서 진행되므로 문서 중심이 아닌 코드 중심으로 개발되는 방법이라고 할 수 있다. 물론 그렇다고 해서 문서 작성을 하지 않는다거나 필요 없다는 의미는 아니다. 다만 개발을 위해서는 계획이 나열된 문서보다 실행되는 코드에 더 집중하는 방법이며, 작은 단위로 구현하면서 동작하는 모습을 보면 미처 예상하지 못했던 문제점들을 더 빨리 발견할 수 있고 대처할 수 있다.

게임을 개발할 때는 모든 것을 계획한다고 해도 구현하는 과정에서 예상하지 못하는 문제들이 항상 발생한다. 그래서 게임을 개발할 때는 계획을 치밀하게 세우는 것보다 간단하게라도 구현해서 실행해봐야 한다. 직접 게임을 테스트하면서 계획을 검증하고 감성을 확인하며 진행하는 것이 더 효과적이다.

■ 프로토타입(Prototype)

프로토타입은 본격적인 개발에 들어가기에 앞서 주요한 기능 등을 먼저 구현해보는 시제품을 말한다. 제품화(production) 단계 이전인 사전 제작(pre-production) 단계이기 때문에 프로토타입이 반드시 제품화 단계를 거쳐서 상용화될지 확신할 수 없는 단계이기도 하다. 게임의 컨셉이 괜찮고 가능성이 있다고 생각하면 가장 먼저 프로토타입을 구현해서 모호했던 부분을 확인하거나, 미래의 가능성을 검토하고 개발을 지속할 것인지 혹은 그만둘 것인지를 결정한다. 정식으로 개발하는 버전이 아니기 때문에 게임 전체를 구현하지 않고 핵심 기능 중심으로, 가능성을 확인하고 싶은 부분을 중심으로 개발한다.

게임 개발에서 말하는 프로토타입은 '플레이가 가능'한 버전이다. 게임의 진행을 설명하기 위해 플레이 내용을 애니메이션으로 제작하는 경우가 있는데, 이것을 프로토타입이라고 부르지는 않는다. 이것은 단지 게임을 설명하기 위한 시뮬레이션일 뿐이다. 프로토타입은 조작이 가능해야 하고, 조작에 따른 플레이 진행이 가능해야 한다. 게임은 화면으로 보이는 것보다 플레이어가 조작하면서 진행하는 감각이 매우 중요한 컨텐츠이다. '조작'이라는 플레이어의 개입으로 인해 게임의 플레이는 보이는 것과 다른 경험을 선사하기도 한다. 그래서 동작하는 프로토타입을 구현하고, 직접 조작하면서 플레이 진행을 경험하면서 개발하고자 하는 게임의 가능성을 확인하고 개발을 지속할 것인지를 검토한다.

프로토타입에서 어느 범위까지 구현할지는 프로젝트에 따라 다르다. 게임의 핵심 기능을 구현한다고 이야기하지만, 핵심 기능과 게임의 개성은 별개일 수도 있다. 구상한 게임이 제품화되었을 때 개성을 갖고 시장에서 살아남을 수 있는지에 대한 핵심적인 요소가 이 게임 개발의 지속을 의미할 것이다. 그래서 많은 경우에 게임의 핵심 컨셉 요소를 프로토타입으로 구현한 뒤 가능성이 확인되면 제품화 단계로 넘어가 본격적인 개발이 시작된다. 이 말은 다시 말하면 프로토타입으로 구현해보았지만 가능성을 확인할 수 없다면 얼마든지 그 게임은 사라질 수 있다는 의미이기도 하다. 그래서 프로토타입은 안정적인 시스템보다는 빠른 결과 확인을 중점으로 두고 구현하며, 문서 등의 작업이 없이 구두로 논의하고 구현하기도 한다. 흔히들 프로토타입으로 게임의 재미를 검증한다고 이야기하는데, 여기에서 말하는 재미는 완성된 게임의 재미를 말하지 않는다. 하루 이틀 만에 구현한 프로토타입이 완성된 게임만큼 재미있다면 프로토타입에서 시스템을 안정화하고, 아트 리소스를 적용해서 출시하지 않겠는가. 게임 개발이 그렇게 단순하게 진행될 리 없다.

개발해야 하는 것이 디지털 게임이지만 프로토타입을 항상 코딩으로 구현하는 것은 아니다. 플레이의 진행 방법이나 게임의 규칙 등을 확인하고 테스트하기 위해서 반드시 코드로 구현되어야 하는 것은 아니다. 때로는 프로그래밍으로 구현하는 것보다 테이블탑 게임 형태로 프로토타입을 만드는 것이 더 빠르고 안정적으로 테스트할 수 있는 방법이기도 하다.

■ 더미(Dummy)

'모형'이라는 뜻을 가진 더미는 임시로 사용하는 데이터들을 말한다. 주로 게임 디자이너들이 다루는 것은 더미 데이터, 아티스트들이 다루는 것은 더미 리소스라고 부른다. 엄밀히 말하면 게임 디자이너들이 작성하는 데이터도 리소스라고 할 수 있고, 아티스트들이 작업한 그래픽 파일들도 데이터이기 때문에 같은 의미이다. 팀에 따라서는 혼용해서 부르거나 한 가지 용어로 통일해서 칭하기도 한다.

더미 데이터는 형식은 갖추고 있지만 내용은 의미가 없는, 말 그대로 임시 데이터이다. 변수 등의 데이터가 어떻게 적용되어야 하는지를 구현하기 위해서는 모델이 되는 변수들이 필요하다. 데이터를 가공해서 원하는 결과물이 나오는 과정을 구현해야 하는데, 재료에 해당하는 데이터가 없다면 구현하기 어렵고 제대로 구현이 되었는지 확인하기도 어렵기 때문에 반드시 재료가 되는 데이터가 필요하다. 하지만 개발 초기부터 모든 계획을 세부적으로 구상하고 개발에 들어가는 것은 아니므로 구현 시점에 원하는 내용의 데이터가 준비되지 않는 경우가 대부분이다. 이럴 때 사용되는 것이 바로 더미이다.

실제로 사용될 데이터는 아니지만 구조 설계를 위해 미리 예비 데이터를 준비해서 기능 구현에 편의성을 제공하고 테스트 시 기능 구현을 확인하는 용도로 사용한다. 이때는 본 데이터가 아니기 때문에 누구나 쉽게 더미라고 인지할 수 있는 내용의 데이터를 사용해서 테스트할 때 본 데이터가 적용되었는지, 아직 적용되지 않은 더미 데이터인지를 테스터가 인지할 수 있도록 해야 한다.

■ 마일스톤(Milestone)

'1,000걸음 단위의 거리를 표시하는 돌'이라는 의미를 지닌 마일스톤은 이정표를 뜻한다. 이정표는 길을 가는 여행자가 자신이 얼마나 멀리 와 있는지, 얼마나 더 가야 하는지 알려주는 기능을 한다. 소프트웨어 개발에서 마일스톤은 프로젝트를 진행하며 반드시 거쳐야 하는 특정한 지점, 사건 등의 개발 진행 단계의 이정표를 말하며, 개발을 진행하는 일종의 개발 단위라고 할 수 있다.

프로젝트를 진행할 때, 최종 목적지인 '게임 완성'이란 하나의 목표만 보고 진행하게 되면 중간 과정에서 무엇을 어떻게 개발해야 하는지 모호해지는 상황이 발생한다. 그래서 전체 개발 진행을 좀 더 소규모로 자르고 단기적 목적을 부여해서 작업 공정과 목표를 명확하게 인지하고 진행할 수 있도록 하는 것이다. 소프트웨어 개발에서는 주로 계약, 착수, 인력 투입, 선금 수령 등을 기준으로 마일스톤을 나눈다고 하는데, 게임 개발에서는 성격이 좀 다르다. 게임 개발은 주문받고 개발하는 것도 아니고 필요한 기능이 항상 명확한 것도 아니기 때문에 기능을 중심으로 분리하고 작업 간의 우선순위를 판단해서 순서를 정하게 된다.

채집과 제작을 알려주기 위한 퀘스트를 만들려고 한다면, 채집이나 제작 시스템을 먼저 구현한 후에 퀘스트 시스템을 구현해야 할 것이다. 이 경우 채집 시스템과 제작 시스템, 퀘스트 시스템을 마일스톤 각각의 목표로 설정하고 가장 먼저 채집 시스템을 구현한 후(마일스톤 1), 다음에는 제작 시스템을 구현하고(마일스톤 2), 가장 마지막으로 퀘스트 시스템을 구현할 수 있다(마일스톤 3). 퀘스트는 NPC를 통해 진행하게 하려고 하는데, 이 경우 퀘스트 시스템을 먼저 구현할 것인지, 아니면 NPC 시스템을 먼저 구현할 것인지의 기준은 모호하다. 게임의 성격에 따라 무엇이 먼저 구현되어도 상관없는 작업들이 존재한다. 이런 경우 퀘스트 시스템은 마일스톤 3에 구현하고, NPC 시스템은 마일스톤 4에 구현한다고 일정을 계획하면 작업 우선순위가 정해지므로 개발자들의 작업 순서가 구체적으로 정해진다.

무엇을 기준으로 마일스톤을 나눌 것인가, 하는 것에 명확한 답이 존재하는 것은 아니다. 프로젝트의 성격과 참여하는 팀원의 성격에 따라 다양한 방법이 존재한다. 마일스톤의 단위는 2주나 한 달 등의 기간을 기준으로 끊기도 하고, 채집 시스템 구현, 퀘스트 시스템 구현 등의 개발 목표를 중심으로 끊기도 한다. 기간 단위로 끊으면 마일스톤이 규칙적으로 진행되므로 예측이 쉽고 기간에 맞춰서 필요한 작업 목록을 정리할 수 있다. 구현 내용을 기준으로 끊으면 개발해야 하는 목표가 분명하게 보이기 때문에 작업 내용에 대해서 인지하기 쉽고, 단계별로 기능의 완성도를 높이기에 유리하다.

■ 폴리싱(Polishing)

폴리싱은 게임 개발의 가장 마지막 단계로 게임의 완성도를 높여서 최선의 플레이를 만들어내는 과정이다. 폴리싱이라는 단어는 연마, 광택 등을 뜻을 가지고 있다. 아마 차에 관심이 있다면 많이 들어봤을 텐데, 차량의 표면 광택을 올리는 작업도 폴리싱이라고 부른다. 게임 개발에서 말하는 폴리싱도 비슷한 의미로 사용된다. 차량 표면 마감 작업이 가장 마지막에 행해지는 것처럼 게임 개발에서 폴리싱도 가장 마지막 단계에 행해지며, 이는 새로운 기능을 구현하거나 새로운 컨텐츠를 추가하는 것이 아니라 이미 구현된 내용들을 잘 다듬어서 게임의 품질을 올리는 과정이다.

구현된 게임의 기능들이 버그 없이 동작한다고 해서 게임 개발이 완료되었다고 말할 수는 없다. 물론, 구현을 완료한 게임이 재미가 없다고 게임의 가치가 낮아지는 것은 아니다. 아직 게임 개발은 끝나지 않았고, 플레이를 다듬는 과정에서 게임의 완성도가 올라가면서 이전에

는 보이지 않던 게임의 재미들이 드러나기 때문이다. 게임은 기능으로 선택받는 것이 아니라 기능이 표현하는 컨텐츠로 인해 선택받는다. 플레이어들은 가상의 세계에서 가상의 적을 죽이기 위해 게임을 하는 것처럼 보이지만, 내부적으로는 가상의 적과 경쟁하고 제압하기 위해 자신의 노력을 투자하고 그 노력을 확인받고 싶어 한다. 이런 플레이의 과정들을 부드럽게 연결하고 게임에 몰입할 수 있게 하기 위해서는 세심한 조율 단계가 필요하다. 폴리싱하는 것은 이런 조율을 하기 위함이다. 수많은 테스트를 거쳐 더 좋은 플레이의 경험을 다듬어서 만들어가는 것이다.

폴리싱은 출시 전의 가장 마지막 단계이지만 때로는 전체 개발 기간의 50%를 차지하기도 할 정도로 게임 개발 과정에서 매우 중요한 과정으로, 폴리싱 기간이 길면 길수록 게임의 품질(quality)은 올라간다. 게임을 개발하면서 각 마일스톤마다, 혹은 새로운 기능이 구현될 때마다 테스트하지만, 최종적으로 폴리싱이라는 단계를 두는 것은 부분을 확인하는 것과 전체를 확인하는 것은 또 다른 의미가 있기 때문이다. 폴리싱 기간에는 디자인 데이터를 수정하면서 플레이의 균형을 맞추거나 아트 리소스를 수정해서 시각적으로 좀 더 완벽한 모습을 보여주거나, 때로는 시스템의 구조를 좀 더 안정적으로 만들기 위해 코드를 수정하기도 한다. 폴리싱은 개발팀이 모두 참여하는 과정이고 세상에 공개하기 전에 최선을 다하는 마지막 기회이기도 하다.